农业农村部小麦市场监测预警项目，2016年农业农村部软科学课题“完善我国粮食价格形成机制及调控政策研究”（课题编号：201610）



# 我国小麦市场价格形成及调控政策研究

## PRICE DETERMINATION AND POLICIES IN CHINA WHEAT MARKET

曹　慧◎著

经济管理出版社
ECONOMY & MANAGEMENT PUBLISHING HOUSE

**图书在版编目（CIP）数据**

我国小麦市场价格形成及调控政策研究/曹慧著．—北京：经济管理出版社，2020.11
ISBN 978－7－5096－7447－5

Ⅰ．①我…　Ⅱ．①曹…　Ⅲ．①小麦—农产品价格—研究—中国　Ⅳ．①F326.11

中国版本图书馆 CIP 数据核字（2020）第 161807 号

组稿编辑：曹　靖
责任编辑：任爱清
责任印制：黄章平
责任校对：王纪慧

出版发行：经济管理出版社
（北京市海淀区北蜂窝 8 号中雅大厦 A 座 11 层　100038）
网　　址：www.E－mp.com.cn
电　　话：（010）51915602
印　　刷：北京玺诚印务有限公司
经　　销：新华书店
开　　本：720mm×1000mm/16
印　　张：13.5
字　　数：202 千字
版　　次：2020 年 11 月第 1 版　　2020 年 11 月第 1 次印刷
书　　号：ISBN 978－7－5096－7447－5
定　　价：88.00 元

# 前　言

粮食是一种特殊的战略性产品，粮食问题历来是一国经济安全体系中的重要组成部分。粮食价格作为“百价之基”，对于稳定我国整体物价水平、保证国民经济平稳运行起着至关重要的作用。随着我国粮食市场的全面放开，粮食价格主要由市场供求关系决定。由于农产品是依赖自然气候按季节产出并进入市场的，粮食作物在生产过程中受生产成本、种植结构等多种因素的影响，在进入市场流通后受流通方式、储存手段、需求变化等因素影响，这些都有可能造成市场价格的剧烈波动，使农业生产、流通和消费受到不同程度的影响，而其中受冲击最大的是种粮农民的利益。

以小麦为例，自 1985 年我国取消粮食市场统购制度后，市场调节价格在粮食市场中的比重越来越大，1985 年市场调节价的比重仅占 40%，到 1992 年就已经达到 93%。随着市场价格比重的上升，小麦价格波动的幅度有逐渐扩大的趋势。最严重的是 1994 年底到 1995 年，涨幅达 51.39%，同期全国种植小麦农民的平均纯收益也达到了 154.58 元/亩，是 1979 年以来的最高水平；但是由于随后几年小麦连续的大丰收，小麦市场进入了连续七年的价格低迷时期，种植小麦农民的纯收益也一路下滑，到 2000 年成为负值，极大地打击了农民种植小麦的积极性，小麦产量也自 2000 年起大幅度下降，2003 年产量降到 8648.8 万吨，成为 1989 年以来小麦总产量最低的一年。保证粮食供给、稳定市场价格、保护农民种粮积极性是我国粮食价格调控政策的主要目标。2006 年我国开始在小麦主产区夏收期间实行小麦最低收购价政策，对于稳定小麦市场起到了积极作用。

自 2011 年以来，全球粮食市场进入供大于求、国内市场价格高于国际市场的新阶段，国内粮食出现产量、库存量与进口量“三量”齐增的现象，使以最低收购价政策为代表的粮食价格调控政策面临重大考验。国家相关部门积极探索“市场定价、价补分离”的改革措施，先后取消了大豆和玉米的临时收储政策。由于稻谷和小麦是主要的口粮品种，国家仍然保留了最低收购价政策的框架，采取渐进式的改革方法逐步调整定价和收储策略。在上述背景下，深入总结影响我国粮食价格波动的周期特点和主要因素，科学评估粮食价格调控政策的作用及改革效应，提出进一步完善我国粮食价格形成机制、落实新时期国家粮食安全战略的思路和建议，既十分必要，又非常及时。

本书首先总结了 20 世纪 90 年代以来我国小麦市场价格波动的周期性特征和路径特征；然后从供给费用和供求情况两方面逐一分析影响小麦价格的主要因素，并使用均衡移动的方法模拟了小麦市场与面粉市场的价格传递。其次，鉴于调控政策对我国小麦市场的影响一直不容忽视，本书详细回顾了新中国成立以来我国粮食价格体制改革的历史演变，着重评估了 21 世纪以来以最低收购价政策为代表的粮食价格调控政策，并运用定量分析方法，模拟了最低收购价的不同改革方案对国内粮食市场和农民收入的影响。最后，提出了完善我国粮食价格调控政策的思路和建议。本书的主要特色包括以下三个方面：

第一，研究跨度较长，为准确把握价格波动规律奠定了坚实基础。在第二章研究小麦市场价格波动规律时，使用了 1993 年 1 月到 2019 年 12 月总共 27 年的月度数据，基本上涵盖了我国粮食流通体制改革的几个重要时期，并通过周期划分，详细回顾了各周期内影响小麦价格的主要因素，包括政策改革和供求形势变化，对于系统了解我国小麦市场价格及政策变革具有较大的参考价值。

第二，从产业链角度研究价格传递，将原料产品市场与加工产品市场的供求联系起来。第四章和第五章将小麦的整个流通过程划分为生产、流通与消费三个市场，建立了一个包含六个内生变量的联立方程组，使用均衡移动方法分析了小麦市场与面粉市场之间的价格传递，并对完全竞争市场与非完全竞争市场的小麦价格形成理论进行了实证检验。主要结论包括面粉需求与小麦生产方面的冲击对于面粉价格的影响普遍小于小麦，一旦外部冲击是由于营销投入品生产成本引起时，对于面粉价格的冲击就要大于小麦。小麦收购市场和面粉销售市场之间的价格传递是极不对称的，随着营销企业在面粉销售市场上力量的增强，不对称性会逐渐扩大。

第三，运用定量分析方法模拟粮食价格调控政策不同改革方案的影响。第八章中运用全球农产品市场供需均衡模型（PEATSim），不仅考虑不同农产品市场间的相互影响，而且考虑国内粮食市场与国际市场的联动，模拟分析不同政策模拟方案对我国粮食市场可能产生的影响及其程度。研究结果表明，最低收购价格的小幅调整对市场影响不大；较大幅下调（超过 10%）甚至取消最低收购价格对粮食市场的冲击非常大。当最低收购价政策调整后，在产量和生产者价格双重下降的压力下，稻谷和小麦的种植收益下降较为明显，尤其是对种植收益占纯收入比重大的地区和市场主体，例如，东北三省，山东、河南、河北等省，以及种植大户、家庭农场和农民合作社的影响更大。

本书前半部分的雏形是我的博士论文，因为时隔多年，很多数据和资料都需要重新更新，这项翻新的工作耗费了近一年的时间。后半部分主要是我 2016 年主持农业农村软科学课题“完善我国粮食价格形成机制及调控政策研究”的成果，根据近年来最低收购价政策改革的内容，也适当地进行了补充和完善。本书的成稿可以说是我多年来有关小麦价格形成和政策调控研究的小结，整理书稿的过程也是我对过去研究成果的审视，里面凝结了多年来我对小麦价格形成和调控政策的思考，其中的不足也为后续的研究开启了一扇大门。例如，产业链价格传递的研究多年来没有跟进，近十年整个市场形势发生了很大变化，小麦和面粉市场的主体结构也与当时有了很大的不同，如果能将两个时期的情况进行对比将是很有意义的研究方向。

书稿的出版就像完成了多年来的一桩心愿，虽然不够完美，但也是我过去15年研究历程中不可或缺的一部分。在这里要感谢在我博士学习阶段和到农业农村部农村经济研究中心工作后遇到的多位良师益友，正是因为有了他们无私的指导和帮助，才能让我在“三农”研究这条道路上不断披荆斩棘、勇往直前。还要特别感谢我的父母和爱人林海，他们一直默默地关心我、支持我、鼓励我，才使我有坚持研究的基础和动力。感谢经济管理出版社编辑老师的辛勤劳动让本书得以尽快出版。

由于本人水平有限，编写时间仓促，书中错误和不足之处在所难免，恳请广大读者批评指正！

曹　慧

2019 年 12 月

# 目　录

# 第一章　导言

## 第一节　问题的提出

粮食是一种特殊的战略性产品，粮食问题历来是一国经济安全体系中的重要组成部分。自新中国成立以来，我国粮食流通体制经历了从高度集中的计划经济、计划与市场双轨并存直至全面转向市场经济三个阶段。2004 年的中央一号文件《中共中央、国务院关于促进农民增加收入若干政策的意见》和国务院 17 号文件《国务院关于进一步深化粮食流通体制改革的意见》，在我国 20 多年的粮食流通体制改革进程中具有里程碑意义。中央一号文件第 17 条对新一轮粮改的市场化目标和所应把握的重点环节提出了原则性意见。这两份重要文件使粮食购销体制改革朝着市场化的方向迈出了具有决定性意义的步伐。2004～2016 年，我国粮食生产实现“十二连增”，价格总体保持稳中有涨态势，大起大落现象少有发生，其中，以托市政策为代表的粮食调控政策体系发挥了重要作用，农民生产积极性得到充分调动，为国家粮食安全提供了重要保障。

小麦是中国最主要的粮食作物之一，常年播种面积和产量分别占粮食总量的 25% 和 22% 左右。小麦还是我国主食消费的重要品种之一，在人均细粮消费中所占比重在39%左右（陈永福，2001）。自1985年我国取消粮食市场统购制度后，市场调节价格在粮食市场的比重越来越大，1985年市场调节价的比重仅占40%，到1992年就已经达到93%。随着市场价格比重的上升，小麦价格波动的幅度有逐渐扩大的趋势。最严重的是1994年底到1995年，增长幅达51.39%，同期全国农民种植小麦的平均纯收益达到了154.58元/亩，是1979年以来的最高水平；但随后几年连续的大丰收，使小麦市场开始了连续七年的价格低迷时期，种植小麦农民的纯收益也一路下滑，到2000年竟成为负值，极大地打击了农民种植的积极性，小麦产量也自2000年起大幅度下降，2003年产量降到8648.8万吨，成为1989年以来小麦总产量最低的一年。到2004年，小麦产销差额已达1931万吨，虽然2005年小麦增收，产销差额仍达1257万吨，占我国小麦总产量的13.76%（国家粮油信息中心）。与此同时，我国小麦价格也于2003年9月开始上涨，到2004年9月达到最高点，同比增长41.81%，是继1994年以后的又一次较大规模的上涨。为了稳定粮食价格、保证粮食安全、保护农民利益，2006年我国开始在小麦主产区夏收期间实行小麦最低收购价政策，对于稳定小麦市场起到了积极作用。

自2011年以来，随着国内外经济形势发生明显变化，国内粮食出现产量、库存量与进口量“三量”齐增的现象，政策性调控体系库存高企、亏损严重，国家财政压力加大，粮食价格支持政策已到了改革的十字路口。为此，国家相关部门积极探索“市场定价、价补分离”的改革措施，2014年和2016年分别取消了大豆和玉米的临时收储政策。由于稻谷和小麦是主要的口粮品种，国家保留了最低收购价政策，但自2014年开始停止上调稻谷和小麦最低收购价，2016年早籼稻最低收购价格由每百斤135元略降至133元，2017年2月全面下调三种稻谷的最低收购价格，早籼稻、中晚籼稻和粳稻最低收购价格分别为每50公斤130元、136元和150元，比2016年分别下调了2.26%、1.45%和3.23%，粮食价格支持政策改革的步伐逐渐加快。2017年中央一号文件强调要“坚持并完善稻谷、小麦最低收购价政策，合理调整最低收购价水平，形成合理比价关系”。2018年中央一号文件强调要“深化农产品收储制度和价格形成机制改革，加快培育多元市场购销主体，改革完善中央储备粮管理体制”。2018年最低收购价下调幅度进一步增大，早籼稻、中晚籼稻和粳稻最低收购价格每50公斤分别下调10元、10元和20元。与稻谷库存压力较大不同，小麦供需相对平衡，最低收购价调整步伐也相对较慢，2014年之后小麦最低收购价连续四年保持不变，2018年每50公斤小幅下调3元。但如果国内外市场供求及生产成本不发生明显变化，为形成作物间合理的比价关系，小麦最低收购价进一步调整也在预料之中。

随着政府对粮食市场操控程度的降低，粮食价格主要由市场来决定。而在市场机制的作用下，粮食产品价格随着供求关系的变化而变化。由于农产品是依赖自然气候按季节产出并进入市场的，粮食作物在生产过程中受生产成本、种植结构等多种因素的作用，因此，在进入市场流通后，流通方式、储备手段、需求变化等因素都有可能造成农产品市场价格的剧烈波动，使农业生产、流通和消费均受到不同程度的影响，而其中受冲击最大的是种粮农民的利益。据有关资料统计，20世纪80年代中期以后，农民增收靠的主要是粮食价格上涨，如果粮食价格提高或降低10%，人均纯收入就会增加或减少3.78%，低收入贫困户人均纯收入变化幅度比非贫困户要多（李文等，2003）。1995年我国粮食市场价格开始了幅度大、时间长、范围广的下跌，到2000年，已经累计下降了56.7%。如果粮食产量保持不变，仅价格下跌就使农民损失收入一半以上。那么，如何在改革小麦市场调控政策的同时保证农民的种植收益？在小麦“政策市”已持续多年的今天，如何设计最低收购价改革方案以保证市场平稳过渡？这些都是迫切需要回答的问题。但在回答这些问题之前，首先，我们要对小麦市场的价格形成规律有所了解，必须摸清楚影响小麦市场价格变化的主要因素及其作用渠道和程度。因此，本书将从对市场经济条件下我国小麦市场的价格形成研究入手，分析影响小麦价格变化的主要原因，并对各种因素的影响程度进行测定，以便把握价格变化的原因和趋势。其次，围绕小麦市场价格的主要调控手段——最低收购价政策进行讨论，运用计量模型对我国最低收购价政策的实施效果进行定量分析，并使用全球农产品市场供需均衡模型（PEATSim）模拟最低收购价政策改革所可能产生的影响，在此基础上提出进一步推进我国最低收购价政策改革的思路和建议。

## 第二节　概念界定

小麦市场。由于我国的小麦市场分为现货市场和期货市场，两种市场的价格形成规律有很大差异，本书主要研究的是小麦现货市场的形成规律，不涉及小麦期货市场。另外，从历史上来看，控制我国小麦价格形成的力量主要有政府与市场两种，由于主要考察市场价格形成的规律，因此，在研究时间上，主要选择1991 年以后市场价格占主导地位的时期。

小麦价格。我国小麦价格体系十分复杂，1991 年以后小麦市场上的价格体系如图 1 -1 所示。其中，主要的价格形式均集中在小麦的收购环节，既有政策价格也有市场价格（即集市贸易价格，它是产地自由市场价格，是农民出售粮食所得到的价格，直接受市场供求的影响（王炳焕，2006））。本书使用的批发价格，主要是郑州批发市场上的普通白小麦与国产优质小麦的价格；而零售价格，根据研究需要，主要使用面粉零售价格。

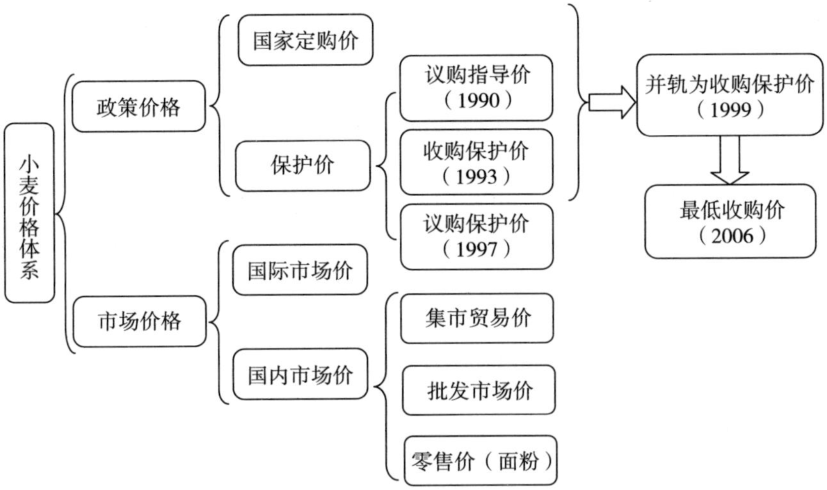


**图 1－1　1991 年至今我国小麦现货市场价格体系变化**

# 第三节　文献综述

价格支持政策作为一项重要的农业扶持政策，曾是发达国家 20 世纪 90 年代以前最常用的手段。国内外关于这项政策的研究主要是围绕政策效果进行，包括平抑价格波动、提高农民种植积极性、保证农民收入三方面。

## 一、国外研究综述

国外最早对农产品价格进行实证研究的是亨利·L. 穆尔。他于 1914 年发表的《经济周期》和 1917 年发表的《棉花收益和价格的预测》对推动美国 20 世纪 20 年代的农业供求和价格研究起了巨大的作用。此后，1971 年，安德森利用不同国家约 50 个地方 1590～1869 年小麦价格的平均值，绘制了经典的贝弗里奇小麦价格指数时间序列。格兰杰和休斯在此研究的基础上经过分析，证明了其中明显地存在着一个周期长度约为 133 年的重要循环。

在农产品价格研究中最为重要的理论是“蛛网模型”，该模型是 1930 年由美国的舒尔茨、荷兰的丁伯根、意大利的里西分别提出来的。后来英国的卡尔多和美国的伊奇基尔，又把这一理论加以拓展，用来解释价格、供给与需求三者的变动关系。根据供给与需求弹性的不同，“蛛网模型”可以分为收敛型蛛网波动、发散型蛛网波动以及封闭型蛛网，而农产品由于其供给弹性大都小于需求弹性，一般属于发散型蛛网波动。虽然蛛网模型是一个有意义的动态分析模型，但还是具有缺陷的。根据该模型，造成产量和价格波动的主要原因是：生产者总是根据上一期的价格来决定下一期的产量，这样，上一期的价格同时也就是生产者对下一期的预期价格。也就是说，蛛网模型的假定前提是生产者只拥有幼稚性预期，而事实上，生产者从自己的经验中，会逐步修正自己的预期价格，使预期价格接近实际价格，从而使实际产量接近市场的实际需求量。直到 20 世纪 70 年代，仍不断有经济学家从生产者预期角度，用适应性预期、理性预期等理论对蛛网模型进行评价和批评。

农产品对价格的供给反应是国外对于农产品价格研究的热点之一。在经济理论中，粮食供给和价格的关系主要体现在供给函数的设定上。最早对供给函数进行推导的是 Smith（1928）和 Bean（1929）。此后的研究主要是拓宽供给函数中的变量，将人的预期方式、风险偏好、制度等因素引入供给函数，从而增强了函数的解释力，其中，最主要的成果表现在对生产者预期的研究上，做出重要贡献的有 Muth（1961）和 Lucas（1976）等。Gallagher（1978）建立了价格预期模型，首次考虑农户对价格风险的反应，并将价格支持政策对农户价格预期的影响进行量化代入农户的供给反应方程中。实证结果表明，是否考虑农户对价格风险的预期，将会直接影响估计结果的准确性。而 Newbery 和 Stiglitz（1981）对价格稳定政策的福利经济学评估为政府政策影响市场参与者价格预期的研究奠定了基础，但这项研究假设生产者对政策没有供给反应，在实际应用方面具有很大的局限性。

对小麦市场的研究，最典型的是对美国小麦市场的建模，主要包括 Mo（1968）、Chambers 和 Just（1981）以及为美国衣阿华州立大学和密苏里—哥伦比亚大学下属的食品与农业政策研究所（FAPRI）开发的模型（Devadoss et al.，1986，1990，1993）。Mo（1968）提供了一个基本的概念框架，对美国小麦供给和使用的流通过程进行建模。该模型是一个基于简化的产品市场的象征性产品模型，包括一系列描述总需求（消费、库存和出口）和总供给（生产、库存和进口）的方程。通过总供给等于总需求的恒等式作为模型闭合条件，决定美国小麦市场出清的均衡价格和数量。FAPRI 和美国农业部对美国小麦市场的模型设定十分相似（Devadoss et al.，1993；Bailey，1989）。这些模型同样根据新古典生产和消费理论，设定美国国内对小麦的供给和需求。这些模型还提供了额外的供给和需求列表。另一个重要的文献是 Chambers 和 Just（1981）提供了三种产品（小麦、玉米和大豆）的动态模型。模型包括四个方程（生产、消耗、库存和出口）及一个出清所有农产品市场（小麦、玉米和大豆）的恒等式。该模型结合事先给定的内生变量（滞后变量），对系统动态进行建模，并连接了美国宏观经济和产品市场。

最早关于农产品价格传递的研究是美国学者 Gardner（1975），他使用了 Muth（1961）开发的均衡移动模型，建立了完全竞争市场的农产品价格分析框架。以 Gardner 的模型为基础，很多学者继续发展了农产品价格传递模型。McCorriston 等（1998）解除了完全竞争的假设，在食品零售环节存在卖方寡占力量的假定下建立了新的从农产品收购到食品零售的价格传递模型，2001 年 McCorriston 等学者又继续放松了营销企业规模报酬不变的假设，讨论了规模经济对农产品价格传递的影响。Weldegebriel 等（2004）又继续放松了农产品收购环节完全竞争的假定，同时考虑在农产品收购环节与食品零售环节非完全竞争情况下的农产品价格传递，从而使模型更接近经济运行的实际。

关于粮食市场调控政策的研究，国外的研究主要围绕价格支持和补贴政策。在20世纪90年代以前，价格干预政策是各国最常采用的手段，关于价格政策效果评价的研究很多。Paul Gallagher（1978）研究发现，美国的农产品价格支持政策是只有当市场处于低迷期时才会影响市场价格，当市场价格处于高位时并不受价格支持政策的影响。Haraldnon Witzkeh 和 Ulrich Hausne（1993）发现，美国政府的小麦和玉米价格支持政策的实施情况主要取决于决策者对经济情况的预期和财政状况，但政策并没有实现决策者所宣传的那样消除收入差距的效果，因为价格支持的好处被富裕农场主获得。Paul C. Westcott 和 Linwood A. Hoffman（1999）详细讨论了美国小麦和玉米的价格支持政策的影响因素。Kim Kwansoo 和 Jean Paul Chavas（2002）研究表明，价格支持政策对农产品价格稳定的作用仅发生在短期内，长期来看作用会减弱并消失。T. S. Jayne、Robert J. Myers、James Nyoro（2006）运用向量自回归模型和虚拟事实因果模型研究了政府市场政策对玉米价格的影响，发现政策对市场价格的水平和波动程度都有明显的影响。从国外经验来看，虽然粮食价格支持政策对农业的发展具有举足轻重的作用，但它的负面作用不可忽视，例如，产生巨大的财政成本，引起市场扭曲，并导致农民采取密集的耕作方式，使用大量的化学药品，从而产生严重的环境问题（Meerman，1997；Serra et al.，2004；Rashid et al.，2007）。乌拉圭回合谈判后，美、欧、日、韩等主要发达国家和地区积极推动农业政策从价格支持向直接补贴转型，尽可能减少使用具有严重扭曲市场作用的政策措施（Baffes and Meerman，1998；OECD，2009；FAO，2011）。而通过政府补贴或税收减免的方式鼓励公众粮食储备，在粮食短缺时执行反周期补贴鼓励生产，在粮食过剩时使用纳税等方式稳定粮食价格也是较好的政策（Gouel，2013）。

## 二、国内研究综述

国内对于农产品价格及调控政策的研究成果也有很多，这里主要总结1990

年以来学者对市场经济条件下农产品价格的讨论。

（一）农产品生产对价格的反应

自20世纪90年代中期以来，针对粮食市场化进程的不断加快，国内学者对价格在我国粮食生产中的作用展开了激烈的讨论，主要集中在两个方面：一是研究农产品价格是否是制约农业生产的主要因素，二是中国农业主要利用价格刺激是否能维持其持续增长。

一种观点是有学者认为由于农户经营规模小，农产品商品率低，比较利益低下，要素流失严重等原因，自1984年以来，在我国形成了一种价格对农业生产的“弱波趋势”，即价格对农业生产的刺激力由强减弱，有明显的递减趋势（陈志国，李惠茹，1996）。董全海（1996）不同意陈文关于价格对我国农业生产的“弱波趋势”判断，他认为，在市场经济体制下，农产品价格与产量的波动具有某种规律性或内在趋势，并根据动态蛛网理论证明粮食，例如，大米、小麦和玉米的供给弹性比需求弹性大得多，其价格与产量符合动态蛛网理论的“蛛网不稳定”条件，均衡一旦遭破坏，很难自动恢复均衡。孙鹤、施锡铨（1999）指出，从陈文的几个技术性分析错误入手，阐明作者观点：中国农民对农产品价格有足够的反应，他们根据价格变化做出投资投劳决策，因此，政府利用价格杠杆调节农产品供求平衡是有效的。

另一个争论的焦点是在以市场化改革为取向的粮食购销体制改革中，粮食生产者是对国家的粮食收购价还是集贸市场的粮食交易价格抑或是农村市场粮食交易价格做出反应。1984年以前，在“统购、统销”的政策背景环境条件下，国家是粮食收购的主体，非收购性的粮食商品交易受到严格限制，因此，有学者认为用超购价作为边际价格是合理的（林毅夫，1995），但这种理论具有一定的时代局限性。柯炳生（1995）采用边际生产理论方法得出了定购价格不影响粮食供给的结论，分析的基本假定是由于定购价格低于市场价格，按照利润最大化的原则，农户最终选择的是边际成本等于市场价格时的交叉点，引导农户粮食供给行为的是市场价格而非订购价格。金和辉（1990）、郑毓盛（1993）论证了市场价格与国家定购价格均对粮食生产有调节作用。宋洪远等（1997）利用边际理论、局部调整模型和理性预期理论建立了双轨制度下三种不同的供给反应模型，结果显示定购数量和定购价格对粮食产出存在显著的影响。李岳云等（2001）认为，粮食收购价中的定购价在政府宏观政策框架下带有强制的税收性质，对粮食生产的指导作用非常有限，因而采用代表整个农村市场粮食交易的农村市场零售价格作为农户形成价格的基础。

2004 年我国粮食购销市场全面放开后，逐渐形成了以价格支持、直接补贴、储备调节、进出口调控为主的粮食市场宏观调控体系。关于农户的供给反应，国内学者的研究重点集中在各项农业补贴政策对农户生产的影响上，而价格支持政策有时会被作为一项价格补贴政策纳入整体框架内进行研究。从研究结论上来看，虽然学者对农业补贴政策是否能够促进粮食生产存在异议，但普遍认同粮食价格或价格支持政策对农户粮食生产的促进作用（翁贞林，2009；刘克春，2010；江喜林，2013）。还有学者研究表明，价格风险变量对粮食产量的影响效果比预期价格要大，因此，稳定粮食价格比关注价格水平本身更为重要（陈飞等，2010）。目前国内单独讨论价格支持政策与农户供给反应的研究相对较少，而且由于使用的研究方法和数据差异较大，出现了三种不同的研究结论：第一种结论认为，由于粮食价格支持政策在实际操作过程中，无法有效收购农民的商品粮，加上近年来种粮成本的上升较快挤压了价格支持政策的效果，使最低收购价政策在促进粮食生产方面虽然有正向作用，但是效果并不明显，而且对市场的支撑作用开始出现减弱的趋势（钟钰、秦富，2012；李光泗等，2017）；第二种结论认为，最低收购价格通过引导粮农的价格预期对他们的粮食供给行为起导向作用，政府每年公布的最低收购价格对主产区农民的粮食种植行为存在显著的正向影响（张爽，2013；李丰、胡舟，2016）；第三种结论认为，不同经营规模的农户对价格支持政策的反应不同，小规模农户在进行种植决策时更在意成本，因此，种粮补贴的影响更为显著。而较大规模农户在进行种植决策时更关注市场，受粮食销售价格和政府收购价格的影响更大（贾娟琪等，2017）。

（二）粮食价格波动的成因

20 世纪 90 年代中期粮食价格的大范围上涨，引发了学者对于粮食上涨原因的广泛讨论，这也是国内学者不断探索市场经济条件下我国粮食市场价格形成规律的过程。学者对于粮食价格上涨原因的分析主要可以归结为以下五点：

1. 供求关系的矛盾，包括国内生产、消费与进出口变动两方面

国内粮食生产的变化，包括产量与品种结构的失衡，都会引起短期内粮食市场价格的大幅波动（陈锡文，1995；柯炳生，1995；章钟基，1995），而消费结构、流通结构的变动对粮价的影响也不能忽视（刘中一，1997）。进出口是一国调解国内粮食供求的重要手段，但由于我国粮食进出口拨交价格制度和计划控制，出现了粮食出口反向操作，即国内粮食短缺时反而净出口增加，这进一步推动了粮价上涨（柯炳生，1995；冀名峰，1995）。

2. 粮食供给费用，包括生产成本与流通费用

农业生产资料价格上涨推动粮食生产成本上升，是推动粮价上涨的重要原因（陈锡文，1995；柯炳生，1995；王瑞英，1999）。除此之外，粮食市场不完善，流通秩序混乱，中间费用过高（陈锡文，1995），以及我国非市场化粮食流通体制扭曲价格形成机制，价格信号失真乃至传导阻塞，导致农民无法按照市场价格信号形成正确的预期，产生粮食生产投入决策失误，从而引发粮食价格大起大落（王福林、冯海发，1994；李岳云，2001）。在双轨制政策下，粮食定购采取事先干预生产和流通的方式也可能放大市场价格的波动（王德文、黄季焜，2001）。

3. 宏观经济环境，包括货币购买力增大、通货膨胀及汇率因素

通货膨胀与粮食价格的关系是争论最为激烈和长久的，主要是关于两者因果关系的讨论，一大批学者从不同的研究角度提出差异很大甚至是截然相反的观点（林毅夫，1995；朱希刚，1997；卢锋等，2002；王秀清等，2004），撇开孰对孰

错的判断，这些学者的论点都表明了粮食市场的价格波动并不是独立的，它极易受宏观经济环境的影响，会与宏观经济周期的变动具有高度的相关性（李晖，2004）；李敬辉、范志勇（2005）设计了一个理性预期动态一般均衡模型，说明预期通货膨胀波动和利率调整通过改变真实利率影响经济主体的存货需求，存货需求波动进一步使得大宗商品价格波动幅度超过通货膨胀波动幅度，并使得大宗商品价格波动出现“超调”现象。

4. 农民和国有粮食企业行为

我国农户的粮食储备主要出于粮食安全的考虑，对市场价格的反应较小，但是农民在现阶段常常表现逆向市场价格反应行为，储备数量的变化是粮食市场价格剧烈波动的重要原因（柯柄生，1996）。由于国有企业体制原因导致运行效率低下和抛售不利，都是粮食价格上涨未能得到有效控制的主要原因（柯炳生，1995；温铁军，1996）。

5. 价格调控政策

国内学者对于价格支持政策在平抑农产品价格波动方面多持肯定态度，认为以最低收购价、临时收储政策为代表的价格支持政策不仅在国内稳定了粮食市场，提高了粮食价格，也减缓了国际粮食市场波动对国内市场的冲击，有助于维护国家粮食安全（黄季焜等，2009；王士海、李先德，2012，2013；郑风田、普冀喆，2015；贾娟琪等，2016；钟钰等，2016；吴海霞、葛岩，2016）。但近年来价格支持政策成为粮价上涨的重要推动力量，由此带来的负面效应也日渐凸显，例如市场功能弱化，价格信号扭曲，进口压力激增，下游加工企业生存困难，同时超量收储也加重了政府的财政负担（徐志刚等，2010；谭砚文等，2015；毛学峰、杨军，2015；武舜臣，2018）。由于粮食的供给和需求普遍缺乏弹性，价格支持政策在一定程度上提高了粮食的市场价格，降低了价格风险，对于生产者福利的促进作用较为明显，但种粮农民因价格支持政策实现的增收主要来自消费者和纳税人的福利转移，虽然最低收购价政策在初期达到了社会效益和参与主体效益双赢的局面，但是，随着国内外形势变化，生产者、私人粮企和社会总福利受到损害（李光泗、郑毓盛，2014；郑风田、普蓂喆，2015；邱雁、李越，2016；李邦熹、王雅鹏，2016）。

（三）价格传递

国内有关价格传递的研究依据其方法不同而分为两类，一类是根据价格的时间序列数据进行计量检验，主要使用共聚合方法、格兰杰因果检验法和误差修正模型，这种方法多用于判断横向或纵向相关的市场之间是否存在整合关系，并以此来判断市场一体化的程度（万广华、周章跃、陈良彪，1997；喻闻、黄季焜，1998；田维明，1999；武拉平，2002）。其中，关于小麦市场的研究结果表明，从横向关系来看，小麦各地区收购市场之间存在长期整合关系，多数市场之间均存在价格信息的双向传递，说明小麦收购市场是有秩序的；但不存在短期整合关系，表明小麦收购市场缺乏活力，经营主体还比较少。从纵向关系来看，小麦市场存在垂直整合，即市场收购、批发、零售之间存在内在的稳定关系；对小麦价差的分析表明，南北方地区的收购和批发环节均可以得到最终面粉价格的40%，零售环节可以得到面粉销售价格的60%（包括面粉加工、运输费用在内以及零售商的经营成本和利润）。从小麦国内价格与国际价格的联系上来看，郑州粮食批发市场对国际市场有较大影响，而南方小麦市场则易受到国际市场影响，但影响程度不大（武拉平，2002）。

但是，仅从价格时间序列数据的关联性分析，虽然可以反映价格传递的现状，但不能很好地解释其中的经济学含义，由此一些学者开始利用理论推导反映农产品市场的价格传递。较早对这个问题进行研究的是辛贤（1998），他在完全竞争市场的假定下，建立了包含生猪生产、市场流通与猪肉需求三个市场达到均衡的联立方程组，测定了影响生猪与猪肉价格各因素的作用大小，并发现生猪市场存在明显的价格放大效应，即生猪价格的波动会夸大生猪产量的波动。王秀清（2005）放松了完全竞争的假定，从理论上推导了农产品收购市场与食品零售市场存在寡占情况下的价格传递模型，结果表明，市场力量和规模报酬对价格传递的影响是不确定的，一旦存在市场力量或收购环节与零售环节的市场力量不平衡，就会导致价格传递弹性相对完全竞争而放大。

### 三、简要评论

国内外对于粮食价格研究的文献非常丰富，这对本书研究小麦价格的形成提供了很多帮助。随着粮食市场开放的深入与供应链的延长，粮食价格波动及其形成机理日趋复杂化，原有的市场调控政策逐渐难以适应新形势的变化。作为农业与农村发展和整个国民经济关注的热点之一，目前我国的粮食价格形成与调控的相关研究还有待深入，很多理论和实践问题亟待进一步厘清。虽然现有的文献十分丰富，但对21世纪以来粮食价格形成规律的探讨还有待深化，对已有市场调控政策效果的定性分析较多，定量分析还不够充分，关于调控政策改革后对市场影响的研究还十分缺乏，这都为本书的研究提供了空间。

## 第四节　研究内容

首先，本书从市场经济条件下小麦价格形成的主要影响因素入手，定量测定各主要影响因素的大小，把握小麦市场价格变化的原因、趋势和特点；其次，对小麦市场调控政策进行总结和评估，并运用美国农业部 ERS 开发的 PEATSim 模型，模拟最低收购价政策调整对小麦生产和市场的影响（并与稻谷市场作对比）；最后，提出我国进一步推进价格调控政策改革的思路和建议。

本书各章的主要研究内容如下：

第一章为导言。本章主要分析本书写作的背景，廓清书中所涉及的主要概念，回顾和评价前人的相关研究。

第二章为小麦市场价格的波动特征。本章使用 H – P 滤波法和 ARCH 族模型，对我国小麦市场价格波动的周期性特征和路径特征进行分析，并深入挖掘每个周期小麦价格波动的主要原因。从周期特征来看，我国小麦市场价格的周期长度逐渐增加，波动频率总体呈下降趋势，并呈现“慢跌快涨”的特点，下跌区间长于上涨区间，但累计下跌幅度小于上涨幅度。从路径特征来看，小麦前期价格对当期价格的影响十分显著，说明存粮仍然是影响小麦价格形成的重要元素之一，而且前期的高价会加剧未来小麦市场的价格波动；在样本观测期内粮食市场的两次大的政策变动，虽然在短期内对小麦市场价格有一定影响，但从长期来看并不会引发小麦市场价格的大范围波动。

第三章为小麦市场价格的影响因素分析。本章从供给费用和供求情况两方面分析了影响小麦价格主要因素。供给费用主要包括生产费用和流通费用两部分，生产费用是指农民生产小麦时的物质费用及用工投入，近年来我国小麦生产成本和收益表现出生产总成本不断上升、土地成本增速快于生产成本、人工成本增幅明显快于物质服务费用、租赁作业费超过化肥费成为推高小麦物质服务费用的首要因素、收益增幅总体低于成本增幅等特点。流通费用主要是指小麦在流通环节中所增加的成本，流通环节主要包括收购、储存、运输、加工、销售等环节，本章借鉴已有研究成果对这些环节的费用情况进行了总结。虽然说供给费用的高低几乎决定了小麦价格的底线，但在市场经济条件下，国内供求情况对小麦价格的影响也至关重要，本章从生产、消费与贸易等方面分析了我国小麦供给与需求的变化情况。

第四章为小麦价格形成的理论模型。本章将小麦的整个流通过程划分为小麦生产、市场流通与面粉消费三个市场，建立一个包含六个方程六个内生变量的联立方程组，通过对这六个方程求全微分来分析整个系统在外生冲击下的均衡移动。然后放松了完全竞争的假定，讨论当营销企业具有一定影响小麦收购价格和面粉销售价格的市场力量时，小麦价格的形成规律，但由于所使用的 CES 生产函数只能得到固定的小麦供给价格弹性，因此，只能讨论营销企业在销售市场具有市场力量的情形。推导结果显示，完全竞争市场是非完全竞争市场的特例，在实证检验中只用改变参数 μ 的取值，就可以比较不同市场情况下小麦价格形成决定因素的差异以及小麦市场价格传递的不同特征。

第五章为小麦价格形成的实证研究。本章对完全竞争市场与非完全竞争市场的小麦价格形成理论研究进行了实证检验。主要结论有以下四点：一是大米价格、消费支出以及小麦生产成本的变化对小麦价格有正向影响。消费支出上涨10%，会带动小麦价格上涨6.7%左右，生产资料价格上涨10%，会带动小麦价格上涨4.2%左右，大米价格与小麦生产劳动力的价格对小麦价格影响不大。营销投入品生产成本变化对小麦价格有负向影响，但影响会随着营销企业市场力量的增加而降低。二是面粉需求与小麦生产方面的冲击对于面粉价格的影响要普遍小于对小麦价格的影响，但一旦外部冲击是由于营销投入品生产成本引起时，对于面粉价格的冲击要大于小麦，而且这种冲击是正向的。随着营销企业市场力量的变化，所有外生冲击对面粉价格的影响都有减弱的趋势。三是小麦收购市场价格波动只有不到一半可以被传递至面粉零售市场，小麦收购市场的波动幅度要远大于面粉市场的波动幅度；但面粉销售市场的价格波动会被加倍传递到小麦收购市场，两个市场之间的价格传递是极不对称的，而且随着营销企业在面粉销售市场上市场力量的增加，这种不对称性会逐渐扩大。四是小麦收购市场存在小麦价格对小麦产量的放大效应，但是在面粉销售市场，面粉价格对于面粉产量只有缩小效应。

第六章为新中国成立以来我国粮食价格体制改革的历史演变。小麦是我国粮食保护的重要品种，大部分粮食价格改革都涉及小麦。回顾新中国成立以来我国小麦市场的价格改革情况，实际上也是对新中国成立以来我国粮食市场价格改革演变过程的一个总结。自新中国成立以来，我国粮食市场的价格政策主要经历了四个阶段：政府全面垄断定价的统购统销阶段、价格双轨制过渡阶段、市场化尝试阶段和全面市场化改革阶段，本章主要对这四个阶段的价格改革情况作了简单回顾。

第七章为21世纪以来我国粮食价格调控政策的回顾及评价。自2004年以来，最低收购价和临时收储政策作为新时期国家在粮食市场上调整供求关系的重要手段，对粮食市场价格形成的影响十分显著。本章以最低收购价政策为例，对市场全面放开以来我国粮食价格调控政策的演变过程进行了回顾。首先，总结了最低收购价政策出台的背景及内容；其次，对政策实施多年来取得成效和存在的问题进行梳理；最后，使用向量自回归模型（VAR）方法，定量分析了最低收购价政策对小麦市场价格的影响。

第八章为新时期我国粮食价格调控政策的目标及改革方向。首先，本章对新阶段我国粮食价格调控政策面临的新形势进行研判，包括粮食市场问题由总量矛盾向结构性矛盾转变、粮食进口由供求缺口驱动型向价差驱动型转变、国内外价差扩大导致关税“防火墙”作用存在失效危险、国际贸易环境对粮食价格调控政策的制约加大等方面。其次，结合我国农业发展阶段的新特点，将新时期我国粮食价格调控政策的目标确定为：“保供给”要转向“保能力、提质量、优结构、可持续”等多维政策目标；逐步退出“保收益”功能，配套实施“种粮收益补贴”政策。通过价格和补贴政策的相互配合，保证农民合理收益，稳定国内粮食生产。最后，本章运用全球农产品市场供需均衡模型（PEATSim），模拟分析了不同政策模拟方案对我国粮食市场可能产生的影响及程度。

第九章为我国粮食价格调控政策改革思路与建议。首先，本章对2015年粮食价格政策改革之后我国小麦市场运行情况进行了分析，认为稳定及下调小麦最低收购价之后，我国小麦生产基本稳定，产需基本平衡，并出现了购销以市场化为主导、优质优价特征明显、优质专用小麦产业发展迅速等新趋势，但也存在受灾年份部分地区质差小麦销售不畅、种植收益整体呈下滑趋势、优质小麦产业发展面临诸多挑战、农业灾害保险赔付额偏低等问题。未来完善我国粮食市场调控政策的思路，应发挥市场机制在价格形成中的决定性作用，加强“一揽子”政策设计对最低收购价政策的支撑，财政补贴向粮食主产区和适度规模经营者倾斜。未来我国粮食市场调控政策改革应从三方面着力：为应对最高价，要加强粮食储备体系建设；为应对最低价，要进一步改革最低收购价政策；粮食价格回归市场后，价格波动将完全体现粮食市场供求的形势。因此，要维持粮食市场运行的稳定，归根结底还是要提升粮食产业的核心竞争力，强化粮食生产支持政策，提高供给质量和效率。

# 第二章 小麦市场价格的波动特征

价格波动幅度是反映粮食市场稳定程度的重要特征。自1985年我国取消粮食统购制度后，粮食的市场调节量占粮食交易量的比重逐年增加，随着市场调节量的上升，小麦等主要粮食品种价格波动也越来越频繁，1994～1995年小麦价格上涨幅度达51.3%（刘俊杰，2011）。随后连年的丰收又让小麦市场进入了长达七年的价格低迷期。21世纪以来，随着我国一系列粮食价格调控政策的出台，国内粮食市场价格波动的整体水平有所下降，尤其是在2008年粮食危机前后，在国际市场大涨大跌的背景下，国内粮食市场仍然整体保持稳定，这对于保护国内粮食生产者、消费者利益及整个国民经济的健康发展具有重要意义。本章将从周期性特征和路径特征两个方面来分析我国小麦市场价格的整体波动情况，以为进一步研究小麦市场的价格形成奠定基础。

## 第一节 小麦价格波动的周期性特征分析

### 一、研究方法

粮食价格波动周期是指粮食价格围绕其长期趋势扩张和收缩而体现的周期性波动。经济时间序列的变化通常受到其自身的趋势（Trend）、周期（Cycle）、季节（Seasonal）及不规则成分（Irregular）的影响。时间序列分解旨在将经济时间序列中的趋势、季节和不规则成分分离出来，然后分析剩余的周期成分的统计特征。首先，使用全国居民消费价格指数去除小麦名义价格中的通货膨胀因素；其次，通过 X－12 季节调整方法对小麦实际价格数据进行季节调整，在此基础上使用 H－P 滤波法获得周期成分；最后，分析周期成分的统计特征，从而对小麦价格周期做出判断和分析。

（一）季节调整

X－11 方法是基于移动平均法的季节调整方法。它的特征在于除了能适应各种经济指标的性质，根据各种季节调整的目的、选择计算方式以外，在不做选择的情况下，也能根据事先编入的统计基准，按数据的特征自动选择计算方式。在计算过程中可根据数据中的随机因素大小，采用不同长度的移动平均，随机因素越大，移动平均长度越大。X－11 方法是通过几次迭代来进行分解的，每一次对组成因子的估算都进一步精化。但 X－11 方法只能处理 20 年的月度数据，本书使用的是 23 年的月度数据，因此，选择 X12 季节调整法。X12 季节调整法是在 X11 季节调整法的基础上发展起来的，包括 X11 季节调整法的全部功能并进行了改造。增加了季节因素、趋势循环和不规则要素分解模型的选择、季节调整结果稳定性诊断以及 X12－ARIMA 模型的建模和模型选择功能。

（二）H－P 滤波法

由于趋势成分和周期成分在季节调整中被视为一体，因此，下一步需要将趋势成分和周期成分分开。我们使用 H－P（Hodrick－Prescott）滤波法去除时间序列数据中的趋势成分。H－P 滤波法本质上是一种线性滤波方式，采用线性滤波方式的优点在于分解过程当中不会引入伪非对称性①。设（$Y_t$）是包含趋势成分和周期成分的经济时间序列，（$Y_tT$）是其中含有的趋势成分，（$Y_tC$）是其中含有的

① 刘金全，范剑青．中国经济周期的非对称性和相关性研究［J］．经济研究，2001（5）．

周期成分，则

$$Y_t = Y_t^T + Y_t^c \quad t = 1,\ 2,\ \cdots,\ T \tag{2-1}$$

计算 H－P 滤波就是从$(Y_t)$中将$(Y_t^T)$分离出来。一般地，时间序列$(Y_t)$中的不可观测部分趋势$(Y_t^T)$常被定义为下面最小化问题的解：

$$\min \sum_{t=1}^{T} \{ (Y_t - Y_t^T)^2 + \lambda [c(L) Y_t^T]^2 \} \tag{2-2}$$

其中，c（L）是延迟算子多项式：

$$c(L) = (L^{-1} - 1) - (1 - L) \tag{2-3}$$

将式（2－3）代入式（2－2），则 H－P 滤波的问题就是使下面损失函数最小，即：

$$\min \left\{ \sum_{t=1}^{T} (Y_t - Y_t^T)^2 + \lambda \sum_{t=1}^{T} [(Y_{t+1}^T - Y_t^T) - (Y_t^T - Y_{t-1}^T)]^2 \right\} \tag{2-4}$$

最小化问题用$[C(L)Y_t^T]^2$来调整趋势的变化，并随着 $\lambda$ 的增大而增大。这里存在一个权衡问题，要在趋势要素对实际序列的跟踪程度和趋势光滑度之间作一个选择。当 $\lambda=0$ 时，满足最小化问题的趋势等于序列$(Y_t)$；当 $\lambda$ 增加时，估计趋势中的变化总数相对于序列中的变化减少，即 $\lambda$ 越大，估计趋势越光滑；当 $\lambda$ 趋于无穷大时，估计趋势将接近线性函数。一般经验下，$\lambda$ 的取值如下：

$$\lambda = \begin{cases} 100，\text{年度数据} \\ 1600，\text{季度数据} \\ 14400，\text{月度数据} \end{cases}$$

## 二、数据来源

我国小麦种类包括普通小麦和优质小麦，其中，普通小麦约占小麦总产量的90%以上，本书选择三等普通白麦为代表来分析小麦价格的周期特征。使用的数据是郑州粮食批发市场普通三等白麦（以下简称普麦）的月度批发价格，时间跨度为 1993 年 1 月至 2019 年 12 月。为剔除通货膨胀影响，使用国家统计局的月度全国居民消费价格指数对名义价格进行处理，处理结果如图 2－1 所示。

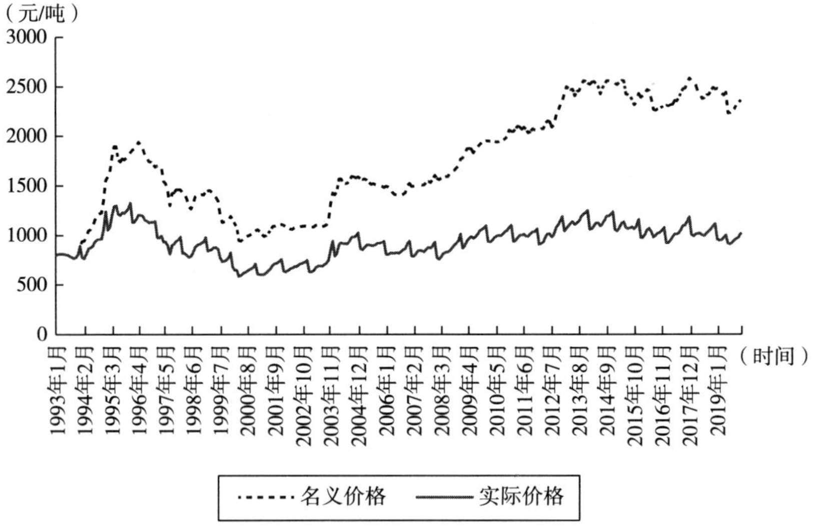


**图 2－1　郑州粮食批发市场三等普通白麦价格走势**

资料来源：中华粮网。

从小麦的名义价格变化趋势来看，除了 20 世纪 90 年代出现过大幅波动以外，自 21 世纪以来，小麦名义价格基本呈现稳中有涨的格局。由图 2－1 中大致可以分为三个阶段：2000～2003 年，小麦名义价格持续 20 世纪末的低迷状态，一直在 1000 元～1100 元/吨徘徊；2004～2014 年，是小麦名义价格的快速上涨阶段，价格区间由 1100 元/吨上涨至 2500 元/吨，累计涨幅高达 1.3 倍；2015～2019 年，小麦名义价格进入高位波动阶段，始终在 2200～2500 元/吨。使用居民消费价格处理之后，小麦实际价格走势要相对平稳很多，尤其是 2004 年以后，小麦实际价格基本上在 1000 元/吨上下波动，并没有表现如名义价格一样的上涨势头，甚至比 20 世纪 90 年代初期的实际价格还要低一些，说明 2004 年以后小麦名义价格的上涨主要是通货膨胀的因素所致。

## 三、周期分析

使用 H－P 滤波法分解出来的小麦实际价格序列中的趋势成分和周期成分，结果如图 2－2 所示。按照“波峰—波峰”的周期划分标准①，可以将 1993 年以来的普通小麦批发价格划分为七个完整周期和一个半周期（见表 2－1）。价格波动主要呈现以下两个特征：一是周期长度逐渐增加，波动频率总体呈下降趋势。1993 年以来我国普通小麦价格经历了七个完整周期，周期平均长度为 42.9 个月，属于短周期。其中最长的第五周期，波长为 64 个月。2001 年以前周期一短一长的特征十分明显，但从第五周期开始，不仅周期整体长度有了明显增加，而且各周期的持续时间趋同。从 2018 年 1 月开始，普通小麦价格进入了第八周期，截至 2019 年 12 月，仍处于该周期的下降区间，累计跌幅为 13.6%，尚不能确定是否到达波谷位置。从波动幅度来看，普通小麦的累计涨跌幅度由第一周期的 62.3% 降至第七周期的 24.6%，呈现不断下降的态势。二是下跌区间长于上涨区间，但累计下跌幅度小于上涨幅度。我国普通小麦价格呈现“慢跌快涨”的特点，七个完整价格周期的平均下跌区间为 26.3 个月，平均累计跌幅为 13.4%，而平均上涨区间为 16.6 个月，平均累计涨幅为 24.1%。但从第七个周期开始，累计下跌幅度开始超越累计上涨幅度，说明小麦价格处于收缩性的周期波动，即大部分时间普通小麦价格是处于下跌状态的。下面简要讨论一下各周期的价格特征及形成原因。

---

① 划分经济周期的原则一般包括三点：一是形态标准。一个周期波动要求基本图形完整，从波峰点到波谷再到波峰点，或者是从波谷点到波峰点再到波谷点，定义为一个波动周期。同时，图形具有明显的下凹或上凸的形态。二是幅差标准。在增长率波动图形上，从波峰点到波谷点的落差要超过 5%，以区别其他非周期变动与统计误差。三是时间标准。一个周期波动要有一定长的年限跨度，一般要包含 2 个或 2 个以上的生产周期。

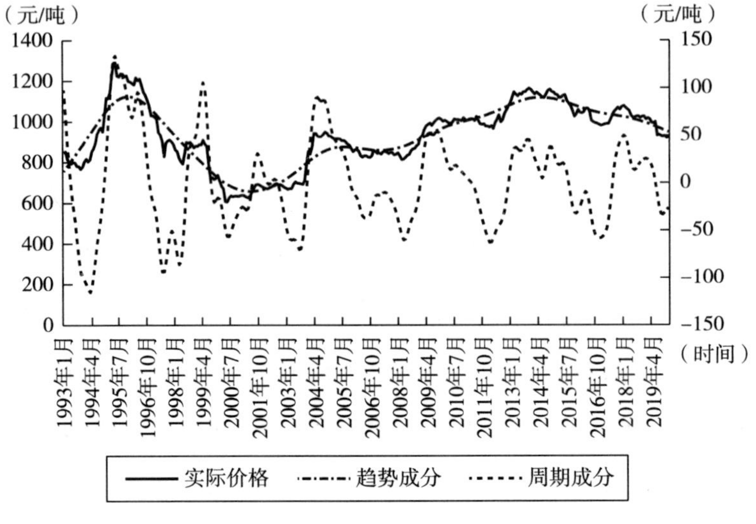


**图 2－2　普通小麦实际价格序列分解**

**表 2－1　1993 年至今普通小麦价格波动周期划分**

| 周期 | 起止时间 | 周期长度（月） | 波谷位置（时间） | 下跌区间（月）及累计跌幅 | 上涨区间（月）及累计涨幅 |
|---|---|---|---|---|---|
| 周期一 | 1993 年 1 月至 1995 年 5 月 | 29 | 1994. 3 | 15（3. 9%） | 14（58. 4%） |
| 周期二 | 1995 年 6 月至 1999 年 4 月 | 47 | 1997. 6 | 25（26. 1%） | 22（9. 9%） |
| 周期三 | 1999 年 5 月至 2001 年 9 月 | 29 | 2000. 6 | 14（29. 6%） | 15（10. 8%） |
| 周期四 | 2001 年 10 月至 2004 年 5 月 | 32 | 2003. 3 | 18（2. 6%） | 14（38. 4%） |
| 周期五 | 2004 年 6 月至 2009 年 9 月 | 64 | 2008. 3 | 46（11. 9%） | 18（24. 3%） |
| 周期六 | 2009 年 10 月至 2013 年 9 月 | 48 | 2012. 1 | 28（4. 5%） | 20（17. 9%） |
| 周期七 | 2013 年 10 月至 2017 年 12 月 | 51 | 2016. 11 | 38（15. 3%） | 13（9. 3%） |
| 周期八 | 2018 年 1 月至 2019 年 12 月 | — | — | — | — |

注：累计涨（跌）幅均使用经过季节调整后的实际价格计算。下同。

### （一）周期一（1993 年 1 月至 1995 年 5 月）

这一周期是普通小麦批发价格波动最为剧烈的时期，持续时间为 29 个月，其中，价格上涨时期为 14 个月，累计涨幅最高达 58. 4%。这一轮价格上涨高峰的形成与国家政策变动有较大的关系，包括以下三个方面：

1. 粮食购销体制改革

20 世纪 80 年代中后期，我国主要粮食品种的收购价格长期偏低，同期生产资料价格上涨，导致农业比较效益日趋降低，挫伤了农民种植粮食的积极性。1989 年，为了避免“谷贱伤农”，保护农民种粮积极性，国家建立了粮食专项储备制度，国务院对小麦、稻谷和玉米等主要粮食品种实行保护价敞开收购农民余粮作国家专项储备，还决定从 1989 年对秋粮收购开始，将合同定购改为国家定购，近两年国家粮食定购任务稳定在 500 亿公斤不变，“三挂钩”政策也不变。在粮食统销价格基本不动的条件下，国家单方面提高粮食收购价格，必然背上沉重的财政负担。从党的十三届七中全会起，国家为了减轻财政负担，进一步深化改革，开始着手调整粮油统销价格，决定从 1991 年 5 月 1 日起，三种粮食（面粉、大米、玉米）中等质量标准品全国平均统销价每 500 克提高 0.1 元；党的十三届八中全会进一步解决购销价格倒挂问题，国务院决定自 1992 年 4 月 1 日起，适当提高粮食统销价格，实现购销同价。截至 1993 年底，全国除了云南、甘肃两省的 25 个县以外，约有 98% 左右的县市基本放开了粮食价格与购销。这次的改革对增加种粮农民收入起到了一定作用，但也因政策执行过程中出现的一些偏差而加剧了粮食价格上涨。例如，一些地方为保证完成收购任务，而将议购粮的一部分作为订购任务强加给农民，使农民产生抵触情绪；还有一些主产省关闭了大部分粮食市场，造成粮食省际间流通的阻碍，加剧了销区粮食价格的上涨。

2. 价格政策变化

20 世纪 90 年代初，国家多次提高粮食定购价格。1992 年 4 月，将小麦、稻谷、玉米平均提价 17.5%；1994 年 6 月 10 日，对合同定购粮食重新实行国家定价，并且将原定购的稻谷、小麦、玉米、大豆四种粮食平均收购价格提高到每 50 公斤 52 元。单纯从价格角度来讲，合同定购部分的收购价格比 1993 年实际收购价格提高了 16 元，幅度 44%。此外，1993 年国家建立了粮食收购保护价制度。全国主要粮食品种的收购保护价格的基准价由国务院制定下达，各省、自治区、直辖市人民政府根据当地情况，按不低于但可高于中央下达的基准价格水平，制定本地区的收购保护价格，并向农民公布。收购价格的不断调高以及保护价格的制定，在一定程度上不仅增加了农民的惜售心理，也提高了消费者涨价的心理预期，加剧了供求失衡，刺激了粮价上涨。

3. 进口政策和外汇政策的调整

1993 年，国家调整了进口政策，对于进口商品国家不再给予补贴。我国小麦在 20 世纪 90 年代是主要进口商品之一，每年都要进口几十亿公斤以填补国内供需缺口。在进口政策改变后，尤其是 1994 年人民币汇率并轨以后，进口小麦成本有所提高，从而使部分依靠吃进口小麦的沿海省区转向依靠国内小麦，需求的增加使国内小麦价格上涨的趋势不可逆转。

此外，小麦产量的变动也是引起价格上涨的重要原因。1994 年，由于全国大部分地区受水灾、旱灾的影响，粮食产量普遍下降。当年我国小麦产量为 9930 万吨，较上年减少了 6.7%，是 20 世纪 90 年代以来减产幅度最大的一年。同时全球小麦产量也由 5.59 亿吨减少到 5.27 亿吨，库存低至 15 年来最低点，国际市场小麦数量的减少，使我国利用国际市场调剂小麦缺口的空间缩小，必然会推动国内小麦价格上扬。同时，小麦生产成本的上升也使小麦价格上涨的趋势不可逆转。据全国农产品成本收益资料统计，1993 ~ 1995 年小麦生产成本的增长幅度达到 1979 年以来的最高水平，年平均增幅达到 27%。这些因素都成为推动小麦价格上扬的巨大动力，使这一时期小麦价格上涨的幅度高于其他粮食作物。

（二）周期二（1995 年 6 月至 1999 年 4 月）

这段时期我国小麦价格的总体趋势是逐渐下降的，波动幅度也有所缓和。从 1995 年 6 月开始，国内小麦价格开始回落，当月价格就下降了 7.04%（实际价格下降了 72.7 元/吨）。这一情况的出现主要是由于 1995 年我国小麦恢复性增产，定购价继续维持 1994 年的水平，加之面临夏收，主产区开始腾库，而且国家加强了对粮食市场的管理。经历了 1994 年粮食价格的大幅度上扬、市场秩序混乱的局面，国家逐渐放弃放开粮食市场的初衷，重新加大对粮食市场行政干预。措施包括抛售储备粮以缓和供需矛盾，实行挂牌限价供应，扩大粮食进口（1995 年进口粮食 2081 万吨，为 1983 年以来的最高水平），限制出口，强调国家掌握 70% ~80% 的粮源，并加强定购粮管理，实行“米袋子”省长负责制。早在 1993 年《国务院关于加快粮食流通体制改革的通知》以及 1994 年《国务院关于深化粮食购销体制改革的通知》中，就已经出现关于粮食生产、流通、供求的省长负责制雏形。1995 年 3 月，在《政府工作报告》中再次强调，负责“米袋子”就是负责本省的粮食供应，就是要保证种植面积，提高单产，增加储备，调剂供求，稳定价格。1995 年 4 月《国务院关于深化粮食化肥供销体制改革的通知》进一步明确了“米袋子”省长负责制。当粮食省长负责制实施后，粮食播种面积减少的趋势得到了有效遏制，也逐渐平稳了居民的消费心态，对粮食价格的回落起到了一定的积极作用。

随着 1995 年、1996 年和 1997 年连续三年粮食生产的大丰收，从 1996 年第四季度开始，市场粮价将开始大幅度回落，为抑制粮价过度下跌，国家采取了全面的保护价政策。1996 年 11 月 10 日，国务院在《关于做好当前粮食收购和储存工作的通知》中要求：“继续做好议价粮的收购，实行挂牌收购，敞开收购，不得压级、压价，不得拒收、限收。对议购粮要按市场价收购，市场粮价低于定购粮价时，要按当地政府规定的保护价格收购，保护价格要参照定购价格制定。”1998 年 5 月国家深化粮食流通体制改革，也出台了“按保护价敞开收购农民余粮、资金封闭运行、粮食企业顺价销售”等政策，加强对粮食市场的监督和管理工作。除此之外国家进一步提高了粮食定购价格，1996 年国家定购的中等质量标准的稻谷、小麦、玉米、大豆四种粮食收购价格，由各省在 1995 年加权平均定购价格（不含价外补贴）的基础上每 50 公斤提高 15 元，全国四种粮食加权平均的基准收购价格为每 50 公斤 67 元，如上浮 10%，上浮后粮食定购价格为每

50 公斤 74 元，比现行定购价提高 22 元。由此以来，粮食市场尚未完全放开就被“提价定购”的政策所取代，粮食市场又恢复了国家控制的局面。这一段时期国家政策的回潮，对于粮食流通市场机制的形成很不利，因此，这段时期虽然小麦价格比较平稳，但并未真正反映市场供求的真实状况，价格周期的延长从某种程度上来说也是加强管制的结果。

（三）周期三（1999 年 5 月至 2001 年 9 月）

这一周期是小麦市场价格持续低迷的时期，持续时间为 29 个月。从 1999 年 5 月到 2000 年 5 月，小麦实际价格以下降为主，主要是因为 1999 年小麦产量创历史新高，达到 11388 万吨，为 1983 年以来的最高水平，小麦供给量除满足需求量之外，还结余 622 万吨（国家粮油信息中心），供求状况的改变使小麦价格一路下跌。由于连续五年小麦喜获丰收，库存激增，各地处理陈化粮的步伐加快，也对小麦价格起了一定的打压作用。从政策角度来看，1999 年国家逐步下调了收购价格，并实行优质优价，各地继续调整收购政策，将定购价和收购保护价并轨，执行保护价，这实际上降低了粮食收购价格。据不完全统计，1999 年主产区小麦定购价每 50 公斤平均下调 9.5 元左右（国家粮油信息中心）。国家在 1998 年实行的粮食流通体制改革虽然在短期内促进了粮价上涨，保护了农民利益，但时间一长就暴露了很多问题，政策效应大打折扣，难以抑制小麦价格的下跌。

2000 年 6 月至 2001 年 9 月，小麦价格在跌宕中逐渐回升，主要原因有三点：一是 2000 年和 2001 年小麦产量连续两年下降，尤其是 2000 年，小麦减产 1424 万吨，减产幅度达 13%，刚刚缓和的供需矛盾又有所激化；2001 年，在小麦再度减产的情况下，进口有所下降，出口却大幅度增加，同比增加了 279%，使小麦年度结余量仅为 -892 万吨，是 1993 年以来的最低水平。小麦产量的连续下降又引发了农民的惜售心理，更推动了粮价上涨。二是国家在华北黄淮地区建设的 100 亿公斤新库开始陆续装新粮，小麦的收购量有所增加，同时国家给予装新小麦一定的补贴，刺激了小麦价格的上扬。三是小麦、玉米价格出现倒挂，许多饲料及味精加工企业调整原料投入，以低价位的小麦代替玉米，进一步拉动了小麦的需求量，推动小麦价格上升。但由于我国小麦库存量一直较高，尽管连续两年挖库存，小麦库存仍保持在较高水平。据有关部门统计，截至2001年6月，全国小麦总库存在9000万吨以上，相比全球1.45亿吨的小麦库存，我国小麦库存仍较为充裕，因此，阶段性的供需矛盾激化并未引起小麦价格的大幅上涨，2001年9月小麦的实际价格仍低于本周期开始时的1999年5月的实际价格。

（四）周期四（2001年10月至2004年5月）

这一时期小麦价格逐渐走出低谷，并在期末迅速上升，波动趋势大致可以分为三个阶段：

1. 第一阶段（2001年10月至2002年6月）

这一阶段是小麦价格逐渐回落时期，主要与国家及各地区调整储备粮的行为有关。首先，2001年底各小麦主产区开始进行促销压库工作，小麦出库数量不断增加，增加了小麦供给；其次，由于国家规定2002年7月1日以后，要停止拨付“甲字粮”“506粮”费用，因此，2002年上半年各地都在抓紧进行“甲字粮”“506粮”的销售工作，“甲字粮”“506粮”的大量销售，使低质量小麦的供给大量增加；再次，2002年全国计划轮换国储小麦1336万吨，因此，上半年各地集中开展储备小麦的轮出工作，陈小麦的轮出增加了低质量、低价位小麦的供应量，带动小麦价格的下跌；最后，2002年我国逐步缩小了小麦保护价的范围，降低了小麦保护价的水平，例如，华北黄淮地区普遍降低了2分/斤，也对小麦价格下跌有一定影响。

2. 第二阶段（2002年7月到2003年10月）

这一时期是小麦价格逐步回升的阶段，主要是因为2002年和2003年夏收小麦继续减产，而且受气候影响，小麦质量有所下降，农民惜售心理增强；加上这一阶段我国小麦进口继续下降，出口仍加速上升（2002年同比增长37%，2003

年同比增长157%)，供求矛盾进一步激化。据统计，2002年小麦生产年度(2002年6月至2003年5月)我国小麦年度结余量为-1642万吨，亏损量已占到生产量的18%。

3. 第三阶段(2003年11月至2004年5月)

这一时期是小麦价格大幅增长的阶段。由于2003年10月的阴雨天气导致秋粮收获受阻，产量受到影响，2003年夏秋两季粮食均减产已成定局，严重打击了小麦需求者的预期，原先不大量储备小麦的加工企业也开始竞相征购小麦，销区也意识到充实粮食库存的紧迫性，开始积极补库。但由于小麦连续减产，收储企业惜售心理增强，出货量少，供求矛盾激化的结果导致价格飞升，并且一路上扬。此外，国际小麦价格的高位运行，也对国内小麦市场有一定的拉动作用。但2003年底2004年初小麦价格的大幅上涨的根本原因仍在于长久以来蓄积的供求矛盾，加上粮食市场化改革步伐加快，多元化收购主体日渐成熟，竞争推动价格攀升，而我国市场流通的不畅，也是导致价格长期居高不下的重要原因。

(五)周期五(2004年6月至2009年9月)

这一周期是我国小麦价格波动持续时间最长的时期，长达64个月，振幅为36.2%。其中，价格下跌时期长达四年(48个月)，累计降幅11.9%；价格上涨时期为18个月，累计涨幅为24.3%。自2004年开始，我国小麦种植面积逐年恢复，产量持续回升，到2009年回升至1996年的水平，为历史次高水平。小麦产量的增加使市场供求状况发生变化，市场供需缺口由2001~2003年的1000万吨以上下降到400万吨左右，小麦价格在经历过2003年底2004年初的大幅上涨后又出现了回落的局面。这一周期也可以划分为三个阶段：

1. 第一阶段(2004年6月到2005年6月)

这一时期小麦价格波动幅度较大，最高达768.76元/吨(2004年10月)，最低为686.88元/吨，波动幅度为11.9%。2004年我国夏粮产量为10100万吨，比2003年增长4.8%，使自2004年5月开始小麦价格有所下降。但由于之前小麦价格较高，农民普遍惜售，小麦收购工作一直进展缓慢，加上当时国内严查超载行为，运输费用增加，限制了小麦的省际流通，夏粮增收并没有带来小麦价格的逐步下降，反而因为秋季和国庆节的到来，面粉加工企业增加备货而使小麦价格一路上扬，到10月达到最高点，之后小麦价格虽因节日过去而小幅下滑，但波动不大。2005年上半年小麦价格的持续下滑主要与国有粮食企业大量处理库存陈粮有关，由于2004年冬小麦长势较好，2005年夏收小麦丰收在望，各级收储企业腾库准备购新粮，一时间各地都集中拍卖小麦，压低了市场价格。

2. 第二阶段（2005年7月到2008年3月）

这一时期小麦价格虽仍处于下降区间，但在2006年下半年至2007年上半年有一波回弹走势，这种情况的出现主要是因为国家参与控制粮价下跌。由于2005年初小麦价格不断下降，为稳定市场以保证夏粮收购，2005年4月末，国家粮食局发出《关于做好小麦购销工作稳定市场价格的紧急通知》，通知要求停止中央和地方储备小麦集中拍卖活动。2005年6月，国家发展改革委、国家粮食局、财政部、中国农业发展银行又联合发出《关于积极做好夏粮收购工作的通知》，要求中国储备粮管理有限公司（以下简称“中储粮”公司）和地方储备粮公司结合库存小麦轮换，采取先轮入方式，积极参与市场收购，该政策成为2005年小麦收购市场的亮点，对小麦价格起到了有力的支撑作用。2006年初，国家又制定和执行了小麦最低收购价政策，对抑制小麦价格的下跌起到了积极的作用。

3. 第三阶段（2008年4月至2009年9月）

这一阶段小麦价格呈现回升态势，并到达阶段性峰值。这一时期国家政策对价格的提升作用较为显著，主要体现在两个方面：一是小麦最低收购价水平连续较大幅上调。2008年是国家第三年启动小麦最低收购价执行预案，而且收购价格较前两年上调（白麦每公斤提高0.10元，红麦和混合麦每公斤提高0.06元）；2008年秋冬种时节，国家首次提前颁布了2009年的最低收购价格，白麦、红麦和混合麦每公斤最低收购价分别比2008年分别提高0.20元、0.22元和0.22元，提价幅度较2008年又分别提高了6个、11个和11个百分点，这就整体抬升了小麦市场的价格底部；二是最低收购价拍卖低价不断提升。在实行小麦最低收购价政策后，政策性拍卖逐渐成为青黄不接时期企业用粮的主渠道。由于2009年国家上调了最低收购价，为逐步推进托市麦拍卖与最低收购价接轨，2009年上半年国家分别于2月11日和3月18日，两次上调了最低收购价小麦竞价交易底价，第一次将各品种小麦销售底价全面提升40元/吨，第二次将白麦销售底价提高40元/吨，混麦及红麦提高60元/吨，两次提价对市场价格的提升作用也较为明显。除了政策因素以外，成本上涨也是助推小麦价格上涨的重要因素。2008年和2009年，我国小麦种植总成本每年提高13.7%，主要是农资尤其是化肥价格上涨较快，推动了农户销售价格上涨。

（六）周期六（2009年10月至2013年9月）

这一周期从长度来讲较上一周期缩短了16个月，属于相对的短周期，但已长于前四个周期，说明我国小麦价格的周期长度自2004年开始逐渐增加，且“一长一短”的特征有所退化。从振幅上来看，这一周期是所有周期中最小的，只有22.4%，说明这段时期内我国小麦价格相对稳定。这一周期大致可以分为两个阶段：

1. 第一阶段（2009年10月到2012年1月）

这28个月是小麦实际价格的下跌区间，累计下跌幅度4.5%。从名义价格来看，这段时期的小麦价格是稳中有涨的（批发价格由1932元/吨上涨至2060元/吨，累计涨幅6.6%），但从实际价格来看是下跌的，说明这一时期小麦价格的上涨幅度低于通货膨胀的速度。这期间国家虽然继续上调小麦最低收购价水平，但上调幅度已经赶不上种植成本的上涨速度。2009～2011年，我国小麦最低收购价每年上调幅度为13%、3.4%和5.6%，而种植成本每年上涨17.4%、11.7%、9.3%，导致种植小麦的净利润增速连续呈现负值，分别为－5.6%、－10.1%、－15.3%。

2. 第二阶段（2012 年 2 月至 2013 年 9 月）

这 20 个月是小麦实际价格的上涨区间，累计上涨幅度为 17.9%。这段时期小麦的名义价格由 2000 元/吨上涨至 2500 元/吨左右，接近了历史最高价位，主要原因是玉米价格的上涨带动小麦饲用消费的增加。自 2011 年以来，受国内玉米供需关系偏紧影响，玉米价格快速上涨，并且从当年 5 月开始，玉米价格超过小麦价格。2012 年 7 月之后，玉米价格再度上涨，而同期小麦价格却因终端需求不旺而下跌，两者差价在 0.1 元以上，9 月的平均差价达到 0.17 元/斤，为 2012 年以来的最高值。由于国内小麦与玉米比价持续倒挂，2011 年下半年以来国内饲料企业采购小麦替代玉米的数量不断扩大，且替代技术也逐步纯熟。以前小麦和玉米替代率的最高值为 30%，再高可能会影响牲畜的消化吸收能力。如果加入消化酶，那么小麦和玉米可以达到全替代。2011～2012 年，我国小麦的饲用消费量每年均接近 2000 万吨，占总消费量的 15% 以上，比 2010 年以前几乎翻一番。虽然我国小麦连续丰收，国家库存较为充足，但小麦消费短期内的大幅增长，造成了市场供求阶段性的紧张态势，推动了价格的快速上涨。

（七）周期七（2013 年 10 月至 2017 年 12 月）

这一周期在长度上较上一周期增加 3 个月，但有 38 个月价格均处于下跌区间，上涨区间仅为 13 个月，且累计下跌幅度（15.3%）大于累计上涨幅度（8.3%），是典型的收缩型周期。这一周期的小麦价格走势也大致可以分为两个阶段：

1. 第一阶段（2013 年 10 月至 2016 年 11 月）

这段时期小麦价格一直呈现下跌趋势。从名义价格上来看，小麦价格从 2500 元/吨以上降至 2200 元/吨左右，且这种下跌态势在 2015 年下半年和 2016 年表现得最为突出。2015 年我国冬小麦实现“十二连增”，总产创历史新高。相对于小麦供给而言，2015 年国内小麦市场的需求一直处于较为低迷的状态。首先，饲用需求处于低谷。2014 年 10 月以来，随着新玉米大量上市，玉米价格持续下行。小麦替代玉米作为饲料的价格优势不复存在，华北地区饲料企业以采购玉米为主，多数企业已经停止采购小麦；广东地区玉米小麦价差较小，但广东地区的进口高粱和大麦、玉米酒糟（DDGS）数量较大，饲料企业采购小麦数量较少。其次，面粉行业因产能过剩导致行业整合，制粉小麦加工需求增速放缓。此外，2015 年和 2016 年夏收小麦的质量问题也较为突出。2015 年小麦收获上市期间部分主产区出现阴雨天气，使江苏、安徽、湖北许多地区及河南南部不完善粒比例较高。2016 年气象条件较差且灾情偏重，国内主产区新麦量质齐降，江苏、安徽、河南、湖北四省不完善粒超标较为严重。质量问题使新麦价格不振并拖累了陈麦价格。

2. 第二阶段（2016 年 12 月至 2017 年 12 月）

这段时期小麦价格走出低谷，进入上涨区间，名义价格回升至 2500 元/吨以上。2016 年我国小麦量质齐降，结束了连续十二年的增产。质量下降影响了夏收期间的新陈麦价格，导致不同质量小麦价格分化严重。夏收结束后，随着市场上质优小麦粮源减少，小麦价格止跌回升，10 月粮源偏紧形势加剧，上涨趋势更为明显。这种上涨态势一直持续到 2017 年 5 月中旬新麦上市，受新麦价格拖累，陈麦价格小幅回调。随着新麦托市收购的启动，7 月以后小麦价格再次走高，并且随着夏粮收购结束和第四季度用粮高峰的来临，上涨幅度逐渐增加，到 12 月到达阶段性峰值。

（八）周期八（2018 年至 2019 年 12 月）

2018 年以来，我国小麦进入新的价格周期。截至 2019 年 12 月，小麦名义价格和实际价格均处于震荡下行的态势，从周期特征上来看，也处于下行区间，难以确定是否已经到达波谷位置。这两年来价格下行的主要原因有三点：一是最低收购价政策调整。为保护农民利益、保障粮食市场供应，我国从 2006 年起在河北、江苏、安徽、河南、山东、湖北六个主产省实行小麦最低收购价政策，2008 年之后随着生产成本的上升，小麦最低收购价由 0.77 元/斤逐步提高到 1.18 元/斤，增幅达 53.2%，较好的保护了农民种粮收益，但同时也带来了库存量大、财政负担重、国内外价差大等问题。2015～2017 年连续三年稳定小麦最低收购价之后，2018 年首次下调到每斤 1.15 元，2019 年将继续下调到 1.13 元。二是政策性小麦拍卖底价连续下调。最低收购价主要影响夏粮收购时期的小麦价格以及中长期市场主体对小麦价格的预期，而在小麦收购期之外，政策性小麦拍卖价格对市场的影响更为深远，基本上决定了小麦市场价格的“天花板”。2018 年，国家在前期下调小麦最低收购价格的基础上，对长期居高不下的拍卖底价做了两次调整。第一次是 2018 年 1 月上旬将 2014～2016 年产最低收购价小麦（三等）拍卖底价由 2460 元/吨下调至 2410 元/吨，下调 50 元/吨；第二次是 2018 年 4 月 18 日将 2014～2016 年产最低收购价三等小麦拍卖底价调整为 2350 元/吨，下调 60 元/吨，两次销售底价累计下调 110 元/吨。长期以来，国内小麦市场“政策市”特征明显，这两轮政策调控对市场的利空作用非常显著，价格底部下降，市场供求因素对价格的决定作用逐渐增加。三是市场供需相对宽松。我国小麦生产连续丰收，库存较为充裕，2018 年虽然部分地区小麦质量受到影响，但整体供求宽松的形势并没有改变。2019 年小麦产量和质量明显回升，市场上优质粮源供给充裕，而下游市场需求整体不旺，对价格拉升作用有限。此外，中美贸易谈判第一阶段协议将从 2020 年 2 月 14 日起生效，可能会有更多的进口小麦（主要是专用小麦）供应国内市场，将对国内小麦价格形成压力。

## 第二节　小麦价格波动的路径特征分析

### 一、研究方法

农产品价格波动的路径特征主要研究农产品市场价格的波动路径是否具有集簇性特征，即波动路径依赖性。本书通过对 1993～2005 年郑州粮食批发市场普通小麦价格月度数据进行初步检验发现，所观测价格数据并不符合简单线性回归模型的独立同方差假设，其特征比较适合运用自回归条件异方差模型（Autoregressive Conditional Heteroskedasticity Mooolel，ARCH）。本节将使用 ARCH 族模型对小麦价格波动的路径特征进行分析，找出影响价格波动的主要因素，并考察国家政策变化对小麦价格波动的影响。

Engle（1982）提出的 ARCH 模型，其建模的思想是让条件方差等于历史观测值的函数。模型很好地描述了资产收益率的方差随时间变化这一现象，Engle 也因此获得 2003 年度诺贝尔经济学奖。模型较好地解释了金融时间序列数据中存在的波动聚类现象，因此，主要用来描述金融市场的价格和收益行为。近年来，越来越多的经济学者将 ARCH 族模型用在农产品价格的研究上，Schroeter 和 Azzam（1991）首次尝试用自回归异方差模型（ARCH）来量化价格波动；Holt（1988）使用 DFP 算法验证了 GARCH 模型在牲畜批发价格上的实用性，并在接下来的几年里（1989，1990，1993，1998）利用 ARCH 族模型很好地量化了肉鸡、牛肉等农产品价格的非确定性，为 ARCH 模型在农产品价格领域的应用奠定了基石。ARCH 模型的基本形式由下式表示：

$$Y_t = X_t\beta + \varepsilon_t \tag{2-5}$$

$$\varepsilon_t \mid \varphi_{t-1}:\ N(0,\ h_t) \tag{2-6}$$

$$h_t = \mathrm{var}(\varepsilon_t \mid \varphi_{t-1}) = a_0 + \sum_{i=1}^{p} a_i\varepsilon_{t-i}^2 \qquad a_0 > 0,\ a_i \geqslant 0 \tag{2-7}$$

其中，$Y_t$ 是一个内生变量，$X_t$ 是一个 $k\times1$ 的外生向量，$\beta$ 是一个 $K\times1$ 的回归参数向量。随机模型的误差项 $\varepsilon_t$ 服从条件期望为零，条件方差为 $h_t$ 的条件正态分布。前 $t-1$ 期的条件集合由 $\psi_{t-1}=(Y_{t-1},\ X_{t-1},\ Y_{t-2},\ X_{t-2}\cdots)$ 给定。这里，模型的条件方差 $h_t$ 的特殊表达式（2－7）描述了金融市场价格波动的“波动率聚类现象”，由于 $\varepsilon_{t+1}$ 的方差是由 $\varepsilon_t^2\cdots\varepsilon_{t-p}^2$ 决定的，因此，当 $\varepsilon_t$ 很大时，$\varepsilon_{t+1}$ 的方差也必然很大，即 $Y_t$ 在 $t$ 期的一个大的跳跃很可能导致他在 $t+1$ 期的大波动，反之亦然。同时，式（2－7）中的 $P$ 值决定了随机变量的某一个跳跃所持续影响的时间，$P$ 值越大，影响的时间越长。由此，在价格变化的时间序列中，正或负的大误差 $\varepsilon_t$ 可能跟随着另一个大的误差，而小误差也可能会跟随着小误差；一些时段大的波动群集在一起，而另一些时期则小的波动群集在一起。内生变量 $Y_t$ 的波动特征被精确地刻画出来。

我们可以从 ARCH 模型中条件异方差 $h_t$ 的回归方程看出：现在时刻的方差是过去时刻误差项平方的 $p$ 阶滑动平均，这和市场价格时间序列数据特征十分吻合。即如果 $t-m$ 时刻时（$m \leqslant p$），市场朝着某个方面变化，那么这个方面的误差平方就会增大，如果它们相应的系数 $\alpha_i$ 不为 0，则会导致 $t$ 时刻条件异方差 $h_t$ 的增大，也就是说，$t$ 时刻市场可能朝着（$t-m$）时的变化方向继续运行，即内生变量的大幅度波动集中在某些时间段上，而小幅度波动集中在另一些时间段上。

当人们发现 ARCH 模型无法描述时间序列中存在的长期的记忆、无法表达“某些情形中自相关系数消退很慢”这一信息时，而且在实际应用中很大的阶数 P 大大地增大了模型的估算量，GARCH 模型应运而生，是由 Engle 的研究生 Tim Bollerslev 于 1986 年提出的。

与 ARCH 模型相比，GARCH 模型改进的是对模型误差项条件方差的定义：

$$h_t = a_0 + \sum_{i=1}^{p} a_i \varepsilon_{t-i}^2 + \sum_{i=1}^{q} \beta_i h_{t-i} \tag{2-8}$$

其中，$p>0$，$q \geqslant 0$；$\alpha_0>0$，$\alpha_i$，$\beta_i \geqslant 0$。即在 GARCH 模型中，模型的条件方差不仅与前若干期的误差有关，也与前若干期的条件方差有关。这里的 $p$、$q$ 是影响当期方差的前期误差和前期条件方差的期数，通常 GARCH 模型又记为 GARCH（p，q）。GARCH 具有更强的概括能力，开辟了 ARCH 模型族的新篇章。从这时起，大多数新涌现的 ARCH 模型多为 GARCH 型，即考虑了异方差本身的自回归。而其他的 ARCH 模型在形式上很容易过渡为 GARCH，只是由于具体形式不同，模型的估计、检验难度不同。

## 二、理论分析

要确定小麦价格波动的影响因素，必须从小麦价格的形成过程着手。依据传统经济学理论，商品价格是由市场供求形成的，本部分将从市场供求两方面对小麦价格的形成过程进行分析，并加入对竞争性存粮行为及进出口的讨论。

首先，考虑封闭经济的情况，此时国际市场与国内市场是完全分离开的，不存在进出口贸易，国际市场的价格波动不能传导到国内。假设存粮者的行为符合理性预期，具有竞争性质（为简化讨论，这里忽略了为防范风险的存粮行为），而且整个社会存粮的数量不能为负。将整个社会的经济体分为两类，一类是生产者—消费者，他们对小麦的过剩需求仅取决于当前价格；另一类是存粮者，或者说是投机者，他们对小麦的需求取决于下一时期小麦的预期价格（Deaton and Laroque，1992）。

假设小麦产量 $Y_t$ 是独立同分布的(i. i. d)，并且在长期内缺乏弹性。如果没有储存粮食的行为，整个社会在 $t$ 期的小麦需求 $D(p_t)$ 应该等于当期小麦的产量，即 $D(p_t)=Y_t$，则小麦的反需求函数为 $P(Y_t)$，在没有存粮行为时，$P(Y_t)$ 同样是独立同分布的。假设存在一批风险中性、追求利润最大化的存粮投机商，这些人拥有可以带来稳定利润的存粮设备，为此耗费资金的机会成本等于同期贷款利率 $r$，单位存粮耗损为 $\delta$，投机商对小麦的预期价格为 $E_tP_{t+1}$，设存粮投机商决定的存粮规模为 $I_t$，则他们预期得到的利润为：$[(1-\delta/1+r)E_tp_{t+1}-p_t]I_t$，令 $\beta=1/(1+r)$，根据利润最大化原理得到：

当 $\beta(1-\delta)E_tp_{t+1}<p_t$ 时，$I_t=0$；当 $\beta(1-\delta)E_tp_{t+1}=p_t$ 时，$I_t\geqslant 0$　　(2-9)

如果预期利润小于零，那么投机商不会继续增加存粮；但如果预期利润大于零，投机商会增加存粮，直至预期利润等于零为止。加入存货行为后，市场供求均衡式变为：

$$Y_t+(1-\delta)I_{t-1}-I_t=D(p_t) \tag{2-10}$$

综合式（2-9）与式（2-10）得：

$$p_t=\max[\beta(1-\delta)E_tp_{t+1},\ P\{Y_t+(1-\delta)I_{t-1}\}] \tag{2-11}$$

因为投机商是理性预期的，他们可以掌握现阶段的全部信息来形成他们的预期。假设投机商知道现阶段的总供给 $S_t = Y_t + (1-\delta)I_{t-1}$，则式（2－11）可变为：

$$p_t = f(S_t) = \max[\beta(1-\delta)E_t f\{Y_{t+1} + (1-\delta)I_t\}, P(S_t)] \quad (2-12)$$

其中，$I_t = S_t - P^{-1}(p_t) = S_t - P^{-1}\{f(S_t)\}$。

则式（2－12）变为：

$$p_t = f(S_t) = \max[\beta(1-\delta)E_t f(Y_{t+1} + (1-\delta)(S_t - P^{-1})\{f(S_t)\}), P(S_t)] \quad (2-13)$$

在开放经济的条件下，需要考虑小麦国际贸易的情况。小麦一直是我国主要的粮食进口品种之一，我国的小麦贸易除 2002 和 2003 年外长期为净进口。由于数据限制，本书只考察小麦进口对国内价格的影响情况。加入进口量 $In_t$ 后，当期的总供给量变为：

$$S_t' = Y_t + (1-\delta)I_{t-1} + In_t \quad (2-14)$$

将式（2－14）代入式（2－13）得：

$$p_t = f(S'_t) = \max[\beta(1-\delta)E_t f(Y_{t+1} + (1-\delta)(S'_t - P^{-1})\{f(S'_t)\} + In_t), P(S'_t)] \quad (2-15)$$

式（2－15）表示了均衡价格 $p_t$ 的决定条件，并无法得出唯一的均衡解。但我们可以从式（2－15）所表达的关系中得出当期价格的一些影响因素。如果 $\beta(1-\delta)E_t p_{t+1} < P(S'_t)$，当期不增加存粮，则 $p_t = P(S'_t)$，其中，$S_t' = Y_t + (1-\delta)I_{t-1} + In_t$，当其价格由当期供给(包括剩余存粮)及当期进口决定；如果 $\beta(1-\delta)E_t p_{t+1} \geqslant P(S'_t)$，$p_t = \beta(1-\delta)E_t p_{t+1}$，则当期存粮 $I_t > 0$，只要 $I_t > 0$，小麦价格就不再是独立同分布的了，因为它会受到 $I_t$ 的影响，而 $I_t$ 与前期存粮相关，前期存粮又由前期价格决定，此时小麦价格是序列相关的（Shively，1996），由当期供给（包括剩余存粮）、前期价格及当期进口决定。由此，我们可以将本书所使用的 ARCH 模型形式拟定为：

$$p_t = \beta_0 + \sum_{i=1}^{s} \beta_i p_{t-i} + \gamma_1 CL_t + \gamma_2 JK_t + \gamma_3 T_t + \gamma_4 D_t + \varepsilon_t \quad (2-16)$$

$$h_t = \alpha_0 + \sum_{j=1}^{q} \alpha_j \varepsilon_{t-j}^2 + \sum_{i=1}^{s} \lambda_i p_{t-i} + \lambda_{i+1} CL_t + \lambda_{i+2} JK_t + \lambda_{i+3} D_t + \nu_t \qquad (2-17)$$

其中，$p_t$ 表示第 $t$ 期小麦的价格（元/吨），$p_{t-i}$ 表示滞后 $i$ 期小麦的价格（元/吨），$CL_t$ 表示第 $t$ 期小麦产量（万吨），$JK_t$ 表示第 $t$ 期小麦的进口量（吨），$T$ 表示时间趋势变量，$D_t$ 表示制度虚变量。在所考察的时期内（1993 ~ 2019 年）我国粮食流通体制改革经历了几起几落：1998 年 5 月我国开始了新中国成立以来最为深入的一次粮食流通体制改革，适应改革需要，提出了“三项政策，一项改革”，实行“顺价销售，农发行收购资金封闭运行，按保护价敞开收购农民余粮，深化国有粮食企业改革”，禁止个人和私营公司从农民那里直接购买粮食，加强了对粮食市场的监督和管理工作。这一规定改变了 1983 年以来允许多渠道经营农民余粮的粮食流通放开政策，具有重要的意义和影响（卢峰，2001）。2001 年 8 月，中央宣布在浙江省率先实行粮食流通体制改革的试点，其改革的主要内容是放开粮食收购，取消定购任务，放开粮食市场，放开粮食价格，至此开始，我国粮食市场再次放开，直至 2004 年走向全面市场化。为考察这两次重大的体制变化对小麦价格波动的影响，本章加入了两个政策虚变量：INST1998（1998 年 5 月之前包括 5 月为 0，之后为 1），INST2001（2001 年 8 月之前包括 8 月为 0，之后为 1）。

## 三、模型诊断检验

在使用 ARCH 族模型对小麦价格进行分析之前，必须对其可行性进行统计检验分析。

### （一）数据平稳性检验

对经过季节调整的普通小麦实际价格作 ADF 检验，模型考察期间小麦价格序列有随时间变化上升的趋势，因此，选择的检验方程为：

$$\nabla p_t = c + \delta t + \gamma p_{t-1} + \xi_1 \nabla p_{t-1} + \xi_2 \nabla p_{t-2} + \cdots + \xi_{p-1} \nabla y_{t-p+1} + \varepsilon_t \qquad (2-18)$$

根据 AIC 和 SC 原则，最终选择 p = 5。对小麦价格原序列进行检验的结果显示，检验 t 统计值为 -1.66，大于显著性水平为 10% 的临界值（-3.14），表明序列是非平稳的。对原序列进行一阶差分后再进行 ADF 检验，检验 t 统计值为 -9.69，小于显著性水平为 1% 的临界值（-4.02），表明可以在 99% 的置信水平上拒绝原假设，认为小麦价格的一阶差分序列是平稳的，因此，在以后的模型回归中均采用一阶差分形式。

（二）相关性检验

对小麦价格的一阶差分序列的自相关函数（ACF）和偏自相关函数（PC）进行分析，由自相关图可以发现，滞后 12 期的偏自相关系数超出了随机区间的范围，与 0 有显著差异，表明序列有周期为 12 个月的季节波动，因此，在均值模型中加入季节虚变量 $S_t$①（t = 1，2，3）以消除季节波动。由其偏自相关分析图可见，滞后 4 期和 5 期的偏自相关系数都明显不为 0，由此可以表示滞后 4 期或 5 期的自相关过程可以较好地描述价格序列的自相关情况，模型中解释变量 $p$ 的滞后期可以为 4 或 5，通过检验，选择较为显著的 $p_{-1}$，$p_{-2}$ 和 $p_{-5}$ 加入模型。

（三）ARCH 效应检验

通过以上检验，ARCH 模型中的均值模型形式最终确定为：

$$dp_t = \beta_0 + \beta_1 dp_{t-1} + \beta_2 dp_{t-2} + \beta_3 dp_{t-5} + \gamma_1 dCL_t + \gamma_2 dJK_t + \gamma_3 T_t + \gamma_4 INST1998 + \gamma_5 INST2001 + \delta_1 S_1 + \delta_2 S_2 + \delta_3 S_3 + \varepsilon_t \tag{2-19}$$

其中，d 表示为一阶差分形式。对式（2-19）进行简单最小二乘回归，并对残差作序列自相关的 LM 检验（p 取默认值 2），得到的相伴概率为 0.00006，故残差存在自相关。进一步对残差序列进行 ARCH 效应检验，当 $\chi^2$ 检验阶数为 1 时，相伴概率 p 值为 0.00003，小于显著性水平 $\alpha = 0.01$，故拒绝原假设，残差序列存在 ARCH（1）效应。继续检验后发现，当 $\chi^2$ 检验阶数为 8 时，相伴概率

① $S_1$ 为 1~3 月，$S_2$ 为 4~6 月，$S_3$ 为 7~9 月。

p 值为 0.0104，检验仍然显著，说明小麦价格的一阶差分序列存在高阶 ARCH 效应，应使用 GARCH 模型。因此，模型的方差方程最终形式为：

$$h_t = \alpha_0 + \sum_{j=1}^{q} \alpha_j \varepsilon_{t-j}^2 + \sum_{k=1}^{p} \theta_1 h_{k-i} + \lambda_1 p_{t-1} + \lambda_2 p_{t-2} + \lambda_3 p_{t-5} + \lambda_4 CL_t + \lambda_5 JK_t + \lambda_6 INST1998 + \lambda_7 INST2001 + v_t \quad (2-20)$$

## 四、估计结果及说明

根据 AIC 和 SC 原则，本书选择令两者值都比较小的 GARCH（1，1）模型，使用极大似然法估计的结果如表 2－2 所示。

为检验估计结果的有效性，首先，看 ARCH（1）和 GARCH（1）的系数，$\alpha_1 + \theta_1 = 0.4621 - 0.1505 = 0.3116 < 1$，满足平稳条件；再对残差序列进行独立性 Q 检验，由于模型的样本量是 131，所以滞后阶数 $m = \sqrt{131} = 11$，检验结果的相伴概率为 0.89，检验基本通过，模型估计结果比较满意；进一步对模型残差进行 ARCH 效应检验，当 $\chi^2$ 检验阶数为 1 时，相伴概率 p 值为 0.4465，故接受原假设，残差序列不再有 ARCH 效应。

从均值方程估计结果来看，滞后 1 期、2 期和 5 期的价格对小麦当期价格的影响都十分显著（显著水平均在 5% 以上），说明小麦价格序列存在明显的自相关。根据第二节小麦价格波动的理论分析，在考虑当期存粮时，由于当期存粮与前期存粮相关，前期存粮又由前期价格决定，此时小麦的价格序列是自相关的，所以可以用前期价格来代替存粮反映存粮变化对小麦当期价格的影响，滞后期价格对当期价格影响显著也说明了前期存粮对小麦价格形成的重要作用。产量与价格负相关，这与经济学理论一致，供给量增加会使价格降低。虽然进口变量不显著，但从符号上来看是与价格呈负相关的，即进口增加会使国内小麦价格下降，由于进口小麦主要会对国产优质小麦产生替代作用，因此，进口小麦的增加会降低国内对国产优质小麦的需求，使国产优质小麦价格下跌。

表 2-2 GARCH（1，1）模型极大似然估计结果

| 变量 | 系数 | 估计结果 | Z 统计量 |
|---|---|---|---|
| 均值方程 | | | |
| 常数项 | $\beta_0$ | 7.7353* | 1.7667 |
| $dp_{-1}$ | $\beta_1$ | 0.2462** | 2.4648 |
| $dp_{-2}$ | $\beta_2$ | -0.1894*** | -3.0213 |
| $dp_{-5}$ | $\beta_3$ | 0.1349*** | 2.9433 |
| dCL | $\gamma_1$ | -0.0097*** | -3.0719 |
| dJK | $\gamma_2$ | -4.2100E-06 | -0.5908 |
| T | $\gamma_3$ | 1.3207 | 0.8226 |
| INST1998 | $\gamma_4$ | -19.0903** | -1.9901 |
| INST2001 | $\gamma_5$ | 6.3184 | 0.9661 |
| $S_1$ | $\delta_1$ | -6.4335 | -1.6225 |
| $S_2$ | $\delta_2$ | -17.5872*** | -4.4676 |
| $S_3$ | $\delta_3$ | -8.9187*** | -2.7081 |
| 方差方程 | | | |
| 常数项 | $\alpha_0$ | 172.0683*** | 2.6449 |
| ARCH（1） | $\alpha_1$ | 0.4621*** | 5.7484 |
| GARCH（1） | $\theta_1$ | -0.1505** | -2.1289 |
| $dp_{-1}$ | $\lambda_1$ | 1.0546 | 0.4243 |
| $dp_{-2}$ | $\lambda_2$ | 1.8288** | 2.1285 |
| $dp_{-5}$ | $\lambda_3$ | 0.0527 | 0.0523 |
| dCL | $\lambda_4$ | 0.0456 | 1.2011 |
| dJK | $\lambda_5$ | -0.0001 | -1.3013 |
| INST1998 | $\lambda_6$ | -0.0841 | -0.0008 |
| INST2001 | $\lambda_7$ | -0.0787 | -0.0009 |
| 似然值 | -527.9462 | 观测值个数 | 131 |

注：***、**、*分别表示 1%、5% 和 10% 的显著水平。

从两个政策虚拟变量的结果来看，INST1998 比较显著，且符号为负，说明 1998 年粮食流通体制改革后，我国小麦市场价格出现较为明显的下跌态势，这主要受改革后期出现新情况的影响。这些新情况包括资金封闭运行难度加大、粮

食部门仓容不足、一些收购资金和储粮补贴不能及时到位等，由于存在上述情况，在小麦市场供给充裕而需求相对不足的情况下，小麦价格出现了下跌。1999年以后，我国还下调了小麦的收购价格，进一步刺激了小麦价格的下跌。INST2001变量虽然不显著，但符号为正，说明2001年粮食市场重新放开后，小麦价格有一定程度上的上升，这主要是由于国际市场小麦价格自2002年夏季以后连续出现上涨，以至推动中国小麦出口量出现历史性的增长，与此同时国内小麦产量自1999年以后连续四年减产，导致国内小麦库存总量连续减少，成为推动小麦价格上涨的内在因素。三个季节虚变量有两个的显著水平都在1%以上，说明我国小麦市场价格变化具有很强的季节性。对原价格序列计算季节指数，结果如表2-3所示，第二季度（4~6月）小麦有比较明显的下降，第四季度（10~12月）小麦价格上升趋势明显，尤其是12月，这可能是因为进入第四季度，小麦后熟期过去，加之面粉加工、消费旺季到来，面粉价格回升，加工利润好转，面粉加工企业采购小麦的积极性增强，促使需求增加，支持了小麦市场行情。

**表2-3　全国小麦加权价格的季节指数**

| 月份 | 1月 | 2月 | 3月 | 4月 | 5月 | 6月 | 7月 | 8月 | 9月 | 10月 | 11月 | 12月 |
|---|---|---|---|---|---|---|---|---|---|---|---|---|
| 季节指数 | 0.999 | 1.001 | 1.014 | 1.017 | 1.004 | 0.983 | 0.981 | 0.987 | 0.984 | 0.989 | 1.008 | 1.034 |

从方差方程的估计结果来看，ARCH（1）和GARCH（1）两项都十分显著（显著水平在5%以上），进一步证明均值方程的残差项条件异方差的存在，此时如果使用简单的最小二乘估计，结果是无效的。我们发现滞后两期的价格对价格波动的影响十分显著（显著水平达5%），且符号为正，说明前期较高的价格会引起未来小麦市场更大的价格波动。这可能与我国农民与粮食收储企业普遍存在的“惜售”心理有关，一旦小麦市场出现供不应求、价格上扬的情况，农民的自存粮增多，收储企业更是“待价而沽”，会进一步减少市场供给，增加价格上

升压力，引发未来小麦市场更加剧烈的价格波动；反之，如果小麦供大于求，市场价格下跌，农民和收储企业的期望价格下降，会急于抛售存粮，加剧市场供给负担，小麦价格便会继续走低。因此，我国小麦市场的价格波动存在波动聚类现象，即价格在 t 期的一个大的跳跃很可能导致它在 t + 1 期的大波动，这也证明小麦市场的价格波动是可以用 ARCH 族模型来刻画的。在方差方程中，两个政策虚拟变量均不显著，说明这两次大的政策变动并没有引起国内小麦市场的剧烈波动。

# 第三章　小麦市场价格的影响因素分析

价格形成是商品生产和商品交换过程中价格的确定。首先，价格形成可以分解为供给费用和市场供求关系的运动；其次，在这两个运动背后，又可进一步分解为一系列具体的相关因素的运动。这是价格形成问题研究的一般结论（刘树杰，1986），小麦价格的形成也应遵循这一规律。但由于不同国家经济体制与政治制度的巨大差异，使影响商品价格具体因素的内涵有很大的不同。就我国小麦价格体系而言，由于包含了诸多的价格形式，主要可以分为政府价格和市场价格，使影响我国小麦的主要因素不完全等同于一般价格理论。在这一章里，我们将逐一分析影响小麦价格的主要因素，包括供给费用和供求情况。在我国小麦市场上政策的影响一直不容忽视，而我国粮食价格调控政策的内容又比较多，因此，放在后面章节进行讨论。

## 第一节　供给费用

小麦的供给费用主要包括生产费用和流通费用两部分。就生产费用来讲，主要是指农民生产小麦时的物质费用及用工投入，这是需要农民自己支付的成本，农民通过小麦收益的高低来决定自己的微观投入。流通费用是小麦在流通环节中的增加值，小麦的流通环节主要包括收购、销售、运输、储存、加工五个环节，在这个过程中，小麦的形态发生了改变，由初级产品变为了最终产品，并将小麦生产费用与流通费用体现在最终产品的价格中。

## 一、生产费用

影响农民生产小麦费用的主要因素包括两个方面：生产成本和收益。这两个方面是互相影响的，小麦生产成本的高低直接影响农民种植小麦的收益，而小麦的收益又是农民在小麦生产上投入多少的决定因素。自 2004 年以来，我国小麦生产成本和收益呈现以下五个特征：

### （一）小麦生产总成本不断上升

我国小麦种植总成本整体呈现不断上升的趋势（见表 3－1），2004 年为 355.92 元/亩，2018 年为 1012.94 元/亩，累计增长 1.85 倍，年均增幅 7.8%。期间有两个阶段成本上升最快，第一阶段是 2008～2009 年，每年生产成本增幅均为 13.7%；第二阶段是 2011～2013 年，每年生产成本增幅均在 10% 以上，其中，2011 年成本增幅高达 15.1%，为近十年以来的最高点。在六个主产省中，河北小麦的总成本最高，2018 年为 1086.30 元/亩，比生产成本最低的湖北省高近一半；河南小麦的总成本增长幅度最大，年均增幅达 9.7%，2004 年河南小麦的总成本在主产省中排名第五位，仅高于湖北省；2018 年，河南小麦的总成本排名上升至第二位。

**表 3－1　全国及六大主产区小麦种植总成本**　　单位：元/亩

| 年份＼地区 | 全国 | 河北 | 江苏 | 安徽 | 山东 | 河南 | 湖北 |
|---|---|---|---|---|---|---|---|
| 2004 | 355.92 | 410.47 | 319.55 | 310.48 | 393.08 | 296.04 | 293.62 |
| 2005 | 389.61 | 437.82 | 367.15 | 321.50 | 412.71 | 372.14 | 295.18 |
| 2006 | 404.77 | 489.46 | 400.17 | 336.39 | 437.35 | 369.56 | 299.89 |
| 2007 | 438.61 | 522.75 | 423.59 | 369.97 | 481.00 | 404.39 | 306.53 |

续表

| 地区<br>年份 | 全国 | 河北 | 江苏 | 安徽 | 山东 | 河南 | 湖北 |
|---|---|---|---|---|---|---|---|
| 2008 | 498.55 | 559.56 | 474.70 | 432.42 | 562.29 | 463.87 | 385.88 |
| 2009 | 567.00 | 611.53 | 523.76 | 525.22 | 618.86 | 567.70 | 456.37 |
| 2010 | 618.63 | 670.99 | 569.48 | 524.29 | 647.38 | 627.77 | 489.37 |
| 2011 | 712.28 | 794.12 | 655.74 | 630.78 | 758.67 | 685.68 | 556.33 |
| 2012 | 830.44 | 935.38 | 767.95 | 682.95 | 869.67 | 814.53 | 649.08 |
| 2013 | 914.71 | 1004.80 | 812.57 | 754.99 | 969.42 | 916.24 | 674.46 |
| 2014 | 965.13 | 1023.66 | 881.83 | 803.90 | 990.07 | 1012.65 | 680.76 |
| 2015 | 984.30 | 1050.68 | 898.97 | 831.10 | 990.18 | 1043.23 | 711.77 |
| 2016 | 1012.51 | 1061.39 | 939.01 | 874.21 | 1004.85 | 1091.31 | 699.00 |
| 2017 | 1007.64 | 1074.47 | 946.53 | 862.49 | 1001.52 | 1085.50 | 707.41 |
| 2018 | 1012.94 | 1086.30 | 947.34 | 861.41 | 1003.80 | 1077.06 | 713.26 |

资料来源：全国农产品成本收益资料汇编。

### （二）土地成本增速快于生产成本

从成本构成上来看，小麦种植的总成本由生产成本和土地成本构成。近年来，虽然我国小麦生产成本和土地成本整体均呈现增长趋势，但土地成本增速明显快于生产成本（见表3－2）。2004～2018年，小麦生产成本由312.12元/亩增至801.01元/亩，累计增长了1.6倍，年均增幅为7.0%；土地成本由43.8元/亩增至211.93元/亩，累计增长了3.8倍，年均增幅为11.9%。2007～2009年是土地成本增长最快的时期，每年增幅均在20%以上，其中，2007年土地成本环比增幅达26.2%，为十年来的最高值。从结构上来看，我国小麦生产成本占总成本的比例由87.7%降至79.1%，土地成本占比由12.3%增至20.9%。从主产省情况来看，河南省土地成本增幅最快且占比最大，由2004年的40.41元/亩增至2018年的291.01元/亩，累计增长6.2倍，成为六个主产省中土地成本最高的省份；河北省土地成本增幅最慢，由 54.17 元/亩增至 189.18 元/亩，累计增长 2.5 倍。

表 3-2 小麦生产成本及土地成本变化 单位：元/亩

| 年份 | 项目 | 全国 | 河北 | 江苏 | 安徽 | 山东 | 河南 | 湖北 |
|---|---|---|---|---|---|---|---|---|
| 2004 | 生产成本 | 312.12 | 356.30 | 275.74 | 276.75 | 355.09 | 255.63 | 259.64 |
| | 土地成本 | 43.80 | 54.17 | 43.81 | 33.73 | 37.99 | 40.41 | 33.98 |
| 2018 | 生产成本 | 801.01 | 897.12 | 688.37 | 643.97 | 833.90 | 786.05 | 584.61 |
| | 土地成本 | 211.93 | 189.18 | 258.97 | 217.44 | 169.90 | 291.01 | 128.65 |

资料来源：全国农产品成本收益资料汇编。

（三）人工成本增幅明显快于物质服务费用

从小麦生产成本的构成来看，主要包括物质服务费用与人工成本两部分（见图 3-1）。2004~2018 年全国小麦的物质服务费用及人工成本总体均呈现持续增长态势，物质服务费用从 200.28 元/亩增长到 450.25 元/亩，累计增长 1.25 倍；人工成本从 111.84 元/亩增长到 350.76 元/亩，累计增长 2.14 倍。从占生产成本的比重来看，物质服务费用占比呈现先升后降的态势，从 2004 年的 64.2% 增至 2009 年的 68.6%，之后逐渐下降至 2018 年的 56.2%；而人工成本呈现先降后升的态势，由 2004 年的 35.8% 降至 2009 年的 31.4%，而后增至 2018 年的 43.8%。从年均增长情况来看，物质服务费用在 2008~2009 年、2011~2012 年增幅最快，每年环比增幅均在 10% 以上；人工成本在 2010~2012 年增幅最快，每年环比增幅均在 20% 以上。从各省情况来看，河南省的物质服务费用和人工成本增长最快，2004~2018 年分别增长了 1.7 倍和 2.8 倍；河北省的人工成本和物质费用在六个主产省中最高，2018 年为 408.4 元/亩和 488.7 元/亩，较 2004 年分别增长 3.1 倍和 90.9%，比最低的湖北省高出 74.8% 和 39.3%。

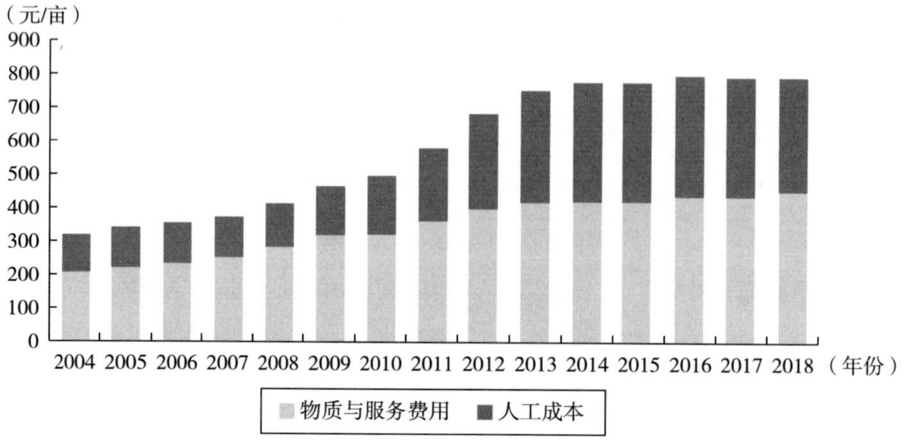


**图 3－1　2004～2018 年小麦生产成本变化趋势**

资料来源：全国农产品成本收益资料汇编。

（四）租赁作业费超过化肥费成为推高小麦物质服务费用的首要因素

小麦生产的物质服务费用可以分为直接成本和间接成本（见表 3－3），其中，直接成本又可以分为种子、化肥、农药、农家肥、租赁作业（包括机械作业费和排灌费）等 11 类。间接成本分为固定资产折旧、保险费、管理费等五类。其中，直接成本占据主要地位，且占物质服务费用的比重不断增加，由 2004 年 89.5% 增至 2018 年的 97.5%。从直接成本的构成上来看，租赁作业费、化肥费和种子费所占比重最大，2004～2009 年，化肥费、租赁作业费、种子费对小麦物质服务费用增长的贡献分别为 58.4%、41%、11.6%，2010～2018 年，三者对小麦物质服务费用增长的贡献变化为 22.8%、35.7% 和 19.7%，租赁作业费超越化肥费成为推动小麦物质费用上涨的主要因素，农民使用机械作业代替人工的做法越来越普遍，种子费的作用也在逐步增加。间接费用中保险费增长最为明显，2018 年虽然只有 7.02 元/亩，但比 2004 年增长了 57 倍之多，说明 2004 年以来我国对小麦生产保险的重视程度逐渐提高。

表3－3　小麦物质服务费用变化　　单位：元/亩

| 项目＼年份 | 2004 | 2006 | 2009 | 2011 | 2013 | 2014 | 2015 | 2016 | 2017 | 2018 |
|---|---|---|---|---|---|---|---|---|---|---|
| 一、直接费用 | 179.32 | 225.98 | 311.9 | 349.9 | 407.31 | 409.67 | 409.67 | 410.36 | 427.8 | 438.94 |
| 1. 种子费 | 25.73 | 31.16 | 39.34 | 51.28 | 59.51 | 63.97 | 63.97 | 66.11 | 70.66 | 70.72 |
| 2. 化肥费 | 66.89 | 91 | 135.38 | 131.16 | 156.98 | 145.93 | 145.93 | 143.1 | 140.43 | 148.56 |
| 3. 农家肥费 | 10.93 | 9.3 | 8.58 | 9.82 | 13.23 | 13.19 | 13.19 | 12.85 | 22.53 | 22.86 |
| 4. 农药费 | 6.82 | 8.25 | 11.35 | 13.43 | 17.13 | 17.48 | 17.48 | 19.67 | 22.31 | 23.39 |
| 5. 租赁作业费 | 64.73 | 82.63 | 112.8 | 139.02 | 154.95 | 163.61 | 163.61 | 163.06 | 166.31 | 167.83 |
| 二、间接费用 | 20.96 | 4.58 | 5.58 | 7.43 | 9.77 | 9.36 | 9.36 | 9.87 | 10.85 | 11.31 |
| 1. 固定资产折旧 | 3.29 | 2.95 | 3.34 | 3.61 | 3.66 | 3.59 | 3.59 | 3.48 | 3.47 | 3.33 |
| 2. 保险费 | 0.12 | 0.12 | 1.31 | 2.41 | 4.4 | 4.41 | 4.41 | 4.97 | 6.1 | 7.02 |

资料来源：全国农产品成本收益资料汇编。

### （五）小麦收益增幅总体低于成本增幅

2004～2018年，我国小麦农户出售价格总体呈现稳步增长的态势（见图3－2），每50公斤主产品平均出售价格由74.5元增至112.2元，累计增长50.6%；同期小麦生产的现金收益由319元/亩增至2014年的601.8元/亩，而后又下降至2018年的358.8元/亩，增幅远低于成本而且波动性较大。小麦种植的成本利润率基本呈现波动下滑趋势，由2004年的47.7%降至2018年的－15.7%。2004～2012年，虽然小麦成本利润率整体呈现下滑趋势，但均为正值。2013～2018年，小麦成本利润率有三年都是负值。呈现负值的年份都是小麦生产遭遇不利气象条件的年份，如2013年是北方部分冬麦区收获前期普降暴雨，2016年南方主产区收获期间遭遇极端天气，2018年小麦播种期间遭遇持续降雨导致晚播，主产区收获季又遭遇降雨。这些因素使这三年小麦品质受到较大影响，导致农户收益受损。从近年的总体趋势来看，小麦生产遭遇不利天气和病虫害的概率在不断上升，种植收益在三大谷物中最低且仍在下滑，种植小麦越来越成为不赚钱的行业，农户尤其是种粮大户的种植积极性有所降低。

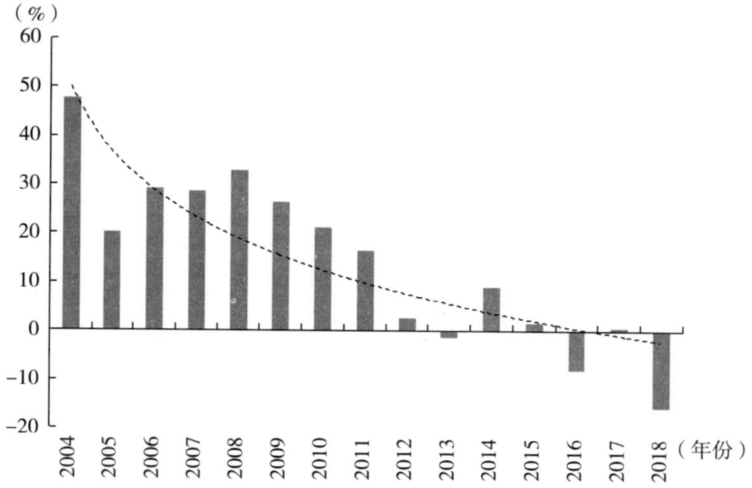


**图 3－2　2004～2018 年小麦成本利润率变化趋势**

资料来源：全国农产品成本收益资料汇编。

## 二、流通费用

小麦流通是连接小麦产销的重要一环，小麦的流通费用主要是指小麦在流通环节中所增加的成本。小麦的流通环节主要包括收购、储存、运输、加工、销售等环节，小麦的流通渠道大致如图 3－3 所示。由于 2004 年以后，我国已经取消了粮食定购，全面放开了粮食市场，允许符合条件的非国有粮食经营部门即私有粮商进入粮食收购环节，因此本书的粮食流通渠道图在卜铁彪（2004）的基础上作了修改。农民生产出的小麦主要分两种流向：一是家庭消费用粮即口粮，直接交由邻近的非国有粮食加工厂加工成面粉食用；二是商品粮，主要出售给国有粮食购销企业和私有粮商，进入国有粮食购销企业的小麦分为两种用途，一种用于国家及省级储备，另一种是商业存粮，商业存粮部分可以进入市场进行流通。私有粮商根据其经营规模大致可以分为三个层次，第一个层次是粮食经纪人，他们大多是当地农民和粮食系统分流人员，收购范围也多限于本地乡村。收购方式主动灵活，从集市、路边，一直收到农民家中，甚至打谷机旁。收购价格一般高于粮站1~2分/斤，且质量要求宽于粮站。第二个层次是遍布于各个产销区铁路、公路沿线和利于粮食运输、流转的乡镇、村屯的中等规模粮商，拥有固定的场地和一定数量的资金，为大粮商代收代储粮食、从小商贩手中收购粮食，从中赚取差价。第三个层次是全国各地的大粮商，每到粮食收购季节，到农村进行大宗的粮食收购交易（孙德滨等，2004）。

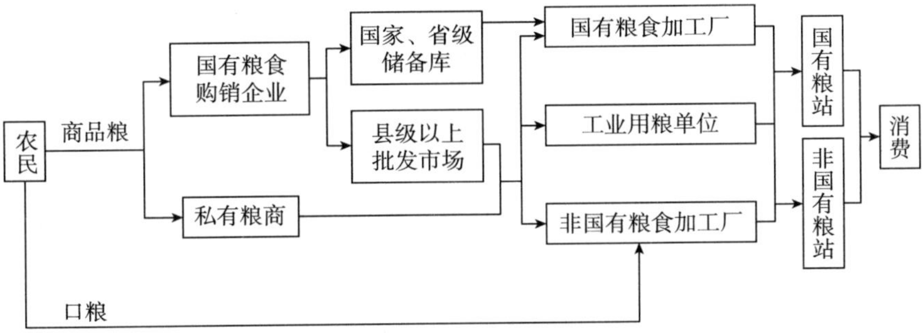


**图3-3　小麦流通环节**

（一）收购费用

小麦的流通费用根据其流通环节可以区分为收购环节费用、运输环节费用、储存环节费用、加工环节费用和销售环节费用。收购费用主要是指粮食收购企业的经营费用、管理费用和财务费用。从国有粮食收购企业的费用构成来看，一般经营费用占总费用的20%，管理费用占总费用的19%，财务费用占总费用的58%，总收购费用平摊到每公斤小麦上，估计最少有4分钱左右（卜铁彪，2004）。从粮食流通企业的成本构成上来看，收购费用是占比最大的一项成本，约占总成本的45.94%，而不同经营规模的粮食流通企业收购费用差异较大，其中，较小规模[①]企业的平均收购费用为627元/吨，分别比中等规模企业和较大规模企业平均购进成本每吨高出186元和253元。从不同品种的粮食流通企业成本构成上看，小麦流通企业平均收购费用为529元/吨，较稻谷流通企业低316元/吨，较玉米流通企业高276元/吨（钟昱、亢霞，2016）。而执行国家最低收购价小麦任务的中储粮总公司及其有关分公司确定的委托收储库点，由中国农业发展银行按照国家规定的收购费用发放，为每公斤0.05元（含县内集并费），由中储粮总公司包干使用（秦富、李先德等，2008）。

（二）运输费用

小麦的运输费用主要是从农户手中运到粮库或大中型加工企业过程中的费用，一般要经过一道粮贩、基层粮食收纳中心、第三道粮贩和国有粮食储备企业。首先是一道粮贩。一般情况是一道粮贩到农户家中收购小麦，并将收购到的小麦集并到基层粮站。这个环节发生的成本主要是燃油等运输费用，成本每斤为0.002元，利润每斤为0.018元。其次是基层粮食收纳中心。一些尚未改制或改制后仍从事粮食经营的基层粮站充当这一角色，他们收购一道粮贩的小麦并加以短期储藏。这一环节发生的成本主要是水分减量、霉变风险以及仓储设备等固定资产的折旧费用，成本每斤为0.001元，利润每斤在0.005～0.006元。最后是为国家粮食储备企业或者第三道粮贩。他们通过第三方物流把从各个基层粮站收购的小麦转运到大型粮库（主要为国有粮食储备企业）或大中型加工企业（谢静静，2014）。在省内的运输一般属于短途运输，根据距离远近的不同，50～100千米，大概需要2分/公斤，在火车站的费用包括装卸费、站台费等，大概需要0.016元/公斤（卜轶彪，2004）。如果是运到省外，根据运输距离以及运输方式的不同，费用也有很大差异。据调查，我国粮食从主产区到销售区的物流费用，

① 经营规模：日处理量在0～270吨的粮食企业为较小规模粮食企业；日处理量在300～950吨的粮食企业为中等规模粮食企业；日处理量在1000吨及其以上的粮食企业为较大规模粮食企业（钟昱、亢霞，2016）。

约占整个粮食销售价格的30%～35%（侯立军，2013）。目前我国粮食运输的主要方式包括铁路运输、公路运输和水路运输三种，铁路运输主要适合于铁路干线发达的地区以及长距离、大批量的运输，河南调出的小麦有80%是通过铁路运输完成的。而公路运输主要适合于中短距离的运输，与铁路运输相比，公路运输更为灵活，而且受运输能力的限制较低，但平均成本一般要高于铁路运输。例如，山东、河北离北京较近，可能会更多地选择公路运输，使它的运输成本较河南高。小麦从山东潍坊运输到北京周边粮库或河北的大型加工企业，运输距离大约500千米，发生的汽车运输费每斤为0.05元，小麦贸易商的利润每斤约0.01元（谢静静，2014）。

（三）储存费用

储存环节费用主要是指小麦在储存过程中所用的各项费用支出，大致可以分为农户储存费用、国有粮库储存费用、私有粮商储存费用以及加工企业储存费用。农户的储存费用一般很少，除了耗损外可以忽略不计；加工企业一般只储存2～3个月的加工用粮，而且存粮一般仅供自己使用，储存成本可在面粉价格中体现；私有粮商的储存费用由于缺乏统计数据而无法估计。根据现有资料，我们只能大致估算国有粮库的费用支出。由于国有粮库的粮食储备包括政府储备和商业储备粮两部分，因此，其费用支出的来源也大致可以分为两个部分：一部分是国家财政的专项补贴，另一部分是销售粮食的所得。可以说这两个部分是密切相关的，国家的财政补贴是国有粮库生存的必要保障，由于我国粮库还存在诸如人员冗余、效率低下、管理不善等诸多原因，使粮食储存成本一直较高，如果将这部分费用全部记入粮食价格中是远远大于市场价格的，国家财政补贴则为弥补这其中的差价起了一定的缓冲作用。从1991年起，中央财政按国家专项储备粮食全年平均库存，每年每公斤补贴8分钱，1992年1月1日起，又提高到0.12元（卜轶彪，2004）。2006年，我国实行小麦最低收购价时，中储粮总公司及其有关分公司委托收储点收购的小麦，由其负责临时储存在委托收储库点及其指定库点，临时储存小麦保管费用补贴标准为每市斤4分/年，其中3.5分为委托收储库点的保管费用，0.5分为监管、质检和跨县集并等费用，由中储粮总公司包干使用。中央财政根据中储粮总公司上报的最低收购价利息费用补贴申请报告，按季将利息和保管费用拨付给中储粮总公司，然后再由中储粮系统拨付给委托收储库点。

（四）加工费用

加工环节是小麦流通中的重要一环，从这一环节开始，小麦改变了原始形态由初级产品迈向最终消费品。要知道小麦的加工费用就必须对面粉加工企业的成本构成有所了解，冀鸿远（2006）将面粉加工企业的所有的成本和费用分为三大项：小麦成本、固定成本和变动成本。小麦成本一般要占到总成本的95%以上，而规模为150~500吨的面粉厂的变动成本应该在70~85元/吨，固定费用根据各面粉厂家的属性不同差别较大，一般在5万~30万元，要计算的加工费用应该等于总成本中的变动成本以及固定费用的折旧。在已有的文献中，很少有对小麦加工费用的估计，钟昱、亢霞（2016）通过典型调查，计算小麦加工费用约占粮食企业总成本的33.48%，仅次于收购费用；分企业规模来看，较大规模的粮食企业加工成本约为919元/吨，中等规模的粮食企业约为400元/吨，而较小规模的粮食企业大约为549元/吨；分粮食品种来看，小麦企业加工成本最高，平均为1231元/吨，主要原因可能是在所调查的企业中，小麦深加工的水平比较高。其次是稻谷企业加工成本约为770元/吨，玉米加工成本最低，仅为378元/吨。根据小麦加工的不同环节，成本分布也大不相同，秦富、李先德等（2008）通过对河南面粉加工企业的典型调查，发现在制粉环节，每公斤小麦加工成面粉的成本约为0.09元，其中，分摊在每公斤小麦上的加工费为0.06元、财务成本0.01元、管理成本0.02元；在“面粉—挂面”环节，通常1公斤面粉约加工1公斤挂面，加工成本为0.2元；在“面粉—馒头”环节，1公斤面粉可加工1.4公斤馒头，加工成本（包括水电费、人工费等）约占面粉进价的12%，即每公斤0.2544元。

（五）销售费用

这里的销售费用主要包括加工企业在销售产品时的运输费用、进场及广告费用和包转费用。其中，运输费用是销售成本构成中的第一大项，其比重超过了一半；进场及广告费和包装费用占据销售成本的另外一半，各自比重约为销售成本的1/4（钟昱、亢霞，2016）。从不同规模的企业来看，首先是较小规模的粮食企业销售费用最高，约为139元/吨，其次是较大规模企业，约为120元/吨，中等规模企业的销售费用最低，约为106元/吨；从不同粮食品种的企业来看，小麦企业的销售费用最低，仅为76元/吨，而稻谷和玉米企业的销售费用约为229元/吨和157元/吨，主要原因是小麦加工品的产销区一致性较高，平均运输费用要远低于稻谷和玉米，其单位运输费用只有稻谷和玉米的29%和35%。

## 第二节　国内供求情况

市场经济条件下，国内供求情况的变动对小麦价格的影响至关重要。虽然说供给费用的高低几乎决定了小麦价格的底线，但是如果市场严重供过于求，市场价格可能会冲破供给费用所决定的这道底线，使小麦生产者利益受损。小麦的供给主要包括小麦的生产、库存及进口情况，而小麦的需求主要来自各种各样的消费需求，包括口粮消费、饲料消费、工业用粮等，虽然我国的小麦出口并不是很多，但也是小麦需求的一部分。由于我国至今仍没有有效的库存数据，下面我们主要从生产、消费与贸易等方面来分析小麦供给与需求的变化情况。

### 一、小麦生产

#### （一）小麦生产布局

小麦是中国最主要的粮食作物之一，常年播种面积和产量分别占粮食总量的25%和22%左右。我国兼种冬、春小麦，但以冬小麦为主，占全国麦播面积的93.7%。由图3－4可以看出，我国小麦种植情况自1998年有一个明显的分界，从这一年开始播种面积呈现明显的下降趋势，2004 年降到 1978 年以来的最低值，比最高的 1991 年下降了 30%。同期小麦单产保持上升趋势，这在一定程度上降低了播种面积减少对总产量的不利影响。尽管如此，我国小麦总产自 2000 年起大幅度下降，2003 年产量降到 8648.8 万吨，成为 1989 年以来小麦总产量最低的一年。2004 年以来，国家采取了一系列扶持粮食生产的措施，小麦种植面积逐步恢复。从 2004 ~ 2009 年，我国小麦播种面积由 2163 万公顷增长至 2429 万公顷，增幅达 12.3%。2010 年之后，我国小麦播种面积基本保持在 2410 万公顷左右。我国小麦产量在 2012 年增至 1.2 亿吨，基本恢复到 20 世纪 90 年代后期水平，2015 年首次登上 1.3 亿吨的台阶，比历史最高纪录的 1997 年增加 5.6%。近 20 年来，我国小麦产量的增长主要依靠的是单产水平的提高。尤其是 2004 年以来，小麦单产提升速度明显加快，由 283 公斤/亩增至 375 公斤/亩，增幅达 32.4%，是三大谷物中单产增长最快的品种。

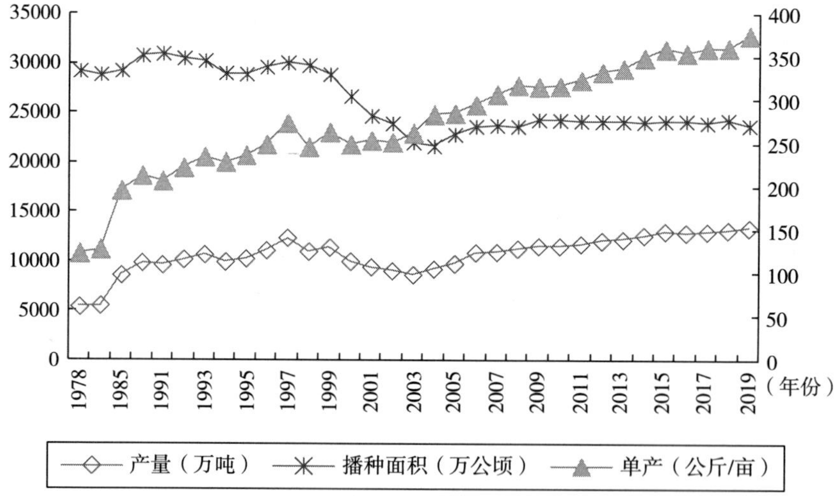


**图 3-4　1979 ~ 2019 年中国小麦播种面积、单产和总产量**

资料来源：《中国统计年鉴》和《中国农业统计年鉴》(1985 ~ 2019)。

中国小麦产区分布广泛，除了海南省以外，小麦种植遍布30个省区。按照自然条件、种植制度、品种类型和生产水平等指标，我国小麦可以划分为黄淮海、长江中下游、西南、西北和东北五个优质产区，其中，黄淮海和长江中下游地区是小麦的主产区。2004年以来，我国小麦生产集中度不断提高（见图3－5），河南、河北、山东、江苏、安徽、湖北六个主产省产量之和占全国总产量的比重由2004年的73.7%增至82.4%，全国小麦增产的90%以上均来自六个主产省。2004～2018年，总产增长最快的是湖北省，由176.3万吨增长至410.4万吨，增幅高达1.3倍，年均增长6.2%；安徽省和江苏省的年均增长率也在4%以上，而河南、山东由于基数较大，增幅为2.7%和3.2%，河北由于地下水匮乏，面积下降，总产增长最少为2.3%。

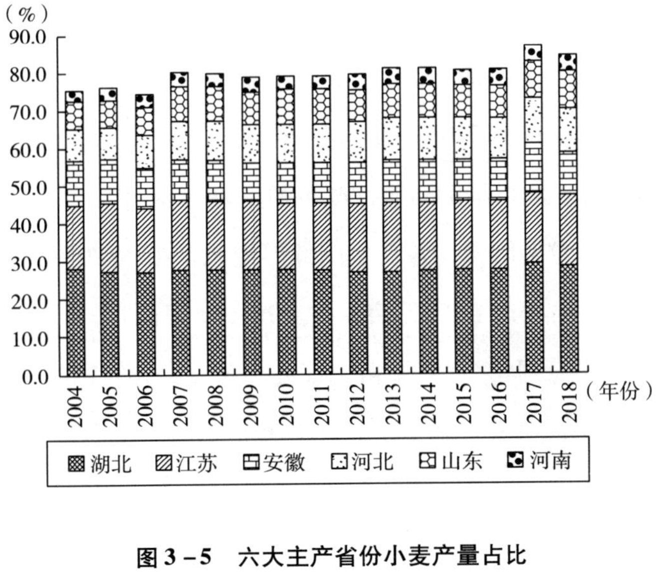


**图3－5　六大主产省份小麦产量占比**

资料来源：中国统计年鉴。

（二）优质小麦生产

长期以来，由于我国小麦生产多重视产量而忽略了质量，使小麦品种结构不合理的矛盾逐渐突出。一方面是普通、劣质小麦大量积压，价格低廉；另一方面是优质专用小麦需求旺盛，供给不足，需从国外进口价格高昂的优质小麦，进口量常年居高不下。从1998年开始，国家大力推进优质小麦的种植，并适当缩减了普通小麦的种植面积，这一举措使我国优质小麦产业迅速发展起来。2003年2月，农业部发布的《优势农产品区域布局规划（2003～2007年）》中强调，我国专用小麦总体发展思路是：抓"两头"（强筋和弱筋小麦）、"带中间"，加快构建区域化种植、标准化生产、产业化经营的专用小麦产业带，提升国产小麦质量水平和国际竞争力，实现基本满足国内需求，力争向东亚国家或地区出口的目标。2006年国家开始执行小麦托市收购政策以来，随着托市收购底价的提高，普优麦价差缩小，农户更倾向于种植高产、稳定品种，国内小麦种植结构总体呈现优质麦种植比例下降的趋势，优质强筋麦产量由2013/2014年度的624万吨降至2015/2016年度的528万吨。

近几年随着消费升级，面粉加工企业对小麦质量要求提高，优质小麦普遍受到市场青睐，一些年份价格要比普通小麦高出10%以上。部分小麦主产省将推广优质小麦种植作为农业供给侧结构性改革的重要一步，优质强筋、弱筋小麦种植面积增长较快。据专家估算及各级生产部门调研，2018/2019年度冬麦区优质强筋、弱筋小麦种植面积达4900万亩，占全国冬小麦面积的14%。其中，面积占前三位的省份分别是河南1200万亩，江苏920万亩，安徽850万亩。据中粮小麦部预计，2019年优质麦面积增加，尤其是能够部分替代美国、加拿大进口高筋麦的一、二类优质麦增加，占比超过75%。其中，市场认可度较高的强麦品种种植面积同比增加210万亩，增幅为15%，产量704万吨，同比增加175万吨；商品量634万吨，同比增加190万吨。当前弱筋小麦以扬麦和宁麦系为主，种植面积450万～500万亩，其中，达到或接近弱筋麦标准的面积170万～200万亩，亩产350公斤，产量60万～70万吨，商品量40万～45万吨。

近年来，尽管我国优质小麦有了很大的发展，但仍然存在一些问题，主要包括四个方面：一是重数量轻质量，品种技术待加强。各地在推广优质麦种植过程中，存在无视品种与当地适宜性和市场真正需求的问题，导致优质小麦“面积增，质量不过关”“优质不优价”现象较明显。小麦育种工作，多数注重“一年推出了多少新品种”“产量增加多少”，却没有做到与加工企业品质标准体系的有效衔接，经得起市场考验的品种比较少。此外，优质麦在管理上比普通小麦要求高，白粉病、赤霉病的得病概率较大，而且目前很多优质麦都是半春性的，如果种早了遇上冬季冻害和倒春寒，产量下降幅度很大。二是规模化程度较低，单种单收难实现。近年来，种粮大户、家庭农场等新型农业经营主体发展较快，但总体来看，小麦生产仍然以小农户生产为主，户均耕地面积过小，区域内品种插花种植现象普遍，难以形成适度规模的、质地相同的优质原粮。即使是多数小规模农户个体，也是种植 2 ~3 个品种，经常混种混收，造成相同品种品质不稳定，一致性差，影响了制粉企业收购积极性。三是收储体系亟需健全，实现专储困难多。国家粮食收储体系仍有待完善，例如，国家一些补贴资金给付不及时，导致不少收储企业收购时间延迟且不能及时给农民兑付现金；不少收储企业仓储设施和烘干设施比较缺乏，进而影响收储进度；对强筋和弱筋小麦按品种专储比较困难，仓库里一般储藏多个小麦品种，极易发生混杂现象。四是企业农户联结松散，产销对接不通畅。目前多数强筋和弱筋小麦优势生产区，企业与农户并没有建立有效的产销对接机制和利益联结机制，签订订单的只是少数，而且不少地方企业与农户的履约率也比较低。此外，有些地方产销对接中间环节过多，农民生产优质麦后先卖给经纪人，经纪人又卖给合作社，合作社又卖给收购企业，收购企业又卖给当地或外地的加工企业，种植户与用粮企业严重脱节。

## 二、小麦消费

### （一）小麦总体消费情况

小麦主要用作口粮消费。由于我国人口呈刚性增长，小麦总消费量长期以每年1%～2%的比例持续增长。目前我国正处于食物消费结构升级阶段，人均口粮消费呈下降趋势。根据国家统计局数据，1990～2012年我国城镇居民人均购买的粮食数量从130.72公斤减少到78.76公斤，减幅39.8%；农村居民人均粮食消费量从262.08公斤减少到164.27公斤，其中，小麦消费量从80.03公斤减少到52.33公斤，分别减少37.3%和34.6%。"十三五"期间，受"二胎"政策全面放开等人口政策影响，中国人口总量仍将呈增长趋势。这使我国小麦消费在人均消费量趋降的形势下，总消费量仍保持波动上升的态势（见表3－4）。市场监测显示，虽然当前我国市场对普通粉及其制品的需求量呈萎缩态势，但对专用粉及其制品需求增加。尤其是近几年，在国内原料成本不断上升的背景下，通用粉加工利润日渐微薄，专门从事普通粉加工的企业开工率常年不及50%；而加工专用粉利润明显高于通用粉，开工率年均在70%左右，专用粉加工已成为小麦粉加工行业转型升级的方向所在。

**表3－4　国内小麦消费情况**

| 年度 | 总消费量（万吨） | 制粉消费（%） | 工业消费（%） | 饲用消费（%） | 种用消费（%） |
|---|---|---|---|---|---|
| 2003～2004 | 10747 | 74.9 | 8.6 | 6.8 | 3.9 |
| 2004～2005 | 10697 | 74.8 | 8.6 | 6.8 | 3.8 |
| 2005～2006 | 10572 | 75.2 | 8.5 | 6.6 | 3.9 |
| 2006～2007 | 10600 | 74.5 | 8.9 | 6.8 | 3.9 |
| 2007～2008 | 10622 | 73.4 | 8.9 | 13.2 | 4.4 |
| 2008～2009 | 10440 | 76.6 | 9.6 | 9.3 | 4.5 |
| 2009～2010 | 10609 | 75.9 | 9.8 | 9.9 | 4.4 |
| 2010～2011 | 11049 | 73.8 | 9.8 | 12.2 | 4.2 |
| 2011～2012 | 13359 | 67.3 | 8.2 | 21.0 | 3.5 |
| 2012～2013 | 13480 | 72.0 | 8.9 | 15.6 | 3.5 |
| 2013～2014 | 12750 | 75.5 | 10.2 | 10.6 | 3.7 |
| 2014～2015 | 11920 | 77.2 | 8.0 | 10.9 | 3.9 |
| 2015～2016 | 11277 | 82.5 | 7.6 | 5.8 | 4.2 |
| 2016～2017 | 11271 | 82.1 | 6.7 | 7.1 | 4.2 |

续表

| 年度 | 总消费量（万吨） | 制粉消费（%） | 工业消费（%） | 饲用消费（%） | 种用消费（%） |
|---|---|---|---|---|---|
| 2017～2018 | 11470 | 81.1 | 8.3 | 6.5 | 4.1 |
| 2018～2019 | 12880 | 72.0 | 9.3 | 14.0 | 4.7 |
| 2019～2020 | 12248 | 75.4 | 7.5 | 12.2 | 4.9 |

注：小麦作物年度为当年6月至下年5月。

资料来源：国家粮油信息中心。

小麦和玉米在饲料消费上具有替代性，小麦饲料用量主要取决于小麦和玉米的比价关系。2010年以后，由于小麦玉米比价连续几次出现倒挂，使小麦饲用消费量大幅上升，占小麦总消费的比重由常年的10%急剧上升到接近20%。但自2014年新玉米上市后，玉米市场供需结构明显改善，小麦玉米比价逐渐扩大，不断接近并在2015年最后几个月突破两者比价的合理上限，使小麦饲用消费量明显下降。由于2016年小麦质量受损，质差小麦较玉米有价格优势，导致饲用消费再次上升，但这种消费替代是短期的。2016年起玉米临时收储政策取消，实行市场定价，玉米价格逐渐回归市场，2016～2017年玉米价格连续下跌，两年累计跌幅在20%～30%。2017年小麦质量好于上年，价格稳中略涨，小麦与玉米的比价上升，饲用消费占比再次下降。

小麦工业消费是指用于生产淀粉、酒精、酱油、味精、谷朊粉等深加工产品的用量。当前，我国已经进入工业化、城镇化快速发展阶段。从国际经验来看，在这一阶段，对粮食中间需求、间接需求的增长将会超过直接需求的扩张。近年来，尽管我国粮食加工业取得了快速发展，目前粮食加工产品多达2000多种，但与发达国家和中国居民消费转型需求相比，仍然存在较大差距，工业用粮仍是今后小麦消费的一个增长点。小麦种用消费与播种面积和品种改良技术的应用密切相关，近年来占比相对较为平稳，一般占到总消费量的4%左右。

从表3-5各省份的产销余缺量可以看到，从1992～2016年，小麦生产量一直大于消费量的省份只有江苏、安徽和河南三个省份，都是小麦的主产省，其中河南每年小麦的输出量最大，并且呈较为稳定的上升态势，由 1992 年的 200 万吨左右增至 2016 年的近 1200 万吨，增长了五倍；安徽小麦的结余量增长也比较快，尤其是 2009 年以后，由之前的 100 万吨左右迅速上升至 500 万吨以上；江苏小麦结余量波动相对较大，近年来稳定在 300 万吨左右。小麦的另外三个主产省，山东、河北和湖北均有个别年份产不足需，山东相对较好，产不足需的年份最少，小麦结余量在 500 万吨左右；河北制粉消费占比较大，虽然年度产量较湖北高很多，但年度结余量还不如湖北。从其他小麦结余量较多的省份来看，新疆、陕西、四川的结余量较多，尤其是新疆，小麦结余量从 20 世纪的 20 万吨左右增至 2016 年的 400 万吨以上，这和近年来新疆实施临时收储政策支持小麦生产密切相关，但新疆的地域特征导致小麦净输出存在一定的成本缺陷。陕西是比较典型的由小麦净输入省转变为小麦净输出的省份，20 世纪小麦的年净输入量在 100 万吨以上，到 2016 年小麦的净输出量增至 100 万吨以上。另外一些地区如京津、山西、辽宁、黑龙江、广东等常年是小麦的净输入省，而且净输入量有逐渐增加的趋势，其中，广东是最大的小麦净输入省，常年净输入量达 300 万吨左右。剩下一些省份是在净输入与净产出之间徘徊的省份，但大都是由净输出省变为净输入省，1992 年时我国一共有 12 个小麦净输出省，但到了 2002 年只剩下 6 个小麦净输出省，减少了一半。2004 年以来，随着国家惠农政策力度的加大，各省对粮食生产的重视程度增加，小麦净输出省份有逐渐回升的趋势，2009 年恢复至 11 个省，2016 年再度增至 13 个省份，国家粮食安全得到了有效的保障。

**表 3－5　小麦分省份产销余缺量**　　单位：万吨

| 年度／省份 | 1992～1993 | 1995～1996 | 1998～1999 | 2002～2003 | 2009～2010 | 2012～2013 | 2016～2017 |
|---|---|---|---|---|---|---|---|
| 京津 | －164.2 | －188.7 | －170.9 | －265.6 | －234.1 | －266.9 | －146.5 |
| 河北 | －206.9 | －118.6 | 110.9 | －13.9 | 268 | －191 | 21.6 |
| 山西 | －287.1 | －320.2 | －250.4 | －313.5 | －174.8 | －164.7 | －174.8 |

续表

| 省份＼年度 | 1992～1993 | 1995～1996 | 1998～1999 | 2002～2003 | 2009～2010 | 2012～2013 | 2016～2017 |
|---|---|---|---|---|---|---|---|
| 内蒙古 | 104.7 | 26.4 | 53.5 | -101.2 | 57.2 | 85.4 | 79.7 |
| 辽宁 | -261.5 | -280.5 | -243.1 | -286.5 | -116.7 | -120.2 | -81.9 |
| 黑龙江 | 56.9 | -114.4 | -58.5 | -244.6 | 21.2 | -22.1 | -48.7 |
| 江苏 | 423.2 | 282.1 | 155.3 | 55.1 | 262.4 | 166.7 | 298.5 |
| 安徽 | 68.3 | 128.8 | 35.6 | 133.6 | 595.2 | 590.9 | 530.5 |
| 山东 | 518.8 | 635.1 | 615 | 173.4 | 277.9 | -139.1 | 531.7 |
| 河南 | 253.1 | 286.8 | 623.2 | 835.4 | 949.6 | 310.8 | 1166.2 |
| 湖北 | 66.5 | 41.5 | 82.8 | -166.4 | -35.4 | -69.4 | 57.6 |
| 广东 | -168.6 | -185.9 | -255.4 | -252.2 | -399.9 | -424.8 | -270.1 |
| 四川 | 442.8 | 441.1 | 307.6 | 172.6 | 21.1 | -47.3 | 104.1 |
| 贵州 | 11.3 | 18.4 | 17.8 | -1.4 | -17.5 | -12.6 | 6.7 |
| 云南 | 28.6 | 34.2 | 46.1 | 32.6 | -16.5 | -24.5 | 26.7 |
| 陕西 | -117.6 | -152.4 | -104.8 | -189.1 | 37.5 | 66.8 | 106.9 |
| 甘肃 | 19.5 | -67.6 | 64.1 | -26.8 | 7.1 | 15.4 | 57.3 |
| 新疆 | 27.8 | -8.5 | 21.8 | -41.4 | 321.4 | 254.8 | 461.1 |

资料来源：卜轶彪．中国小麦市场流通的变化与趋势［D］．中国农业科学院硕士学位论文，2004.

### （二）小麦加工情况

小麦是仅次于稻谷的口粮作物之一，近90%的小麦都被加工成各种面粉，如面包粉、饼干粉、面条粉、饺子粉等，其他深加工产品还有小麦淀粉与谷朊粉、小麦蛋白制品等，广泛应用到食品、化工、酿造、医药、造纸、纺织等行业，产生高附加值，提高了经济效益。随着人们生活水平的提高，市场对面粉的需求量越来越大，极大地促进了我国面粉加工业的发展。我国小麦加工业发展经历了一个从小到大、从弱到强，期间还经过了产业的重组、兼并等发展过程。我国的小麦粉加工企业遍及城乡，小而分散，有一定生产规模的小麦粉加工企业的比例相对较低。近年来小麦加工领域民营成分日趋活跃，企业数量逐年增加，外资也在加快进入粮食加工领域，而国有经济成份在改革中明显减少。企业集中度提高，产品档次进一步提升。

1. 小麦加工企业数量及类型

近年来，我国小麦加工企业数量经历了先增后降的发展过程（见图 3－6）。据《中国粮食年鉴》统计数据，2008 年，全国入统小麦加工企业 2819 家，经过一段时间的波动增长，2015 年增长至高峰期 3930 个，2016～2017 年企业数量回落至 3000 家以下。从企业类型来看（见表 3－6），我国小麦加工企业以民营企业为主，其次是国有企业，外资企业数量很少。2008 年，民营小麦加工企业数量为 2454 家，占比为 87.05%，2014 年数量增长至 2806 家，比重增长为 91.52%；2008～2014 年，国有小麦加工企业数量由 328 家下降至 212 家，比重由 11.64%降至 6.91%；外资企业数量由 37 家升至 48 家，比重由 1.31%增长为 1.57%。

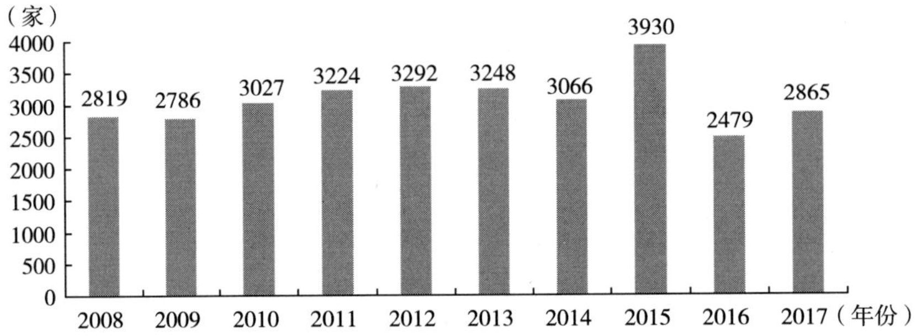


**图 3－6　2008～2017 年我国小麦加工企业数量**

资料来源：2008～2014 年数据来源于《中国粮食年鉴》，2015～2017 年数据来源于《粮油加工业统计资料》。

**表 3－6　2008～2014 年小麦加工企业类型**　　单位：家，%

| 年份 | 企业数量 | 国有企业 | 民营企业 | 外资企业 |
|---|---|---|---|---|
| 2008 | 2819 | 11.6 | 87.1 | 1.3 |
| 2009 | 2786 | 9.3 | 89.4 | 1.3 |

续表

| 年份 | 企业数量 | 国有企业 | 民营企业 | 外资企业 |
|---|---|---|---|---|
| 2010 | 3027 | 9.2 | 89.4 | 1.5 |
| 2011 | 3224 | 9.3 | 89.6 | 1.4 |
| 2012 | 3292 | 7.7 | 90.9 | 1.4 |
| 2013 | 3248 | 7.4 | 91.2 | 1.5 |
| 2014 | 3066 | 6.9 | 91.5 | 1.6 |

资料来源：《中国粮食年鉴》。

2. 小麦加工企业规模及结构

我国小麦加工行业经过不断重组整合，企业单体规模不断扩大（见表3－7）。日生产能力规模在200吨以上的企业占比逐渐增大，虽然只有20%左右，但承担了全国85%以上的小麦加工量。2008年，日加工能力在30吨以下的企业有385家，占比13.66%；30～50吨的企业有366家，占比12.98%；50～100吨的企业有660家，占比23.41%，100～200吨的企业有659家，占比23.38%；200～400吨的企业有514家，占比18.23%；400～1000吨的企业有185家，占比6.56%；1000以上的企业有50家，占比1.77%。2014年，日加工能力在30吨以下的企业有205家，占比6.69%；30～50吨的企业有207家，占比6.75%；50～100吨的企业有416家，占比13.57%，100～200吨的企业有642家，占比20.94%；200～400吨的企业有875家，占比28.54%；400～1000吨的企业有592家，占比19.31%；1000吨以上的企业有129家，占比4.21%。可以看出，日生产规模在400吨以上的企业数量不断增长，比重也逐步增加。

从小麦加工业整体来看，近年来我国小麦粉加工企业产能急剧扩张。据统计数据显示，小麦粉加工企业年加工能力2005年为8090万吨，到2012年已突破2亿吨，达到20303万吨，到2015年约为22000万吨，产能增长了1.7倍。如果将未纳入统计的小微企业及近两年新增产能计算在内，我国小麦粉加工产能更大。而

表 3－7　2008～2014 年全国小麦加工企业分规模数量

| 年份 | 企业数量（家） | 按生产能力规模（吨/天） | | | | | | |
|---|---|---|---|---|---|---|---|---|
| | | 30 以下 | 30～50（含 30） | 50～100（含 50） | 100～200（含 100） | 200～400（含 200） | 400～1000（含 400） | 1000 以上（含 1000） |
| 2008 | 2819 | 385 | 366 | 660 | 659 | 514 | 185 | 50 |
| 2009 | 2787 | 308 | 351 | 632 | 672 | 562 | 212 | 50 |
| 2010 | 3027 | 263 | 294 | 553 | 779 | 711 | 345 | 82 |
| 2011 | 3233 | 314 | 286 | 565 | 767 | 790 | 417 | 94 |
| 2012 | 3292 | 280 | 215 | 552 | 748 | 883 | 507 | 107 |
| 2013 | 3248 | 247 | 197 | 492 | 724 | 898 | 567 | 123 |
| 2014 | 3066 | 205 | 207 | 416 | 642 | 875 | 592 | 129 |

资料来源：《中国粮食年鉴》。

这种产能过剩主要表现为结构性过剩。从加工企业结构上来看（见表 3－8），生产粗放、技术水平低的中小企业数量较多，日处理能力 200 吨以下的中小企业约占总数的 60% 左右，产能利用率较低。从产品结构上来看，随着人们生活水平的提高，对小麦粉的需求由以前的以通用粉、标准粉为主向优质专用粉转变。尤其是近几年，在国内原料成本不断上升的背景下，通用粉加工利润日渐微薄，专门从事普通粉加工的企业开工率常年不及 50%；而加工专用粉利润明显高于通用粉，开工率年均在 70% 左右，专用粉加工已成为小麦粉加工行业转型升级的方向所在。但目前行业的整体情况依然是生产的普通面粉较多，专用型、功能性产品偏少，远不能满足下游食品加工企业的需求。供给与需求不匹配的结果是产能利用率及行业利润的下降。2015～2017 年，我国小麦加工企业平均产能利用率总体呈下降趋势，总产值下降 24.94%，相应的利润总额更是下降了 39.58%。

表 3－8 2015～2017 年全国小麦加工企业主要经济指标

| 指标＼年份 | 2015 | 2016 | 2017 |
| --- | --- | --- | --- |
| 平均产能利用率（%） | 61.0 | 55.7 | 51.0 |
| 产品出品率（%） | 75.0 | 74.0 | 74.0 |
| 科研经费投入（亿元） |  | 6.1 | 4.8 |
| 发明专利数量（件） |  | 51 | 17 |
| 利润总额（亿元） | 156.9 | 97.2 | 94.8 |
| 总产值（亿元） | 4551.5 | 3435.4 | 3416.3 |
| 从业人员数量（人） |  | 138325 | 136891 |

资料来源：国家发展改革委员会统计资料。

3. 小麦加工产品产量情况

从小麦加工行业的主产品小麦粉的产量来看，我国小麦粉产量持续增长，且主要集中河南、山东、安徽、江苏、河北、湖北六个小麦主产省份（见图 3－7）。2008 年我国小麦粉产量为 5506 万吨，六个主产省小麦粉的产量占全国比重为 77.2%；2018 年，全国小麦粉产量为 8875 万吨，较 2008 年增长了 61.2%，六个主产省小麦粉的产量占全国比重为 79.7%，较 2008 年增加了 2.5 个百分点。从增长速度上来看，在小麦主产省中，除了江苏和山东的增速低于全国平均水平以外，其他四个主产省增速均高于全国平均水平，尤其是河南、安徽、河北小麦粉产量的增速均在 1 倍以上，其中河南小麦粉产量占全国的比重由 23% 提升至 30%，是名副其实的小麦粉加工大省。除了六个主产省外，陕西和广东小麦加工业发展也较为迅速，2018 年小麦粉产量分别为 585 万吨和 284 万吨，较 2008 年增长 1.6 倍和 1.1 倍，潜力较大。尤其是广东省主要以进口麦为原料，是我国主要的优质专用小麦粉生产基地，与之相似的还有福建省，近年来小麦粉产量增速也高于全国平均水平。

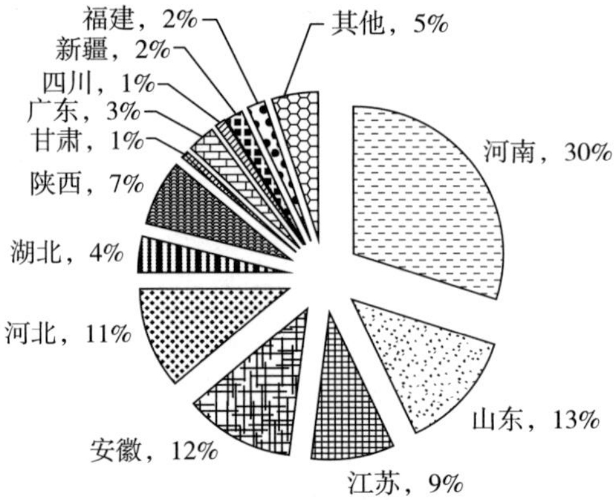


**图 3-7 2018 年我国小麦粉生产分布情况**

资料来源：国家统计局。

## 三、小麦贸易

小麦是全球贸易量最大的谷物品种，占世界谷物年贸易总量的 45% 左右。我国是世界小麦产量和消费量最大的国家，20 世纪 90 年代中期以前，我国一直是世界上最大的小麦进口国之一。2004 年以来，在政策、科技以及气候等多种有利因素共同作用下，我国小麦生产逐步恢复并实现了连续增产，国内供求关系明显改善，进口量逐年减少，近年来进口量一直维持在 300 万吨左右。

### （一）小麦进口的新动因——国内外价差倒挂

自 21 世纪以来，随着国内产量提高，供给增加，进口量整体明显下降，每年进口小麦的主要目的是进行品种调剂。但近年来，随着国内外小麦市场价格的变化，价格驱动逐渐成为推动我国小麦进口的重要原因之一。2009 年以前，国际小麦到岸税后价一般要高于国内销区价，但 2009 年全球金融危机以后，国际小麦价格整体下行。与此同时，国内持续提高小麦最低收购价，导致国际价格与国内价格差距迅速缩小，从 2011 年四季度以来出现价格倒挂，并逐渐成为常态

(见图3－8)。2013年11月以后，国内优质麦销区价开始持续超越配额内1%关税下国际小麦到岸价。期间，国内外价格差距也不断登上新台阶，2014年12月之前国内外价差一直在0.3元/斤以内波动，2015年1月一举跃上0.4元/斤，2月迅速扩大至0.5元/斤以上，并在当年5月达到历史最高点0.59元/斤，而此时国内优质麦销区价（1.55元/斤）已经高于配额外65%关税下国际小麦到岸税后价（1.54元/斤），进口配额作用大幅削减，小麦面临配额外进口的风险。2016年4月开始，这种风险再次出现，国内小麦销区价连续两个月高于配额外65%关税下国际小麦到岸税后价，且价差已扩大至0.04元/斤。进口适量的小麦有利于缓解国内优质麦供应不足的局面，而且目前进口的这些数量对国内市场影响并不大。但进口麦毕竟在一定程度上挤占了国内优质麦市场，不仅不利于麦农增收，也对我国推进优质麦生产、实施良种推广的政策效应有所减弱，从而影响国内优质麦产业的持续发展。

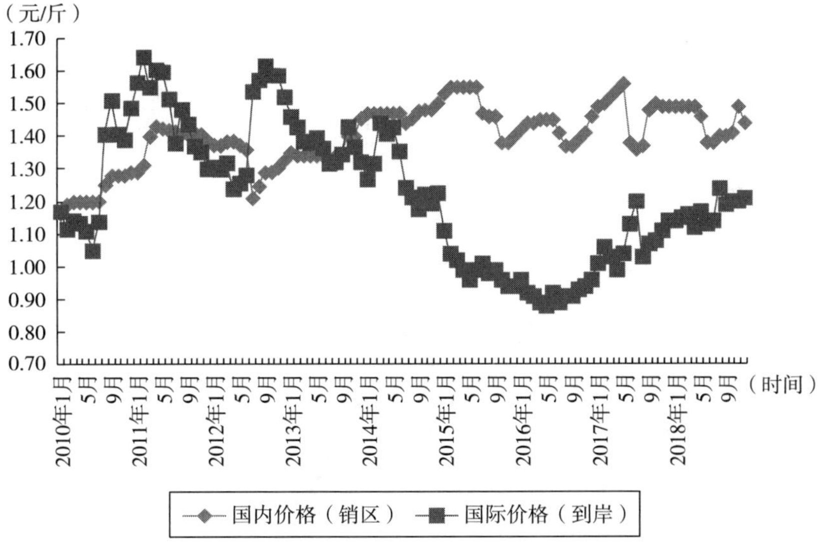


**图3－8 2010年以来我国小麦国内外价差变化情况**

资料来源：国家统计局。

（二）小麦进出口变化情况

小麦是我国最重要的贸易粮之一。在过去的大多数年份里，小麦进口量都占到小麦、大米和玉米三大粮食作物进口总量的2/3以上，甚至一些年份进口的基本都是小麦（见图3－9）。从1983～2004年，中国进口小麦量超过1000万吨的年份共有9年，其中，1989年进口小麦数量最多，为1488万吨，占当年世界小麦总进口量的15%以上。从1997年开始，随着中国小麦生产数量增加和质量提高，国内小麦价格处于低位，进口数量显著下降，1997～2003年，每年进口的小麦都不超过200万吨，最少的1999年只进口了50.5万吨。自2000年以来，由于中国小麦连续减产，国内小麦供求形势发生逆转，导致大量动用库存。2004年我国进口小麦725.8万吨，比2003年增长15.2倍。2005年之后，由于国内小麦生产逐步恢复，进口量迅速下降，粮食危机以及金融危机中的2007、2008年，我国进口小麦产品只有10万吨和4.5万吨。2009年以来，由于国际小麦价格大

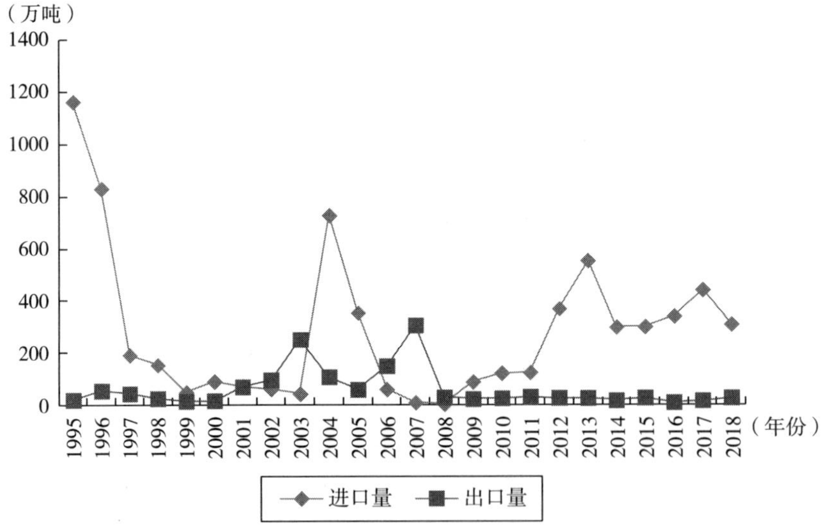


**图3－9　1995～2008年我国小麦历年进出口数量**

资料来源：《中国海关年鉴》。

幅下跌，相对于国内市场具有明显的价格优势，加之国内优质麦供应不足，进口呈现迅速增长态势。2009～2018 年，我国进口小麦产品由 90 万吨增至 310 万吨，累计增长了 2.7 倍。

在出口方面，我国从 1993 年就开始出口少量小麦，20 世纪 90 年代后期出口规模逐渐扩大，2002 年首次成为小麦净出口国，并开始大量出口制粉用小麦。2003 年小麦出口达到 251.3 万吨，这种出口主要是调节国内库存，以低质量饲料小麦为主。2008 年为应对全球金融危机导致需求低迷对国内市场的影响，我国采取了促进粮食出口的措施，逐步取消了小麦产品的出口关税，促进了小麦出口的增加。但由于国际小麦价格持续下跌而国内价格不断上涨，我国小麦的竞争优势不明显，出口增长较慢，由 2009 年的 24.5 万吨增至 2011 年的 32.8 万吨。之后，由于国外价差缩小继而倒挂，国内小麦出口在价格上完全没有优势，出口量一路下滑，由 2012 年的 28.6 万吨跌至 2016 年的 11.3 万吨，累计跌幅达 60.5%。2017 年之后由于国内外价差有所缩小，小麦出口量逐渐回升，到 2018 年增至 28.6 万吨。从净进口情况来看，自从 20 世纪 90 年代以来，在大部分年份我国均是小麦净进口国，净进口量最高时超过 1000 万吨。仅有少数年份，例如，2007 年、2008 年金融危机期间，我国成为小麦净出口国。从近几年情况来看，我国小麦维持净进口已经成为常态，每年的净进口量一般在 300 万吨左右。

（三）主要进口来源和出口市场

我国小麦的传统进口来源国是加拿大、美国、澳大利亚，2004 年之前，我国从这三个国家进口的小麦数量占当年该类商品进口总量的近 100%。2010 年以来，我国从澳大利亚进口的小麦占总进口量的比例大幅提升。尤其是 2012 年，由于小麦饲用消费的增加，澳大利亚饲料级小麦在价格上具有明显优势，从澳大利亚进口的小麦占到 65.7%；而从美国和加拿大进口的用于品种调剂的硬质小麦所占比例下降较为明显，从 2009 年的 47.3% 降至 2012 年的 28.3%，下降了近一半。近年来，从美国、加拿大进口小麦的数量有所回升，2018 年进口量占比回升至近 50%。我国从 2010 年开始从哈萨克斯坦进口小麦，近年来随着“一带一路”倡议的推进，从哈萨克斯坦进口小麦的数量占总进口量的比重不断提高，到 2018 年已经接近 20%。从出口目的地上来看，近年来我国小麦出口流向较为集中，主要是在距离上较为临近的周边地区，例如，我国香港、澳门地区，韩国、日本、菲律宾、越南以及其他的东亚及南亚的国家和地区。

# 第四章　小麦价格形成的理论模型

本章以 Gardner（1975）使用的均衡移动分析方法（平衡置换）为基础来讨论小麦价格的形成，在辛贤（1998）改进的分析框架下，采用 CES 函数形式来代替原有的简化模型，以使模型与实际更加接近。为简化讨论，本章先在简单的完全竞争市场情况下建立理论分析框架，再变换部分假定条件，考察非完全竞争市场情况下小麦价格形成的不同特征。

根据小麦的流通过程将整个市场分为三个部分：小麦生产、面粉消费与市场流通。市场流通是从农民出售小麦到消费者购买面粉之间的整个过程，包括小麦收购、运输、加工和面粉销售等各个环节，将参与市场流通的所有企业视为一个整体，称为营销企业。那么小麦生产、面粉消费与市场流通三个市场的均衡情况如图 4－1 所示。

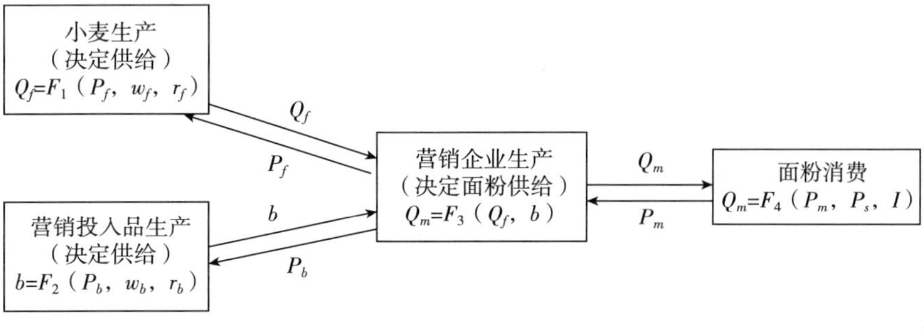


**图 4－1　三个市场的均衡关系**

由图4－1可知，首先是数量上的均衡关系。小麦生产决定了小麦供给量，而小麦的供给量主要是受小麦价格以及生产资料价格所决定；同理，营销投入品生产决定营销投入品供给量，营销投入品供给量主要受营销投入品价格和其他生产投入价格所决定。小麦与营销投入品同为营销企业生产的主要投入，而营销企业的生产量决定了市场上面粉的供给量。在消费者效用最大化的前提下，面粉价格、其他产品价格和消费者收入决定了消费者对面粉的最终需求量。其次是价格上的均衡关系。小麦价格由小麦供给量与营销企业需求量决定，而营销企业对小麦的需求量取决于市场上消费者对面粉需求的多少，因此，这种需求属于一种派生需求，它是小麦价格、面粉价格、营销投入品价格等因素的函数，派生需求与小麦供给达到均衡时可以确定小麦的价格。营销投入品价格的决定因素与小麦相似，在这里不再叙述。面粉价格是由消费者的最终需求和营销企业的面粉生产量所决定的，面粉需求量与营销企业生产量达到均衡时决定面粉的价格。

由以上的分析可知，小麦生产、营销投入、面粉需求与小麦价格、营销投入品价格、面粉价格是相互作用、相互影响的，因此，我们建立的联立方程模型将把这六个变量视为内生变量。通过均衡置换，计算各外生变量变化对内生变量的总影响，并在此基础上分析小麦市场与面粉市场的价格传递。

## 第一节　完全竞争市场下的分析框架

### 一、理论模型

#### （一）小麦生产函数

假设小麦生产者的函数形式为：

$$Q_f = A(\alpha_1 L^{\rho 1} + \alpha_2 K^{\rho 1})^{m1/\rho 1} \tag{4－1}$$

其中，$Q_f$ 表示小麦产量，$L$ 表示劳动力投入量，$K$ 表示资本投入量，$m1$ 表示小麦生产的规模报酬参数，$m1=1(<1, >1)$分别表示农业生产是规模报酬不变(递增，递减)的；要素替代弹性为$1/(1-\rho1)$，由于要素替代弹性为正数，因此，$-\infty<\rho1<1$；$0<\alpha_1<1$，$0<\alpha_2<1$，且$\alpha_1+\alpha_2=1$。

假设小麦生产者是追求利润最大化的，其利润函数为：

$$\pi=P_fQ_f-w_f\times L-r_f\times K \tag{4-2}$$

其中，$w_f$，$r_f$ 分别表示小麦、小麦生产劳动力投入与资本投入的价格，由于农户主要是根据对小麦的预期价格来决定种植计划的，因此，$P_f$ 表示小麦的农户价格。假设农户是理性的，出售小麦时遵循利润最大化原理，可以求出小麦的供给函数(推导过程略去)：

$$Q_f=\left(\frac{r_f}{P_fm1\alpha_2}\right)^{\frac{m1}{m1-1}}\times A^{\frac{1}{m1-1}}\left[\alpha_1\left(\frac{w_f}{r_f}\times\frac{\alpha_2}{\alpha_1}\right)^{\frac{\rho1}{\rho1-1}}+\alpha_2\right]^{m1(\rho1-1)/\rho1(m1-1)} \tag{4-3}$$

（二）面粉需求函数

假设消费者是具有理性的，追求效用最大化，因此，面粉消费的需求函数可以通过对消费者的效用函数求最大值的方法得出。假设消费者的效用函数形式为：

$$u(Q_m, Q_s)=A''[\alpha_5Q_m^{\rho3}+\alpha_6^{\rho3}]^{\frac{m3}{\rho3}} \quad \text{s. t. } I-P_mQ_m-P_sQ_s\geqslant0 \tag{4-4}$$

其中，u（$Q_m$，$Q_s$）表示消费者消费面粉和其他商品的总效用，$Q_m$ 表示面粉消费量，$Q_s$ 表示其他商品的消费量，I 表示消费支出，$P_m$ 和 $P_s$ 分别表示面粉和其他商品的价格，$m^3$ 与 $\rho^3$ 的含义与小麦生产函数相似，$0<\alpha_5<1$，$0<\alpha_6<1$，且$\alpha_5+\alpha_6=1$。则效用函数的最大化条件为：

$$L(Q_m, Q_s, \lambda)=A''[\alpha_5Q_m^{\rho3}+\alpha_6Q_s^{\rho3}]^{\frac{m3}{\rho3}}+\lambda(I-P_mQ_m-P_sQ_s) \tag{4-5}$$

通过求解式（4-5）得一阶必要条件，可以获得面粉的需求函数：

$$Q_m=\frac{I(P_m\alpha_6)^{\frac{1}{\rho3-1}}}{P_m^{\frac{\rho3}{\rho3-1}}\alpha_6^{\frac{1}{\rho3-1}}+P_s^{\frac{\rho3}{\rho3-1}}\alpha_5^{\frac{1}{\rho3-1}}} \tag{4-6}$$

（三）市场流通

从农户生产小麦到面粉再到达消费者手中，中间要经过小麦的收购、储存、加工、运输、销售等诸多过程，小麦的价值逐渐转移到面粉中，直到消费者购买面粉，小麦和面粉的价值才算最终得到实现。参照 Gardner（1975）的模型，我们将小麦的流通，包括收购、储存、加工、运输、销售等诸多环节作为一个整体，参与流通的厂商也视为一个营销企业，这个营销企业也是追求利润最大化的，小麦是其生产投入的一部分，小麦价格的变化会影响营销企业的生产成本，从而决定营销企业对小麦的需求，但这种需求是消费者对面粉需求的派生物。我们假设营销企业有两种生产投入，小麦（$Q_f$）和营销投入（$b$），而且营销企业的生产函数是 CES 函数，因此，两种生产投入的替代弹性为常数，具体函数形式如下所示：

$$Q_m = A'[\alpha_3 Q_f^{\rho 2} + \alpha_4 b^{\rho 2}]^{\frac{m2}{\rho 2}} \tag{4-7}$$

$m2$ 与 $\rho 2$ 的含义与小麦生产函数相似，但是属于营销企业的，$0 < \alpha_3 < 1$，$0 < \alpha_4 < 1$，且 $\alpha_3 + \alpha_4 = 1$。因为营销企业是追求利润最大化的，其利润函数为：

$$\pi = P_m Q_m - P_f Q_f - P_b b$$

其中，$P_b$ 是营销投入的价格。对利润函数求一阶微分可以得到：

$$P_f = P_m \times MP_{Qf} \tag{4-8}$$

$$P_b = P_m \times MP_b \tag{4-9}$$

其中，$MP_{Qf}$ 和 $MP_b$ 分别表示小麦和营销投入的边际产出，$MP_{Qf} = \partial Q_m / \partial Q_f$，$MP_b = \partial Q_m / \partial b$，根据式（4-3）、式（4-4）可以求出营销企业对小麦和营销投入品的派生需求。

设营销投入品的生产函数为：

$$b = A \times (\alpha_7 L^{\rho 4} + \alpha_8 K^{\rho 4})^{\frac{m4}{\rho 4}} \tag{4-10}$$

根据利润最大化原理，经推算可得营销投入品的供给函数：

$$b = \left(\frac{r_b}{P_b m4 \alpha_8}\right)^{\frac{m4}{m4-1}} A^{\frac{1}{1-m4}} \left[\alpha_7 \left(\frac{w_b}{r_b} \times \frac{\alpha_8}{\alpha_7}\right)^{\frac{\rho 4}{\rho 4-1}} + \alpha_8\right)^{\frac{m4(\rho 4-1)}{\rho 4(m4-1)}} \tag{4-11}$$

其中，$w_b$ 与 $r_b$ 是生产营销投入品的劳动力与资本的价格，$m4$ 与 $\rho4$ 的含义与小麦生产函数相似，但是属于营销投入品生产的，$0<\alpha_7<1$，$0<\alpha_8<1$，且 $\alpha_7+\alpha_8=1$。

## 二、结构模型

将上述中关于小麦生产、面粉消费和市场流通的模型进行整理，并重新编号得：

$$Q_m=\frac{I(P_m\alpha_6)^{\frac{1}{\rho3-1}}}{P_m^{\frac{\rho3}{\rho3-1}}\alpha_6^{\frac{1}{\rho3-1}}+P_s^{\frac{\rho3}{\rho3-1}}\alpha_5^{\frac{1}{\rho3-1}}} \tag{4-12}$$

$$Q_f=\left(\frac{r_f}{P_f m1\alpha_2}\right)^{\frac{m1}{m1-1}}\times A^{\frac{1}{1-m1}}\left[\alpha_1\left(\frac{w_f}{r_f}\times\frac{\alpha_2}{\alpha_1}\right)^{\frac{\rho1}{\rho1-1}}+\alpha_2\right]^{m1(\rho1-1)/\rho1(m1-1)} \tag{4-13}$$

$$Q_m=A'[\alpha_3Q_f^{\rho2}+\alpha_4b^{\rho2}]^{\frac{m2}{\rho2}} \tag{4-14}$$

$$P_f=P_m\times MP_{Qf} \tag{4-15}$$

$$P_b=P_m\times MP_b \tag{4-16}$$

$$b=\left(\frac{r_b}{P_b m4\alpha_8}\right)^{\frac{m4}{m4-1}}A^{\frac{1}{1-m4}}\left[\alpha_7\left(\frac{w_b}{r_b}\times\frac{\alpha_8}{\alpha_7}\right)^{\frac{\rho4}{\rho4-1}}+\alpha_8\right)^{\frac{m4(\rho4-1)}{\rho4(m4-1)}} \tag{4-17}$$

这是一个包含六个内生变量的联立方程组，内生变量为：$Q_f$，$P_f$，$Q_m$，$P_m$，$b$，$P_b$。外生变量包括 $I$，$P_s$，$w_f$，$r_f$，$w_b$，$r_b$。这六个方程组成了一个初始均衡市场，它在外生冲击下会发生一系列反应，并逐渐移动到新的均衡。外生冲击下的均衡移动可以通过对上述六式求全微分来分析。经过全微分变换的结果如下所示：

$$d\ln Q_m=d\ln I+\frac{\rho3}{\rho3-1}\left[\left(\frac{1}{\rho3}-\frac{1}{1+\left(\frac{P_s}{P_m}\right)^{\frac{\rho3}{\rho3-1}}\left(\frac{\alpha_5}{\alpha_6}\right)^{\frac{1}{\rho3-1}}}\right)d\ln P_m-\frac{1}{1+\left(\frac{P_m}{P_s}\right)^{\frac{\rho3}{\rho3-1}}\left(\frac{\alpha_6}{\alpha_5}\right)^{\frac{1}{\rho3-1}}}d\ln P_s\right] \tag{4-18}$$

$$d\ln Q_f = \frac{m1}{1-m1}\left(d\ln P_f - \frac{1}{1+\left(\frac{r_f}{w_f}\right)^{\frac{\rho 1}{\rho 1-1}}\left(\frac{\alpha_1}{\alpha_2}\right)^{\frac{1}{\rho 1-1}}}d\ln w_f - \frac{1}{1+\left(\frac{w_f}{r_f}\right)^{\frac{\rho 1}{\rho 1-1}}\left(\frac{\alpha_2}{\alpha_1}\right)^{\frac{1}{\rho 1-1}}}d\ln r_f\right) \tag{4-19}$$

$$d\ln Q_m = m2\left(\frac{1}{1+\frac{\alpha_4}{\alpha_3}\left(\frac{b}{Q_f}\right)^{\rho 2}}d\ln Q_f + \frac{1}{1+\frac{\alpha_3}{\alpha_4}\left(\frac{Q_f}{b}\right)^{\rho 2}}d\ln b\right) \tag{4-20}$$

$$d\ln P_f = d\ln P_m + \left[\rho 2 - 1 + \frac{m2-\rho 2}{1+\left(\frac{b}{Q_f}\right)^{\rho 2}\frac{\alpha_4}{\alpha_3}}\right]d\ln Q_f + \frac{m2-\rho 2}{1+\left(\frac{Q_f}{b}\right)^{\rho 2}\frac{\alpha_3}{\alpha_4}}d\ln b \tag{4-21}$$

$$d\ln P_b = d\ln P_m + \left[\rho 2 - 1 + \frac{m2-\rho 2}{1+\left(\frac{Q_f}{b}\right)^{\rho 2}\frac{\alpha_3}{\alpha_4}}\right]d\ln b + \frac{m2-\rho 2}{1+\left(\frac{b}{Q_f}\right)^{\rho 2}\frac{\alpha_4}{\alpha_3}}d\ln Q_f \tag{4-22}$$

$$d\ln b = \frac{m4}{1-m4}\left(d\ln P_b - \frac{1}{1+\frac{r_b}{w_b}^{\frac{\rho 4}{\rho 4-1}}\left(\frac{\alpha_7}{\alpha_8}\right)^{\frac{1}{\rho 4-1}}}d\ln w_b - \frac{1}{1+\left(\frac{w_b}{r_b}\right)^{\frac{\rho 4}{\rho 4-1}}\left(\frac{\alpha_8}{\alpha_7}\right)^{\frac{1}{\rho 4-1}}}d\ln r_b\right) \tag{4-23}$$

从式（4－18）～式（4－23）全微分的表达式中，我们可以得到一些常用弹性的表达式，这里先在表4－1中表示出来。这些弹性表达式，根据前人的研究结果，既可以帮助我们求解原结构方程中的参数，又可以考察后面政策模拟过程中初始值设定的合理性。

**表4－1　一些常用弹性的表达式**

| 符号 | 含义 | 表达式 |
|---|---|---|
| $\eta$ | 面粉自价格弹性 | $\frac{1}{\rho 3-1}-\frac{\rho 3}{\rho 3-1}\times\frac{1}{1+\left(\frac{\alpha_5}{\alpha_6}\right)^{\frac{1}{\rho 3-1}}\left(\frac{P_s}{P_m}\right)^{\frac{\rho 3}{\rho 3-1}}}$ |
| $\eta_{ps}$ | 面粉对其他商品价格的需求弹性 | $-\frac{\rho 3}{\rho 3-1}\times\frac{1}{1+\left(\frac{\alpha_6}{\alpha_5}\right)^{\frac{1}{\rho 3-1}}\left(\frac{P_m}{P_s}\right)^{\frac{\rho 3}{\rho 3-1}}}$ |

续表

| 符号 | 含义 | 表达式 |
|---|---|---|
| $e_{Qf}$ | 小麦供给价格弹性 | $\frac{m1}{1-m1}>0$，$0<m1<1$ |
| $e_b$ | 营销投入品供给价格弹性 | $\frac{m4}{1-m4}$ |

根据经济学原理，商品的自价格弹性应该是小于零的，小麦和营销投入一般应为正常商品，其供给价格弹性应大于零。如果我们只考虑面粉对其替代品的需求弹性，那么 $\eta_{P_s}>0$，由此可以推算出一些系数的取值范围：$0<m1$，$m4<1$，$0<\rho3<1$。

为表达简便，把式（4－19）～式（4－23）记为矩阵形式，可表示为：

$A_1\times B=C_1$

其中：

$$A_1=\begin{pmatrix} 1 & 0 & 0 & -\frac{\rho_3}{\rho3-1}\left(\frac{1}{\rho3}-\frac{1}{1+\left(\frac{\alpha_5}{\alpha_6}\right)^{\frac{1}{\rho3-1}}\left(\frac{P_s}{P_m}\right)^{\frac{\rho3}{\rho3-1}}}\right) & 0 & 0 \\ 1 & \frac{-m2}{1+\frac{\alpha_4}{\alpha_3}\left(\frac{b}{Q_f}\right)^{\rho2}} & \frac{-m2}{1+\frac{\alpha_3}{\alpha_4}\left(\frac{Q_f}{b}\right)^{\rho2}} & 0 & 0 & 0 \\ 0 & -\left(\rho2-1+\frac{m2-\rho2}{1+\frac{\alpha_4}{\alpha_3}\left(\frac{b}{Q_f}\right)\rho^2}\right) & \frac{-(m2-\rho2)}{1+\frac{\alpha_3}{\alpha_4}\left(\frac{Q_f}{b}\right)\rho^2} & -1 & 1 & 0 \\ 0 & -\frac{m2-\rho2}{1+\frac{\alpha_4}{\alpha_3}\left(\frac{b}{Q_f}\right)\rho^2} & -\left(\rho2-1+\frac{m2-\rho2}{1+\frac{\alpha_3}{\alpha_4}\left(\frac{Q_f}{b}\right)\rho^2}\right) & -1 & 0 & 1 \\ 0 & 1 & 0 & 0 & \frac{m1}{m1-1} & 0 \\ 0 & 0 & 1 & 0 & 0 & \frac{m4}{m4-1} \end{pmatrix}$$

$B=(d\ln Q_m\quad d\ln Q_f\quad d\ln b\quad d\ln P_m\quad d\ln P_f\quad d\ln P_b)$

$$C_1 = \begin{pmatrix} d\ln I - \dfrac{\rho 3}{\rho 3 - 1} \times \dfrac{1}{1 + \left(\dfrac{\alpha_6}{\alpha_5}\right)^{\frac{1}{\rho 3 - 1}} \left(\dfrac{P_m}{P_s}\right)^{\frac{\rho 3}{\rho 3 - 1}}} d\ln P_s \\ 0 \\ 0 \\ 0 \\ \dfrac{m1}{m1 - 1}\left(\dfrac{1}{1 + \left(\dfrac{\alpha_1}{\alpha_2}\right)^{\frac{1}{\rho 1 - 1}} \left(\dfrac{r_f}{w_f}\right)^{\frac{\rho 1}{\rho 1 - 1}}} d\ln w_f + \dfrac{1}{1 + \left(\dfrac{\alpha_2}{\alpha_1}\right)^{\frac{1}{\rho 1 - 1}} \left(\dfrac{w_f}{r_f}\right)^{\frac{\rho 1}{\rho 1 - 1}}} d\ln r_f\right) \\ \dfrac{m4}{m4 - 1}\left(\dfrac{1}{1 + \left(\dfrac{\alpha_7}{\alpha_8}\right)^{\frac{1}{\rho 4 - 1}} \left(\dfrac{r_b}{w_b}\right)^{\frac{\rho 4}{\rho 4 - 1}}} d\ln w_b + \dfrac{1}{1 + \left(\dfrac{\alpha_8}{\alpha_7}\right)^{\frac{1}{\rho 4 - 1}} \left(\dfrac{w_b}{r_b}\right)^{\frac{\rho 4}{\rho 4 - 1}}} d\ln r_b\right) \end{pmatrix}$$

## 三、外部冲击的影响

### （一）面粉需求变化的影响

假定外生变量之间相互独立，对方程 $A_1 \times B = C_1$ 运用克莱姆法则求解，可以得出影响面粉需求变化的外生变量（包括消费支出和其他商品价格）变化，对各内生变量的总影响。因为各内生变量之间是相互影响的，外部冲击对面粉市场的影响会引起各内生变量的交互变化，最终达到新的平衡点。用克莱姆法则求解的结果就是这一新均衡的最终结果。求解结果如下所示：

$$
\begin{bmatrix} E_{Q_m,j} \\ E_{Q_f,j} \\ E_{b,j} \\ E_{pm,j} \\ E_{pf,j} \\ E_{pb,j} \end{bmatrix} = \begin{bmatrix} -\eta_j \times m2\left[\dfrac{\dfrac{m1}{1-m1}}{1+\dfrac{\alpha_4}{\alpha_3}\left(\dfrac{b}{Q_f}\right)^{\rho 2}} + \dfrac{\dfrac{m4}{1-m4}}{1+\dfrac{\alpha_3}{\alpha_4}\left(\dfrac{Q_f}{b}\right)^{\rho 2}} + \dfrac{m1}{1-m1}\times\dfrac{m4}{1-m4}(1-\rho 2)\right]/D \\ -\eta_j \times \dfrac{m1}{1-m1}\left[1+\dfrac{m4}{1-m4}(1-\rho 2)\right]/D \\ -\eta_j \times \dfrac{m4}{1-m4}\left[1+\dfrac{m1}{1-m1}(1-\rho 2)\right]/D \\ -\eta_j\left[1-\dfrac{m4}{1-m4}\left(\rho 2-1+\dfrac{m2-\rho 2}{1+\dfrac{\alpha_3}{\alpha_4}\left(\dfrac{Q_f}{b}\right)\rho 2}\right)-\dfrac{m1}{1-m1}\left(\rho 2-1+\dfrac{m2-\rho 2}{1+\dfrac{\alpha_4}{\alpha_3}\left(\dfrac{b}{Q_f}\right)\rho 2}\right)\right. \\ \left. +\dfrac{m1}{1-m1}\times\dfrac{m4}{1-m4}(\rho 2-1)(m2-1)\right]/D \\ -\eta_j\left[1+\dfrac{m4}{1-m4}(1-\rho 2)\right]/D \\ -\eta_j\left[1+\dfrac{m1}{1-m1}(1-\rho 2)\right]/D \end{bmatrix}
$$

其中，$j=P_s$，$I$，$\eta_{P_s}$为面粉对其他商品的需求价格弹性，$\eta_I=1$，$D=|A|=$

$$
\frac{m4}{m4-1}\times\frac{m2}{1+\dfrac{\alpha_3}{\alpha_4}\left(\dfrac{Q_f}{b}\right)^{\rho 2}}+\frac{m1}{m1-1}\times\frac{m2}{1+\dfrac{\alpha_4}{\alpha_3}\left(\dfrac{b}{Q_f}\right)^{\rho 2}}+\frac{m1}{m1-1}\times\frac{m4}{m4-1}\times m2(\rho 2-1)+\eta\times
$$

$$
\left[1+(\rho 2-1)\left(\frac{m4}{m4-1}+\frac{m1}{m1-1}+\frac{m1}{m1-1}\times\frac{m4}{m4-1}(m2-1)\right)+\frac{m4}{m4-1}\times\frac{m2-\rho 2}{1+\dfrac{\alpha_3}{\alpha_4}\left(\dfrac{Q_f}{b}\right)^{\rho 2}}+\right.
$$

$$
\left.\frac{m1}{m1-1}\times\frac{m2-\rho 2}{1+\dfrac{\alpha_4}{\alpha_3}\left(\dfrac{b}{Q_f}\right)^{\rho 2}}\right]。
$$

（二）小麦生产方面变化的影响

对方程 $A_1\times B=C_1$ 运用克莱姆法则求解的结果，同样可以得到小麦生产中投入要素价格($w_f$，$r_f$)变化对各内生变量的影响，结果整理如下：

$$\begin{bmatrix} E_{Q_m,i} \\ E_{Q_f,i} \\ E_{b,i} \\ E_{pm,i} \\ E_{pf,i} \\ E_{pb,i} \end{bmatrix} = \begin{bmatrix} ei\times\eta\times\left[\dfrac{m2}{1+\dfrac{\alpha_4}{\alpha_3}\left(\dfrac{b}{Q_f}\right)^{\rho 2}}+\dfrac{m4}{m4-1}\times\dfrac{m2(\rho 2-1)}{1+\dfrac{\alpha_4}{\alpha_3}\left(\dfrac{b}{Q_f}\right)^{\rho 2}}\right]/D \\ ei\,\dfrac{m4}{m4-1}\left[\dfrac{m2}{1+\dfrac{\alpha_3}{\alpha_4}\left(\dfrac{Q_f}{b}\right)^{\rho 2}}+\eta\left(\rho 2-1+\dfrac{m2-\rho 2}{1+\dfrac{\alpha_3}{\alpha_4}\left(\dfrac{Q_f}{b}\right)^{\rho 2}}+\dfrac{m4-1}{m4}\right)\right]/D \\ ei\,\dfrac{m4}{1-m4}\left[\dfrac{m2}{1+\dfrac{\alpha_4}{\alpha_3}\left(\dfrac{b}{Q_f}\right)^{\rho 2}}+\eta\,\dfrac{m2-\rho 2}{1+\dfrac{\alpha_4}{\alpha_3}\left(\dfrac{b}{Q_f}\right)^{\rho 2}}\right]/D \\ ei\times\left[\dfrac{m2}{1+\dfrac{\alpha_4}{\alpha_3}\left(\dfrac{b}{Q_f}\right)^{\rho 2}}+\dfrac{m4}{m4-1}\times\dfrac{m2(\rho 2-1)}{1+\dfrac{\alpha_4}{\alpha_3}\left(\dfrac{b}{Q_f}\right)^{\rho 2}}\right]/D \\ ei\,\dfrac{m4}{m4-1}\left[\dfrac{m2}{1+\dfrac{\alpha_4}{\alpha_3}\left(\dfrac{b}{Q_f}\right)^{\rho 2}}\,\dfrac{m4-1}{m4}+m2(\rho 2-1)+\eta\left[\dfrac{m4-1}{m4}\left(\rho 2-1+\dfrac{m2-\rho 2}{1+\dfrac{\alpha_4}{\alpha_3}\left(\dfrac{b}{Q_f}\right)^{\rho 2}}\right)+(\rho 2-1)(m2-1)\right]\right]/D \\ ei\left[\dfrac{m2}{1+\dfrac{\alpha_4}{\alpha_3}\left(\dfrac{b}{Q_f}\right)^{\rho 2}}+\eta\times\dfrac{m2-\rho 2}{1+\dfrac{\alpha_4}{\alpha_3}\left(\dfrac{b}{Q_f}\right)^{\rho 2}}\right]/D \end{bmatrix}$$

其中，$i=w_f$，$r_f$，$ew_f=\dfrac{m1}{m1-1}\times\dfrac{1}{1+\left(\dfrac{\alpha_1}{\alpha_2}\right)^{\frac{1}{\rho 1-1}}\left(\dfrac{r_f}{w_f}\right)^{\frac{\rho 1}{\rho 1-1}}}<0$，$er_f=\dfrac{m1}{m1-1}\times\dfrac{1}{1+\left(\dfrac{\alpha_2}{\alpha_1}\right)^{\frac{1}{\rho 1-1}}\left(\dfrac{w_f}{r_f}\right)^{\frac{\rho 1}{\rho 1-1}}}<0$。

（三）营销投入供给变化的影响

对方程 $A_1\times B=C_1$ 运用克莱姆法则求解的结果，还可以得到营销投入供给中投入要素价格($w_b$，$r_b$)变化对各内生变量的影响，结果整理如下：

$$
\begin{bmatrix} E_{Q_m,l} \\ E_{Q_f,l} \\ E_{b,l} \\ E_{Pm,l} \\ E_{Pf,l} \\ E_{Pb,l} \end{bmatrix}
=
\begin{bmatrix}
el\times\eta\times\left[\dfrac{1-m1\rho2}{1-m1}\times\dfrac{m2}{1+\dfrac{\alpha_3}{\alpha_4}\left(\dfrac{Q_f}{b}\right)^{\rho2}}\right]/D \\[2ex]
el\times\dfrac{m1}{1-m1}\left[\dfrac{m2}{1+\dfrac{\alpha_3}{\alpha_4}\left(\dfrac{Q_f}{b}\right)^{\rho2}}+\eta\times\dfrac{m2-\rho2}{1+\dfrac{\alpha_3}{\alpha_4}\left(\dfrac{Q_f}{b}\right)^{\rho2}}\right]/D \\[2ex]
el\times\dfrac{m1}{m1-1}\left[\dfrac{m2}{1+\dfrac{\alpha_4}{\alpha_3}\left(\dfrac{b}{Q_f}\right)^{\rho2}}+\eta\times\left(\rho2-1+\dfrac{m2-\rho2}{1+\dfrac{\alpha_4}{\alpha_3}\left(\dfrac{b}{Q_f}\right)^{\rho2}}+\dfrac{m1-1}{m1}\right)\right]/D \\[2ex]
el\times\dfrac{m2}{1+\dfrac{\alpha_3}{\alpha_4}\left(\dfrac{Q_f}{b}\right)^{\rho2}}\left[1+\dfrac{m1}{1-m1}(1-\rho2)\right]/D \\[2ex]
el\times\left[\dfrac{m2}{1+\dfrac{\alpha_3}{\alpha_4}\left(\dfrac{Q_f}{b}\right)^{\rho2}}+\eta\times\dfrac{m2-\rho2}{1+\dfrac{\alpha_3}{\alpha_4}\left(\dfrac{Q_f}{b}\right)^{\rho2}}\right]/D \\[2ex]
el\times\dfrac{m1}{m1-1}\left[\dfrac{m2}{1+\dfrac{\alpha_3}{\alpha_4}\left(\dfrac{Q_f}{b}\right)^{\rho2}}\times\dfrac{m1-1}{m1}+m2(\rho2-1)+\eta\left[\dfrac{m1-1}{m1}\left(\rho2-1+\dfrac{m2-\rho2}{1+\dfrac{\alpha_3}{\alpha_4}\left(\dfrac{Q_f}{b}\right)^{\rho2}}\right)\right.\right. \\
\left.\left.+(\rho2-1)(m2-1)\right]\right]/D
\end{bmatrix}
$$

其中，$l=w_b$，$r_b$，$ew_b=\dfrac{m4}{m4-1}\times\dfrac{1}{1+\left(\dfrac{\alpha_7}{\alpha_8}\right)^{\frac{1}{\rho4-1}}\left(\dfrac{r_b}{w_b}\right)^{\frac{\rho4}{\rho4-1}}}<0$，$er_b=\dfrac{m4}{m4-1}\times$
$\dfrac{1}{1+\left(\dfrac{\alpha_8}{\alpha_7}\right)^{\frac{1}{\rho4-1}}\left(\dfrac{w_b}{r_b}\right)^{\frac{\rho4}{\rho4-1}}}<0$。

## 四、对理论结果的分析

通过对结构模型的推导，可以得出各外生变量变化对内生变量的总影响，并得到最终的模型简化形式，表示如下：

$$d\ln Q_m = E_{Qm,Ps}d\ln P_s + E_{Qm,I}d\ln I + E_{Qm,wf}d\ln w_f + E_{Qm,rf}d\ln r_f + E_{Qm,wb}d\ln w_b + E_{Qm,rb}d\ln r_b \tag{4-24}$$

$$d\ln Q_f = E_{Qf,Ps}d\ln P_s + E_{Qf,I}d\ln I + E_{Qf,wf}d\ln w_f + E_{Qf,rf}d\ln r_f + E_{Qf,wb}d\ln w_b + E_{Qf,rb}d\ln r_b \tag{4-25}$$

$$d\ln b = E_{b,Ps}d\ln P_s + E_{b,I}d\ln I + E_{b,wf}d\ln w_f + E_{b,rf}d\ln r_f + E_{b,wb}d\ln w_b + E_{b,rb}d\ln r_b \tag{4-26}$$

$$d\ln P_f = E_{Pf,Ps}d\ln P_s + E_{Pf,I}d\ln I + E_{Pf,wf}d\ln w_f + E_{Pf,rf}d\ln r_f + E_{Pf,wb}d\ln w_b + E_{Pf,rb}d\ln r_b \tag{4-27}$$

$$d\ln P_m = E_{Pm,Ps}d\ln P_s + E_{Pm,I}d\ln I + E_{Pm,wf}d\ln w_f + E_{Pm,rf}d\ln r_f + E_{Pm,wb}d\ln w_b + E_{Pm,rb}d\ln r_b \tag{4-28}$$

$$d\ln P_b = E_{Pb,Ps}d\ln P_s + E_{Pb,I}d\ln I + E_{Pb,wf}d\ln w_f + E_{Pb,rf}d\ln r_f + E_{Pb,wb}d\ln w_b + E_{Pb,rb}d\ln r_b \tag{4-29}$$

由简化模型（4－24）～模型（4－29）可以看出，所有内生变量均受到其他商品价格、消费支出、小麦生产劳动力与资本投入价格、营销投入品生产劳动力与资本投入价格等外生变量的影响，虽然我们主要关注的是小麦与面粉价格的变化，也就是模型（4－27）和模型（4－28），但是另外几个式子在我们分析价格传递时也会用到。下面从理论上分析外部冲击对内生变量主要是小麦与面粉价格的影响。

### （一）面粉需求方面

对面粉需求方面的冲击主要来自其他消费品的价格以及消费支出的变化。首先我们来分析其他消费品价格变化对小麦和面粉价格的影响。

其他消费品可以划分为很多种类，可以是面粉的替代品，也可以是面粉的互补品或独立品，不同品种的消费品价格变化的影响也有很大差异。但由于互补品和独立品的定义范围还存在一定争议，因为粮食是最基本的商品，与其他商品的关系比较复杂，并不能十分明确地划分出面粉的互补品和独立品究竟是哪些消费品。因此，这里我们仅讨论面粉替代品价格变化的影响。面粉是人们最重要的口粮之一，而对它产生最明显替代作用的是大米。如果大米价格升高，在其他条件不变的情况下，大米需求下降，面粉需求量增加，相反，如果大米价格下跌，面粉需求就会下降，因此，面粉对替代品的价格（$P_s$）的需求弹性是大于零的，即 $\eta_{ps}>0$，$E_{Qm,Ps}>0$。而面粉的需求与小麦的需求是密切相关的，小麦的需求是消费者对面粉需求的派生物，因此，决定营销企业对小麦需求的因素主要是面粉需求是否旺盛，然后才是小麦价格的高低。从第三章小麦价格的周期变化中可以看到，面粉需求的变化是最终影响小麦价格水平的关键因素，因为虽然收购企业的收购量也是小麦价格的重要依托，但是收购企业并不能直接消化小麦，需要将小麦出售给面粉加工企业才能获得自己的利润，只有面粉加工企业的需求旺盛，才能决定小麦价格有长期的上涨潜力，而面粉企业的小麦需求是与面粉价格成正比的，即面粉需求增加会拉动面粉加工企业对小麦的需求，在供给相对稳定的情况下，小麦需求增加会拉动小麦价格上升，所以 $E_{Pf,Ps}>0$。

根据本节第三部分的推导过程，$E_{Pf,Ps}=-\eta_{Ps}\left[1+\frac{m4}{1-m4}(1-\rho 2)\right]/D$，而 $E_{Qf,Ps}=-\eta_{Ps}\times\frac{m1}{1-m1}\left[1+\frac{m4}{1-m4}(1-\rho 2)\right]/D>0$，根据 $m1$ 的取值范围 $0<m1<1$，可以得出 $m1/(1-m1)>0$，因此 $E_{Qf,Ps}>0$，即面粉替代品价格上升（下降），最终会引起小麦需求量上升（下降），并最终拉动小麦生产上升（下降）。

下面我们来分析消费支出变化对小麦和面粉价格的影响。面粉属于正常商品，随着消费支出的提高，面粉的消费需求也会逐渐增加。由于选择 CES 生产函数形式，在本书中面粉的需求支出弹性 $\eta_I=1$，因此，消费支出的增加将会同比例地提高消费者对面粉的消费需求，在其他条件不变的情况下，面粉的价格会有所上升，面粉加工企业会增加面粉的生产量，从而扩大对小麦的需求，由于小麦的供给在收获期之前是相对稳定的，需求的增加会推动小麦价格的上升，从长期角度来看，小麦价格的上升会刺激农民种植小麦的积极性，从而增加未来小麦的生产量。因此，$E_{Pm,I}>0$，$E_{Pf,I}>0$，$E_{Qm,I}>0$，$E_{Qf,I}>0$。

但随着人们生活水平的提高和膳食结构的改变，会逐渐增加对蔬菜、肉、蛋、奶等的需求，而相对减少对主食包括面粉的需求，此时面粉就会成为经济学意义上的劣等品，那么面粉的需求消费支出弹性 $\eta_1=1$ 也就不再成立了，为简化本书不讨论这种情况。

虽然面粉需求方面的变化对小麦和面粉的价格都有影响，但影响程度是不同的，即面粉需求变化可能会使小麦与面粉的价差发生变化。描述小麦与面粉价差的方法有很多种，包括$(P_m-P_f)$，$P_m/P_f$ 或者是小麦生产者份额的变化（Gardner，1975），使用 $P_m/P_f$ 衡量外生变量变化对小麦与面粉的价差的影响。

$$E_{(P_m/P_f),j}=E_{Pm,j}-E_{Pf,i}=\eta_j\left[\frac{m2-p2}{1+\frac{\alpha_3}{\alpha_4}\left(\frac{Q_f}{b}\right)^{\rho 2}}\left(\frac{m4}{1-m4}-\frac{m1}{1-m1}\right)+\frac{m1}{1-m1}(m2-1)\left(\frac{1}{1-m4}-\frac{m4}{1-m4}\rho 2\right)\right]/D$$

其中，$j=P_s$，$I$，通过检验 $E_{(Pm/Pf),j}$的符号可以看出，面粉需求方面的变化对小麦和面粉价差的影响。如果 $E_{(Pm/Pf),j}>0$，则说明面粉需求方面变化对面粉价格的影响程度要大于对小麦价格的影响程度，从而使两者价格的差距扩大。

（二）小麦生产方面

小麦生产方面对小麦及面粉价格的影响，主要是指小麦生产成本变化，即劳动力投入价格和资本投入价格变化的影响。如果投入品价格上升，农民种植小麦的生产成本会增加，会打击农民种植小麦的积极性，小麦产量会有所下降，在需求存在一定刚性的情况下，会推动小麦价格的上升。而由于小麦成本一般占到面粉生产成本的95%左右（冀鸿远，2006），因此，小麦价格的上升也会推动面粉价格的上涨。所以，$E_{Pf,wf}>0$，$E_{Pf,rf}>0$，$E_{Pm,wf}>0$，$E_{Pm,rf}>0$。

小麦生产成本变化对小麦与面粉价差的影响：

$$E_{(Pm/Pf),i}=E_{Pm,i}-E_{Pf,i}=ei\left[\frac{1}{1+\frac{\alpha_3}{\alpha_4}\left(\frac{Q_f}{b}\right)^{\rho2}}\left[\eta(m2-\rho2)-\frac{m4}{m4-1}m2(\rho2-1)\right]-\right.$$

$$\left.\eta(m2-1)\left(1+\frac{m4}{m4-1}(\rho2-1)\right)\right]/D$$

其中，$i=w_f$，$r_f$

（三）营销投入供给方面

营销投入供给对小麦和面粉价格的影响，主要是指营销投入品生产中的劳动力和资本投入价格变化的影响。由于营销投入品是面粉生产、运输、销售过程中的重要组成部分，因此，营销投入品的生产成本直接影响面粉的供给，并间接影响小麦的需求。如果营销投入品生产中的劳动力与资本投入价格上升，即营销投入品生产成本增加，直接推动面粉价格的上涨，并影响消费者对面粉的需求，此时可能会出现两种结果：一种情况是营销企业为了降低面粉的成本，会用更多的小麦来替代营销投入品，增加了对小麦的需求，从而推动小麦价格上升，即 $E_{Pf,l}>0$，其中，$l=w_b$，$r_b$，但这种情况出现的假定前提是小麦与营销投入品之间具有无限替代弹性。另一种情况是营销企业会减少面粉生产以降低亏损，这时对小麦的需求会下降，使小麦价格下跌，即 $E_{Pf,l}<0$，其中，$l=w_b$，$r_b$，这种情况出现的假定前提是小麦与营销投入品之间的替代弹性是有限的，使用小麦替代营销投入品仍会不可避免地带来面粉价格的上升，但面粉价格的上涨空间并不是很大。在现实生活中，小麦与营销投入的替代弹性无穷大是不存在的，许多文献表明，食品加工业中原材料与其他投入的替代弹性是比较小的（Gardner，1975，Wohlgenant，1989），一般不会大于1，因此，第一种情况出现的可能性很小。

我们仍然可以事先推导出营销投入品生产成本变化对小麦和面粉价格变化影响程度的表达式，具体的分析放在第六章。

$$E_{(Pm/Pf),l} = E_{Pm,l} - E_{Pf,l} = el \times \frac{m2}{1 + \frac{\alpha_3}{\alpha_4}\left(\frac{Q_f}{b}\right)^{\rho 2}}\left[\frac{m1}{1 - m1}(1 - \rho 2) - \eta \times \frac{m2 - \rho 2}{m2}\right]/D$$

其中，$l = w_b$，$r_b$。

（四）关于价格传递的讨论

根据前面理论推导的结果，我们还可以进一步讨论小麦市场的价格传递关系。本书讨论的价格传递主要分为两个方面：

首先，计算价格传递弹性。参考前人价格传递弹性的计算公式（Gardner，1975；王秀清等，2007），本书计算小麦收购市场与面粉销售市场之间的价格传递弹性，以考察外生变量冲击会如何影响小麦与面粉之间的价格传递。价格传递弹性主要分为两类，一类是由于小麦供给方面的外生冲击所导致的从小麦收购到面粉零售之间的价格传递，这里需要的价格弹性计算公式为：

$\tau^{f \to r} = \dfrac{d\ln P_m / d\ln Z}{d\ln P_f / d\ln Z} = \dfrac{E_{Pm,Z}}{E_{Pm,Z}}$，其中，$Z = w_f$，$r_f$

另一类是由于面粉需求方面的外生冲击所导致的从面粉零售到小麦收购之间的价格传递，需要计算的价格弹性公式为：

$\tau^{r \to r} = \dfrac{d\ln P_f / d\ln N}{d\ln P_m / d\ln Z} = \dfrac{E_{Pf,N}}{E_{Pm,N}}$，其中，$N = P_s$，$I$

其次，对柯炳生（1991）提出的粮食市场价格对反映粮食产量的变化而言具有放大效应这一论断在小麦市场进行验证，需要比较各外生变量变化对小麦产量及小麦价格影响的绝对值，例如，面粉需求方面其他商品价格变化对小麦产量的影响如简化模型（4－25）中 $E_{Qf,Ps}$，而它对小麦价格的影响如简化模型（4－27）中 $E_{Pf,Ps}$，如果 $E_{Qf,Ps} > E_{Pf,Ps}$，则说明其他商品价格变化所引起的小麦产量的变化幅度要大于小麦价格，此时小麦价格具有缩小效应，如果 $E_{Qf,Ps} < E_{Pf,Ps}$，小麦价格具有放大效应，如果两者相等，则小麦价格具有“镜面效应”（辛贤，2000）。同理我们也可以比较面粉销售价格对面粉产量变化是否具有放大效应。

## 第二节 非完全竞争市场下的分析框架

虽然完全竞争市场的假设前提可以使我们的讨论简化，但由于其严格的假定条件而使真正意义上的完全竞争市场在现实生活中是不存在的。为了使分析框架更加接近现实，有必要放松完全竞争市场的假设。在非完全竞争情况下，某些拥有市场力量的企业具备一定的力量来操控市场价格，会对市场上流通的产品价格形成造成影响，并会干扰同一产业链上产品的纵向价格传递。“就农业产业链而言，在农产品收购环节农民常常不得不面对买方寡占力量，而在食品零售环节广大消费者又不得不面对零售商的卖方寡占力量，市场力量的存在与变化直接影响到农业产业链条两端乃至营销企业的福利”（王秀清等，2007）。“在农产品的首次销售中，数量众多的、组织化程度较低的农户面对着相对较少的买方，在最终销售中，是相对较少的卖方面对众多的、分散的消费者，如此，形成了一个双喇叭形的结构。在这样的市场结构中，农户处于相对不利的市场地位，买卖双方间缺乏有效的竞争。我国农产品市场结构不仅具有喇叭形的典型特征，而且在各种因素影响下得到不断强化，其喇叭口径更大，使农户处于绝对不利的市场地位”（马龙龙，裴艳丽，2002）。可见农产品市场上的非完全竞争情况有可能使营销企业与农户的利益均受到损害，对于消费者的利益，也有很多学者证明在农产品产业链中由于市场力量的存在往往会使消费者无法完全享受农产品价格下降所带来的好处（McCorriston et al.，1998，2001）。

对于小麦收购市场，由于我国粮食收购市场上国有企业的特殊作用，使完全竞争市场更不可能存在。在我国放开粮食市场即2004年以前，“国有粮食系统基本上从未实现完全的垄断收购，但却保持了垄断地位。国有粮食企业之所以是垄断的，是因为只有它拥有固定的、完整的、专业的收购网络。而且它的收购权往往是一种优先权，例如，规定完成定购粮收购任务才能放开粮食市场等，在优先权执行期间，是事实的垄断”（冀名峰，2003）。“各类粮食加工企业必须向国有粮食收储企业或县级以上的粮食批发市场购买顺价销售的粮食，否则将被没收并处以罚款”（黄伟俊，2000）。“由于在区域批发市场，批发主体即卖者只有一个，就是国有粮食企业，而买者即零售商却众多，只能被动地接受国有粮食部门振振有词的所谓（顺价），这也是一个典型的卖方垄断”（邓大才，2004）。2004年的粮食流通体制改革，正式取消了所有地区的粮食定购任务和国有企业在粮食收购市场上的专项垄断，赋予其他形式粮食经营企业向农户收购粮食的权利，但从2005年和2006年中国储备粮管理集团有限公司进入小麦市场托市的情况来看，国有企业仍是小麦收购的主渠道，并且这种行为仍然影响着小麦市场的价格走势。例如，2006年中国储备粮管理集团有限公司的托市收购总量达到4122万吨，占六个主产省小麦总产量的比重达52.4%，使农民手中的余粮减少，到年底小麦需求高峰期时，粮食加工企业所能收购的新麦已经十分有限，因此，带动了小麦价格在第四季度出现上扬。从这些情况来看，不论国家是否放开了粮食收购市场，只要国家对小麦的市场价格进行宏观调控，就会影响到面粉加工企业的生产成本，从而影响面粉的销售价格。

另外，大部分的面粉加工企业都不是通过市场把产品直接销售给消费者，而是通过中间商进行销售，中间商具有与面粉加工企业讨价还价的能力（杨正中，2006），并且这种能力与中间商的规模呈正相关。由于我们将小麦流通过程中从农户出售小麦之后到消费者购买面粉之间的所有环节均视为一个营销企业，因此，消费者面对的是整个营销企业的最终端，即中间商，或进一步细化是其中的零售商，那么消费者面对的零售业是否是完全竞争的呢？答案是不确定的。在我国放开粮食销售之前，即实行统销阶段，不论是零售业还是中间商都是由国有企业垄断的。取消统销之后，零售市场进入了完全竞争的状态，各种零售业态如雨后春笋般出现，并互相争夺客源。超市的出现和发展壮大逐渐改变了传统的零售业态的竞争格局，并开始对食品纵向产业链的利益分配产生影响。从欧美发展的经历来看，超市集团通过其销售网络和资本形成了对上游企业的买方垄断势力，通过收取货架费的形式盘剥了食品加工企业乃至农民的利益，在面对消费者时，又凭借其广泛的连锁渠道使用价格歧视等方式掠取消费者剩余，形成一种卖方垄断的势力。虽然在我国还没有出现这样强大力量的超市集团，但“随着中国农改超进程的加快，超市和大卖场正在逐渐取代传统的农贸市场成为城市家庭采购食品的重要渠道。而根据中华商业信息中心的一份报告显示，到 2010 年，超市的食品销售额将占到社会食品销售总额的 90% 以上，超市作为零售终端，将成为最主要的食品销售渠道，与此同时食品销售在连锁超市的商品和利润结构中的比重将大大增加”（耿红利，2006）。因此，在讨论营销企业具有一定影响价格的市场力量时，对小麦市场价格形成及价格传递的影响具有一定的现实意义。

## 一、结构模型

在市场完全竞争的情况下，营销企业对小麦的需求价格等于小麦的边际价值，对营销投入品的需求价格也应等于营销投入品的边际价值，这就是式（4－15）与式（4－16）的含义。但是在非完全竞争下，情况会有所改变，因为这时单个企业的行为会对小麦和面粉价格产生影响。此时营销企业的生产函数分为两部分，一是整个行业的生产函数，二是单个企业的生产函数，我们将这两个生产函数表示为:

整个行业的生产函数:

$$Q_m = A'(\alpha_3 Q_f^{\rho 2} + \alpha_4 b^{\rho 2})^{\frac{m2}{\rho 2}} \tag{4-30}$$

单个企业的生产函数:

$$q_{mi} = A'_i(\alpha_3 q_{fi}^{\rho 2} + \alpha_4 b_i^{\rho 2})^{\frac{m2}{\rho 2}} \tag{4-31}$$

单个企业追求利润最大化的条件为:

$$\pi_i = P_m q_{mi} - (P_f q_{fi} + P_b b_i) \tag{4-32}$$

根据式（4－32）的一阶条件可以推导出单个企业的要素需求函数，具体推导过程见附录。然后假定各个企业的猜测弹性相同，通过求和可以得到整个行业的要素需求函数，即营销部门对小麦和营销投入品的需求函数。

$$P_m \times \frac{\partial Q_m}{\partial Q_f}\left(\frac{\theta}{\eta}+1\right) = P_f\left(\frac{\varepsilon}{e_{Qf}}+1\right) \tag{4-33}$$

$$P_m \times \frac{\partial Q_m}{\partial b}\left(\frac{\theta}{\eta}+1\right) = P_b \tag{4-34}$$

其中，$\theta$ 和 $\varepsilon$ 是营销企业在面粉零售环节和小麦收购环节的猜测弹性，$\eta$ 和 $e_{Qf}$分别是面粉需求弹性与小麦供给弹性。用式（4－33）和式（4－34）来代替完全竞争关于小麦生产、面粉消费和市场流通的结构模型中的式（4－15）与式（4－16），可以得到营销企业在小麦收购市场和面粉销售市场拥有寡占力量时的结构方程，仍包含六个内生变量：$Q_f$，$P_f$，$Q_m$，$P_m$，$b$，$P_b$。为考察这个均衡市场在外部冲击下的反应，仍需要对新的结构方程求全微分。由于六个方程中只有营销部门对小麦和营销投入品的需求函数有所改变，因此，在求全微分时也只有这两个式子发生变化。式（4－33）和式（4－34）求全微分的过程见附录。这里需要说明的是，由于使用的是 *CES* 函数形式，在上一节中我们也已经注明，小麦的供给弹性 $e_{Qf}=m1/(1-m1)$ 完全取决于小麦生产的规模报酬系数 $m1$，即只与小麦生产规模相关，与小麦价格没有直接关系，因此，$\partial e_{Qf}/\partial P_f=0$，由此 $\lambda=0$，那么 $\delta=0$，则营销企业对小麦需求函数的全微分形式为：

$$d\ln P_f = (1+\mu)d\ln P_m + \left[\rho2-1+\frac{m2-\rho2}{1+\frac{\alpha_4}{\alpha_3}\left(\frac{b}{Q_f}\right)^{\rho2}}\right]d\ln Q_f + \left[\frac{m2-\rho2}{1+\frac{\alpha_3}{\alpha_4}\left(\frac{Q_f}{b}\right)^{\rho2}}\right]d\ln b \tag{4-35}$$

营销企业对营销投入品的需求函数为：

$$d\ln P_b = (1+\mu)d\ln P_m + \left[\rho2-1+\frac{m2-\rho2}{1+\frac{\alpha_3}{\alpha_4}\left(\frac{Q_f}{b}\right)^{\rho2}}\right]d\ln b + \frac{m2-\rho2}{1+\frac{\alpha_4}{\alpha_3}\left(\frac{b}{Q_f}\right)^{\rho2}}d\ln Q_f \tag{4-36}$$

其中，$\mu = \frac{-\theta}{\theta+\eta} \times \varpi$，$\varpi = \frac{\partial\ln\eta}{\partial\ln P_m} = \frac{(\rho3)^2}{1-\rho3} \times \frac{1}{1+\left(\frac{\alpha_6}{\alpha_5}\right)^{\frac{1}{\rho3-1}}\left(\frac{P_m}{P_s}\right)^{\frac{\rho3}{\rho3-1}}} \times$

$$\frac{1}{1-\rho 3+\left(\frac{\alpha_5}{\alpha_6}\right)^{\frac{1}{\rho 3-1}}\left(\frac{P_s}{P_m}\right)^{\frac{\rho 3}{\rho 3-1}}}。$$

新的结构方程的全微分结果用矩阵形式表示为：

$A_3 \times B = C_3$

$$A_3=\begin{pmatrix}
1 & 0 & 0 & -\frac{\rho 3}{\rho 3-1}\left(\frac{1}{\rho 3}-\frac{1}{1+\left(\frac{\alpha_5}{\alpha_6}\right)^{\frac{1}{\rho 3-1}}\left(\frac{P_5}{P_m}\right)^{\frac{\rho 3}{\rho 3-1}}}\right) & 0 & 0\\
1 & \frac{-m2}{1+\frac{\alpha_4}{\alpha_3}\left(\frac{b}{Q_f}\right)^{\rho 2}} & \frac{-m2}{1+\frac{\alpha_3}{\alpha_4}\left(\frac{Q_f}{b}\right)^{\rho 2}} & 0 & 0 & 0\\
0 & -\left(\rho 2-1+\frac{m2-\rho 2}{1+\frac{\alpha_4}{\alpha_3}\left(\frac{b}{Q_f}\right)^{\rho 2}}\right) & \frac{-(m2-\rho 2)}{1+\frac{\alpha_3}{\alpha_4}\left(\frac{Q_f}{b}\right)^{\rho 2}} & -(1+\mu) & 1 & 0\\
0 & -\frac{m2-\rho 2}{1+\frac{\alpha_4}{\alpha_3}\left(\frac{b}{Q_f}\right)^{\rho 2}} & -\left(\rho 2-1+\frac{m2-\rho 2}{1+\frac{\alpha_3}{\alpha_4}\left(\frac{Q_f}{b}\right)^{\rho 2}}\right) & -(1+\mu) & 0 & 1\\
0 & 1 & 0 & 0 & \frac{m1}{m1-1} & 0\\
0 & 0 & 1 & 0 & 0 & \frac{m4}{m4-1}
\end{pmatrix}$$

$B=(d\ln Q_m \quad d\ln Q_f \quad d\ln b \quad d\ln P_m \quad d\ln P_f \quad d\ln P_b)$

$$C_1=\begin{pmatrix}
d\ln I-\frac{\rho 3}{\rho 3-1}\times\frac{1}{1+\left(\frac{\alpha_6}{\alpha_5}\right)^{\frac{1}{\rho 3-1}}\left(\frac{P_m}{P_s}\right)^{\frac{\rho 3}{\rho 3-1}}}d\ln P_s\\
0\\
0\\
0\\
\frac{m1}{m1-1}\left(\frac{1}{1+\left(\frac{\alpha_1}{\alpha_2}\right)^{\frac{1}{\rho 1-1}}\left(\frac{r_f}{w_f}\right)^{\frac{\rho 1}{\rho 1-1}}}d\ln w_f+\frac{1}{1+\left(\frac{\alpha_2}{\alpha_1}\right)^{\frac{1}{\rho 1-1}}\left(\frac{w_f}{r_f}\right)^{\frac{\rho 1}{\rho 1-1}}}d\ln r_f\right)\\
\frac{m4}{m4-1}\left(\frac{1}{1+\left(\frac{\alpha_7}{\alpha_8}\right)^{\frac{1}{\rho 4-1}}\left(\frac{r_b}{w_b}\right)^{\frac{\rho 4}{\rho 4-1}}}d\ln w_b+\frac{1}{1+\left(\frac{\alpha_8}{\alpha_7}\right)^{\frac{1}{\rho 4-1}}\left(\frac{w_b}{r_b}\right)^{\frac{\rho 4}{\rho 4-1}}}d\ln r_b\right)
\end{pmatrix}$$

## 二、外部冲击的影响

假定外生变量之间相互独立，对方程 $A_3 \times B = C_3$ 运用克莱姆法则求解，可以得出在非完全竞争情况下各种外部冲击对内生变量的总影响。

（一）面粉需求方面变化对内生变量的影响

$$\begin{bmatrix} E_{Q_m,j} \\ E_{Q_f,j} \\ E_{b,j} \\ E_{Pm,j} \\ E_{Pf,j} \\ E_{Pb,j} \end{bmatrix} = \begin{bmatrix} -\eta_j \times m2 \times (1+\mu)\left[\dfrac{\frac{m1}{1-m1}}{1+\frac{\alpha_4}{\alpha_3}\left(\frac{b}{Q_f}\right)^{\rho 2}} + \dfrac{\frac{m4}{1-m4}}{1+\frac{\alpha_3}{\alpha_4}\left(\frac{Q_f}{b}\right)^{\rho 2}} + \dfrac{m1}{1-m1} \times \dfrac{m4}{1-m4}(1-\rho 2)\right] / D3 \\ -\eta_j \times \dfrac{m1(1+\mu)}{1-m1}\left[1+\dfrac{m4}{1-m4}(1-\rho 2)\right] / D3 \\ -\eta_j \times \dfrac{m4(1+\mu)}{1-m4}\left[1+\dfrac{m1}{1-m1}(1-\rho 2)\right] / D3 \\ -\eta_j \left[1-\dfrac{m4}{1-m4}\left(\rho 2-1+\dfrac{m2-\rho 2}{1+\frac{\alpha_3}{\alpha_4}\left(\frac{Q_f}{b}\right)^{\rho 2}}\right) - \dfrac{m1}{1-m1}\left(\rho 2-1+\dfrac{m2-\rho 2}{1+\frac{\alpha_4}{\alpha_3}\left(\frac{b}{Q_f}\right)^{\rho 2}}\right) + \dfrac{m1}{1-m1} \times \dfrac{m4}{1-m4}(\rho 2-1)(m2-1)\right] / D3 \\ -\eta_j \times (1+\mu)\left[1+\dfrac{m4}{1-m4}(1-\rho 2)\right] / D3 \\ -\eta_j \times (1+\mu)\left[1+\dfrac{m1}{1-m1}(1-\rho 2)\right] / D3 \end{bmatrix}$$

其中，$j = P_s$，$I$，$\eta_{Ps}$ 与 $\eta_I$ 的表达式与前一节相同。

$$D3 = |A| = \frac{m4}{m4-1} \times \frac{m2(1+\mu)}{1+\frac{\alpha_3}{\alpha_4}\left(\frac{Q_f}{b}\right)^{\rho 2}} + \frac{m1}{m1-1} \times \frac{m2(1+\mu)}{1+\frac{\alpha_4}{\alpha_3}\left(\frac{b}{Q_f}\right)^{\rho 2}} + \frac{m1}{m1-1} \times \frac{m4}{m4-1} \times$$

$$m2(1+\mu)(\rho 2-1) + \eta \times \left[1+(\rho 2-1)\left(\frac{m4}{m4-1}+\frac{m1}{m1-1}+\frac{m1}{m1-1}\right.\right.$$

$$\times \frac{m4}{m4-1}(m2-1)\Bigg) + \frac{m4}{m4-1} \times \frac{m2-\rho2}{1+\frac{\alpha_3}{\alpha_4}\left(\frac{Q_f}{b}\right)^{\rho2}} + \frac{m1}{m1-1} \times$$

$$\left.\frac{m2-\rho2}{1+\frac{\alpha_4}{\alpha_3}\left(\frac{b}{Q_f}\right)^{\rho2}}\right]$$

（二）小麦生产成本变化对各内生变量的影响

$$\begin{bmatrix} E_{Q_m,i} \\ E_{Q_f,i} \\ E_{b,i} \\ E_{Pm,i} \\ E_{Pf,i} \\ E_{Pb,i} \end{bmatrix} = \begin{bmatrix} ei \times \eta \times \left[\frac{m2}{1+\frac{\alpha_4}{\alpha_3}\left(\frac{b}{Q_f}\right)^{\rho2}} + \frac{m4}{m4-1} \times \frac{m2(\rho2-1)}{1+\frac{\alpha_4}{\alpha_3}\left(\frac{b}{Q_f}\right)^{\rho2}}\right] / D3 \\ ei\,\frac{m4}{m4-1}\left[\frac{m2(1+\mu)}{1+\frac{\alpha_3}{\alpha_4}\left(\frac{Q_f}{b}\right)^{\rho2}} + \eta\left(\rho2 - 1 + \frac{m2-\rho2}{1+\frac{\alpha_3}{\alpha_4}\left(\frac{Q_f}{b}\right)^{\rho2}} + \frac{m4-1}{m4}\right)\right] / D3 \\ ei\,\frac{m4}{1-m4}\left[\frac{m2(1+\mu)}{1+\frac{\alpha_4}{\alpha_3}\left(\frac{b}{Q_f}\right)^{\rho2}} + \eta\,\frac{m2-\rho2}{1+\frac{\alpha_4}{\alpha_3}\left(\frac{b}{Q_f}\right)^{\rho2}}\right] / D3 \\ ei \times \left[\frac{m2}{1+\frac{\alpha_4}{\alpha_3}\left(\frac{b}{Q_f}\right)^{\rho2}} + \frac{m4}{m4-1} \times \frac{m2(\rho2-1)}{1+\frac{\alpha_4}{\alpha_3}\left(\frac{b}{Q_f}\right)^{\rho2}}\right] / D3 \\ ei\,\frac{m4}{m4-1}\left[\frac{m2(1+\mu)}{1+\frac{\alpha_4}{\alpha_3}\left(\frac{b}{Q_f}\right)^{\rho2}}\,\frac{m4-1}{m4} + m2(1+\mu)(\rho2-1) + \eta\left[\frac{m4-1}{m4}\left(\rho2 - 1 + \frac{m2-\rho2}{1+\frac{\alpha_4}{\alpha_3}\left(\frac{b}{Q_f}\right)^{\rho2}}\right) + (\rho2-1)(m2-1)\right]\right] / D3 \\ ei\left[\frac{m2(1+\mu)}{1+\frac{\alpha_4}{\alpha_3}\left(\frac{b}{Q_f}\right)^{\rho2}} + \eta \times \frac{m2-\rho2}{1+\frac{\alpha_4}{\alpha_3}\left(\frac{b}{Q_f}\right)^{\rho2}}\right] / D3 \end{bmatrix}$$

（三）营销投入品生产成本变化对内生变量的影响

$$\begin{bmatrix} E_{Q_m,l} \\ E_{Q_f,l} \\ E_{b,l} \\ E_{Pm,l} \\ E_{Pf,l} \\ E_{Pb,l} \end{bmatrix} = \begin{bmatrix} el \times \eta \times \dfrac{1-m1\rho2}{1-m1} \times \dfrac{m2}{1+\dfrac{\alpha_3}{\alpha_4}\left(\dfrac{Q_f}{b}\right)^{\rho2}} / D3 \\ el \times \dfrac{m1}{1-m1}\left[\dfrac{m2(1+\mu)}{1+\dfrac{\alpha_3}{\alpha_4}\left(\dfrac{Q_f}{b}\right)^{\rho2}} + \eta \times \dfrac{m2-\rho2}{1+\dfrac{\alpha_3}{\alpha_4}\left(\dfrac{Q_f}{b}\right)^{\rho2}}\right] / D3 \\ el \times \dfrac{m1}{m1-1}\left[\dfrac{m2(1+\mu)}{1+\dfrac{\alpha_4}{\alpha_3}\left(\dfrac{b}{Q_f}\right)^{\rho2}} + \eta \times \left(\rho2 - 1 + \dfrac{m2-\rho2}{1+\dfrac{\alpha_4}{\alpha_3}\left(\dfrac{b}{Q_f}\right)^{\rho2}} + \dfrac{m1-1}{m1}\right)\right] / D3 \\ el \times \dfrac{m2}{1+\dfrac{\alpha_3}{\alpha_4}\left(\dfrac{Q_f}{b}\right)^{\rho2}}\left[1+\dfrac{m1}{1-m1}(1-\rho2)\right] / D3 \\ el \times \left[\dfrac{m2(1+\mu)}{1+\dfrac{\alpha_3}{\alpha_4}\left(\dfrac{Q_f}{b}\right)^{\rho2}} + \eta \times \dfrac{m2-\rho2}{1+\dfrac{\alpha_3}{\alpha_4}\left(\dfrac{Q_f}{b}\right)^{\rho2}}\right] / D3 \\ el \times \dfrac{m1}{m1-1}\left[\dfrac{m2(1+\mu)}{1+\dfrac{\alpha_3}{\alpha_4}\left(\dfrac{Q_f}{b}\right)^{\rho2}} \times \dfrac{m1-1}{m1} + m2(1+\mu)(\rho2-1) + \eta\left[\dfrac{m1-1}{m1}\left(\rho2 - 1 + \dfrac{m2-\rho2}{1+\dfrac{\alpha_3}{\alpha_4}\left(\dfrac{Q_f}{b}\right)^{\rho2}}\right) + (\rho2-1)(m2-1)\right]\right] / D3 \end{bmatrix}$$

其中，$i = w_f$，$r_f$，$j = w_b$，$r_b$，$ew_f$、$er_f$ 与 $ew_b$、$er_b$ 的表达式与前一节相同。

由外部冲击对各内生变量总影响的表达式可知，当 $\mu = 0$ 时，所有表达式与完全竞争市场时的相同，因此可以将完全竞争市场当作非完全竞争市场的特例，在实证研究时，只要改变 $\mu$ 的取值，就可以比较不同市场的价格形成差异。

# 第五章　小麦价格形成的实证研究

本章对第四章完全竞争与非完全竞争情况下小麦价格形成的理论推导进行实证。由于在理论中将小麦流通的各个环节看作一个营销企业，所以有关营销企业的数据很难得到，因此本章将对可以得到数据的部分使用计量模型进行回归，对无法得到数据的部分根据现有的资料及相关经济学原理设置初始值进行模拟。由于本章的目的是要得到相对变化的趋势，所以设置初始值的方法不会影响到本书的结论。

## 第一节　相关参数的设定

### 一、小麦生产函数

小麦生产函数可以使用《全国农业成本收益年鉴》上的数据进行估计。由于小麦生产函数使用的 CES 生产函数是一个关于参数的非线性模型，无法直接估计，因此，必须先将生产函数转化为近似的线性形式。对式（4－1）两边取自然对数得：

$$\ln Y = \ln A + \frac{m1}{\rho 1}\ln(\alpha_1 L^{\rho 1} + \alpha_2 K^{\rho 1}) + \varepsilon \tag{5-1}$$

将其中的 ln（$\alpha_1 L^{\rho 1}+\alpha_2 K^{\rho 1}$）在 ρ1 = 0 处展开泰勒级数，取 0 阶、1 阶和 2 阶项，代入式（5 - 1），得到：

$$\ln Y=\ln A+\alpha_1 m1\ln L+\alpha_2 m1\ln K+\frac{1}{2}\rho 1 m1\alpha_1\alpha 2\left(\ln\left(\frac{K}{L}\right)\right)^2+\varepsilon \tag{5-2}$$

可以看到式（5 - 2）为一个简单线性模型，通过变量置换，可以表示成：

$$Z=\psi_0+\psi_1 X_1+\psi_2 X_2+\psi_3 X_3+\varepsilon \tag{5-3}$$

对式（5 - 3）采用 OLS 估计方法，得到 $\psi_0$，$\psi_1$，$\psi_2$，$\psi_3$ 的估计值，利用对应关系和 $\alpha_1+\alpha_2=1$，可以计算得到关于参数 $A$，$\alpha_1$，$\alpha_2$，$m1$，$\rho 1$ 的估计值。

由于从 2004 年开始，《全国农业成本收益年鉴》数据的统计口径有了很大的变化，因此，本书只选择 1990 ~ 2003 年的分省数据对小麦生产函数进行估计。其中，$Q_f$ 表示亩产量（500 克），L 表示亩用工数量（标准劳动日），K 表示亩物质费用（元，使用农业生产资料价格指数处理，以 1979 年为基期）。由于广东、广西、西藏三省的数据在很多年份严重缺失，因此，在估计中剔除掉这三个省份，而使用其他 27 个省的数据。考虑各省种植习惯的差异，模型中加入了地区虚拟变量。估计结果如表 5 - 1 所示。

**表 5 - 1　小麦生产函数估计结果**

| 变量 | 系数 | 估计结果 | T 统计量 |
|---|---|---|---|
| 常数项 | $\psi_0$ | 4.567 *** | 24.992 |
| $X_1$ | $\psi_1$ | 0.117 *** | 2.188 |
| $X_2$ | $\psi_2$ | 0.303 *** | 5.383 |
| $X_3$ | $\psi_3$ | 0.017 | 1.246 |
| $R^2$ | 0.998 | DW 值 | 1.781 |

注：*** 表示在 1% 的显著水平下拒绝单位根检验。

通过进一步计算得：$A=92.678$，$\alpha_1=0.278$，$\alpha_2=0.722$，$m1=0.419$，

$\rho 1=0.415$。

由此可以得到小麦生产函数的具体形式：

$Q_f=92.687(0.278L^{0.415}+0.722K^{0.415})^{0.419/0.415}$

根据第四章对小麦供给函数的推导，可以得到小麦供给函数中的一些重要参数。但因为本书的重点并不是分析小麦供给函数的形式，因此，在这里省略供给函数的表达式。

## 二、其他一些重要参数的设定

### （一）营销企业生产函数

在第四章中假定将小麦的流通，包括收购、储存、加工、运输、销售等诸多环节视为一个整体，参与流通的厂商也视为一个营销企业，因此，营销企业是包含多种类型企业的集合，要估计其生产函数并不容易。为简化讨论，本书选择其中具有代表性的企业，即加工企业来进行估计，因为加工企业是小麦产业链中最关键的一环，随着国家逐渐放开粮食收购市场，很多加工企业都可以直接或通过私有粮商收购小麦，并参与小麦的储存及运输甚至是销售。这主要是因为我国小麦流通的专业化程度并不是很高，而面粉加工企业的规模也参差不齐，如表5－2所示，我国日生产能力在100吨以下的小型面粉厂占到总数的60%以上，而这些小型面粉加工业年“加工能力8000多万吨，占总加工能力的57%”（徐武，2003），这些小面粉加工厂一般都是就地取材，服务乡里，自己包揽了小麦收购（有时会雇用小贩上门收购）、储存及销售。因此，使用面粉加工企业的生产函数具有一定的代表性。

由于直到2004年我国才开始单独统计面粉加工企业的数据，而且多为一些较为简单的经济指标，无法区分具体的投入产出数据来估计生产函数，因此，本书将根据营销企业生产函数各参数的经济学含义并结合已有的数据来估计所需参数的数值。根据第四章小麦价格形成的理论模型推导结果，需要估计的营销企业

表 5-2　我国面粉加工企业规模现状

| 日加工能力 \ 年份 | 2003 | 2004 |
|---|---|---|
| <100 吨 | 2681 | 1184 |
| 100～200 吨 | 508 | 460 |
| 200～400 吨 | 193 | 236 |
| 400～1000 吨 | 77 | 95 |
| >1000 吨 | 10 | 15 |

资料来源：《中国食品统计年鉴》（2005）。

生产函数参数主要包括：$m2$，$\rho2$，$\alpha_3$，$\alpha_4$，以及 $Q_f/b$。假设面粉加工企业是规模报酬不变的，即 $m2=1$；原材料与营销投入之间的替代弹性参考 Gardner（1975）及取值为 0.5，此时 $\rho2=-1$，即认为原材料小麦与营销投入品之间在一定程度上是可以替代的，例如，增加劳动力投入或使用更加先进的机器设备可以减少小麦在加工过程中的损耗；$\alpha_3$ 和 $\alpha_4$ 是面粉生产过程中原材料小麦 $Q_f$ 与营销投入品 $b$ 的分配系数，在规模报酬不变的假定条件下，$\alpha_3$ 和 $\alpha_4$ 可以近似为面粉总产值中 $Q_f$ 与 $b$ 的份额，即：

$$\alpha_3=\frac{Q_fP_f}{Q_mP_m}，\ \alpha_4=\frac{bP_b}{Q_mP_m}，\text{并且}\ \alpha_3+\alpha_4=1$$

由于我国的面粉加工行业还缺乏详细的统计数据，本书使用我院 2003 年毕业的博士生罗国亮的论文《中国食品加工业增长研究》附录上关于食品加工业数据来获得大致的投入产出比例。罗国亮（2003）的数据包括 1993 年、1994 年、1999 年、2000 年分省食品加工企业总产值、劳动力、资本及原材料的投入，由于劳动力投入的单位为万人，总产值与其他投入单位为亿元，口径不一致，我使用了这四年的职工平均实际工资（1993 年为基期），乘以劳动力投入量，得到以亿元为单位的劳动力工资投入。再分别计算了各年原材料投入占总产值的比重，取平均值作为 $\alpha_3$ 的值，然后根据 $\alpha_3+\alpha_4=1$，得到 $\alpha_4$ 的取值。经计算得，

$\alpha_3=0.725$，$\alpha_4=0.275$。$Q_f/b$ 的取值也由这套数据获得，其中，$b$ 是劳动力投入和资本投入的加总。

（二）营销投入品生产函数

关于营销投入品生产函数的参数，首先，我们假定营销投入品生产是资本密集型的，劳动力与资本的分配系数分别为 0.4 和 0.6。其次，参考盛仕斌、徐海（1999）的计算结果，假定营销投入品生产企业劳动力与资本之间的替代弹性为 2，即 $\rho 4=0.5$；关于营销投入品生产的供给弹性，参考辛贤（1998），我们假定营销投入品具有无限供给弹性，$m4/(1-m4)\rightarrow+\infty$，即 $m4\rightarrow 1$，但当 $m4=1$ 时，很多公式不再有意义，所以我们假定 $m4=0.99$，此时，营销投入品的供给曲线接近于一条平行于 x 轴的直线，营销投入品的价格相对稳定，营销企业对营销投入品需求的扩大，不会使营销投入品的价格上升；rb 表示营销投入品生产中资本投入品的价格，我们使用《中国统计年鉴》中 2003 年原材料、燃料与动力购进价格指数，以 1990 年为基期；wb 表示营销投入品在生产中劳动力投入的价格，我们使用《新中国 55 年统计资料汇编 1949－2004》中 2003 年的实际工资指数，以 1990 年为基期。

（三）面粉需求函数

关于面粉需求函数的一些重要参数，首先是 $a5$、$a6$。由于在效用函数中，$a5$、$a6$ 分别是面粉和大米的分配系数，可以理解为面粉和大米各自在居民消费中所占的比重。根据中国农业信息网上估计的 2001/2002 年度大米与小麦的食用消费量进行折算，大米的食用消费量是 11715 万吨，小麦的食用消费量是 10227 万吨，依据 75% 的出粉率进行折算，可得到面粉的消费量为 7670.25 万吨，根据大米与面粉食用消费量的比例可以计算出，$a5=0.4$，$a6=0.6$，即在居民的主食消费中，面粉所占的比例大概是 40%，大米所占的比例为 60%，这与其他学者的研究结果相似（陈永福，2004）。$Pm$ 表示面粉的价格，我们使用《中国农产品价格调查年鉴》中 2003 年的面粉价格（单位：元/公斤，下同），$Ps$ 表示大米的价格，我们使用《中国农产品价格调查年鉴》中2003年籼米、优质籼米与粳米的平均价格。这里需要说明的是，在模拟过程中我们实际需要的是面粉与大米的价格比，通过比较2002～2005年的价格，发现两者的比值并没有十分明显的变化，为与前面参数的取值相统一，我们选择2003年的价格作为代表；$\rho 3$ 表示面粉与大米的替代参数，$1/(1-\rho 3)$ 为面粉与大米的替代弹性，在效用函数中，这个替代弹性关系到消费者对面粉和大米的消费偏好，当 $\rho 3$ 趋于负无穷时，面粉与大米完全不可替代，当 $\rho 3$ 趋于1时，面粉与大米具有无限替代弹性。在第四章中，我们已经设定了 $\rho 3$ 的取值范围，为 $0<\rho 3<1$，因此，在模拟中我们假设 $\rho_3=0.1$①，即面粉与大米的替代弹性接近于1。$\theta$ 是在非完全竞争市场中营销企业在销售环节的猜测弹性，当 $\theta=0$ 时，是一种完全竞争的状态，表示营销企业在销售环节没有任何能够影响价格的市场力量；当 $\theta=1$ 时，是一种完全垄断的情况，但这种情况在现实中与完全竞争一样是不存在的，一般多数情况为营销企业的行为对价格有影响，但这种影响是有限的，此时 $\theta\in(0,1)$，在模拟中选择 $\theta=0.5$ 来表示这种情形，以方便与完全竞争和垄断相比较。

## 三、主要参数总结

通过前面的分析，现将各参数的取值总结如下：

在表5－3中，确定的参数一栏主要是指参数是经过使用计量模型估计的，例如，m1、a1、a2、ρ1均是小麦生产函数中的重要参数；wf是2003年《全国农业成本收益年鉴》中的全国平均每亩雇工成本（单位：元/日）；由于在估计小麦生产函数时，使用的K是物质费用投入，属于资本值而非资本量，因此，K的价格使用农业生产资料的定基价格指数，以1990年为基期。

① 当 $\rho 3$ 的取值增加时，即面粉与大米的替代弹性增强，此时大米价格变化对面粉与小麦价格的影响显著增加，而其他外部因素对内生变量的影响下降，但仅限于数值的变化，符号并未发生改变。

表 5-3　参数初始值的设定

| 确定的参数 | | | |
|---|---|---|---|
| 参数 | 初始值 | 参数 | 初始值 |
| m1 | 0.419 | wf | 11.9 |
| a1 | 0.278 | rf | 1.843 |
| a2 | 0.722 | ρ1 | 0.254 |
| 拟定的参数 | | | |
| 参数 | 初始值 | 参数 | 初始值 |
| m2 | 1 | ρ2 | -1 |
| a3 | 0.725 | b | 15 |
| a4 | 0.275 | Qf | 46 |
| m4 | 0.99 | ρ3 | 0.1 |
| ρ4 | 0.5 | a5 | 0.4 |
| a7 | 0.4 | a6 | 0.6 |
| a8 | 0.6 | Pm | 1.82 |
| rb | 2.33 | Ps | 1.97 |
| wb | 2.8 | θ | 0, 0.5, 1 |

# 第二节　政策模拟

## 一、外生冲击对小麦与面粉价格的影响

根据第四章对各外生变量变化对不同内生变量的总影响的推导结果，加上表5-3中拟定的参数，可以计算出各种总弹性的数值，并模拟各外生变量变动10%对小麦及面粉价格的影响。

由表5-4的模拟结果可以看到：在外生冲击的影响中，对小麦价格作用最

大的是消费支出I，当I上涨10%时，会带动小麦价格上涨6.7%左右①；对小麦价格作用排在第二位的是小麦生产资料的价格，生产资料价格上涨10%，会推动小麦价格上涨4.2%左右，这是由于农业生产资料在小麦生产成本中占有较大份额，其价格的上涨对于小麦生产成本具有显著的推动作用，而劳动力对小麦生产的作用较小，其价格变化对小麦价格的影响只有0.6%。营销投入生产成本的增加会使小麦价格下降，这验证了前一章中理论分析的第二种情况②，说明在营销投入品与小麦替代弹性有限的情况下，营销投入品成本的上升最终会使企业减少面粉的生产，同时降低对小麦的需求。但值得注意的是，随着营销企业在销售市场上市场力量的增加，营销成本的这种负作用会逐渐降低，即当营销企业对面粉价格有一定的影响力时，它可以通过降低较少的面粉供给就可以防止亏损。

**表5－4　各外生变量变动10%对小麦价格的影响**

| 猜测弹性（%） | Ps↑10 | I↑10 | wf↑10 | rf↑10 | wb↑10 | rb↑10 |
|---|---|---|---|---|---|---|
| θ＝0 | 0.455 | 6.724 | 0.625 | 4.239 | －0.551 | －1.491 |
| θ＝0.5 | 0.455 | 6.729 | 0.625 | 4.242 | －0.549 | －1.485 |
| θ＝1 | 0.461 | 6.813 | 0.633 | 4.294 | －0.518 | －1.399 |

对于面粉来讲，面粉需求与小麦生产方面的冲击对面粉价格的影响要小于小麦，这可能是因为小麦产量的调整速度要小于营销投入品的调整速度，面粉需求方面的变化可以通过营销投入品的调整而放大，使小麦价格变化大于面粉价格变

① 在第四章中已经说到，由于使用的CES函数形式包含了面粉消费支出弹性为1的假定，这个弹性要大于现实生活中面粉的实际支出弹性，因此，在本章中消费支出I对小麦与面粉价格的影响较大。如果取消这个假定条件，按小于1的实际面粉消费支出弹性来计算，消费支出I对小麦与面粉价格的影响会小一些。

② 如果原材料与营销投入之间的替代弹性很小，假设只为0.1，此时ρ2＝－9，则所有外部冲击对小麦价格的影响将会显著增加，而对面粉价格除营销投入品生产成本外，其他外部冲击的影响都会显著下降。如果原材料与营销投入之间的替代弹性足够大，假设为2，则营销投入品生产成本变化对小麦价格的影响由负号变为正号，即前一章分析中的第一种情况就会出现。

化；相反，小麦生产方面的变化会通过营销投入品的调整而缩小，使面粉价格变化小于小麦价格变化。对于营销企业来讲，营销投入品就像一个减压器，可以减少来自面粉需求与小麦生产方面对营销企业的冲击。但相应的，如果是营销投入品生产方面发生了变化，对营销企业的影响就会比较大，因为它会更加直接地影响面粉的生产成本和价格，这从表 5－5 中也可以看到，如果营销投入品生产成本中的劳动力价格和资本价格上升 10%，会使面粉价格上升 1.1% 和 3.2%，要大于其对小麦价格的影响。随着营销企业市场力量的变化，所有外生冲击对面粉价格的影响都有减弱的趋势，可能是因为随着营销企业在销售环节对面粉价格控制的增强，它可以通过改变面粉的供给量等方式来影响市场上面粉的价格，此时面粉价格会更多地受到营销企业行为的作用，而不是单纯地受到外部冲击的影响。

**表 5－5 各外生变量变动 10%对面粉价格的影响**

| 猜测弹性（%） | Ps↑10 | I↑10 | wf↑10 | rf↑10 | wb↑10 | rb↑10 |
|---|---|---|---|---|---|---|
| θ＝0 | 0.213 | 3.152 | 0.288 | 1.953 | 1.186 | 3.207 |
| θ＝0.5 | 0.213 | 3.147 | 0.288 | 1.950 | 1.184 | 3.202 |
| θ＝1 | 0.208 | 3.070 | 0.280 | 1.902 | 1.155 | 3.122 |

表 5－6 显示了各外生变量变动对小麦和面粉价差的影响。由结果可以看到来自面粉需求变动，例如，大米价格、消费支出的变化，结果会降低小麦与面粉之间的价格差距，由于我们使用面粉与小麦价格比来反映两者的价差，在前面的分析中也已经指出，来自面粉需求的冲击对小麦价格的影响要大于面粉价格，即对 $P_m/P_f$ 来讲，分母的变动幅度要大于分子，因此，会使两者的比值下降；来自小麦供给方面的变动，即劳动力价格或生产资料价格的变化，会影响小麦的供给量，由前面的分析可知，这一变动对小麦价格的影响要大于面粉价格，因此，对于 $P_m/P_f$ 来讲，分母的变动大于分子，结果会使两者的价差下降；当营销投入品

的生产成本变化，使营销投入品的生产受到影响，对面粉价格的冲击会大于对小麦价格的冲击，结果会使面粉与小麦的价差扩大。

表 5-6 各外生变量变动对小麦与面粉价差的影响

| 猜测弹性 | Ps | I | wf | rf | wb | rb |
|---|---|---|---|---|---|---|
| θ=0 | -0.024 | -0.357 | -0.034 | -0.229 | 0.174 | 0.470 |
| θ=0.5 | -0.024 | -0.358 | -0.034 | -0.229 | 0.173 | 0.469 |
| θ=1 | -0.025 | -0.374 | -0.035 | -0.239 | 0.167 | 0.452 |

## 二、外生冲击对小麦与面粉价格传递的影响

### （一）因小麦供给变化的外生冲击所导致的从小麦收购到面粉零售之间的价格传递

如果小麦生产的劳动力价格与生产资料价格上升，将直接带动小麦生产成本的上升，进而推动小麦价格上涨。由于小麦是面粉生产的主要投入原料，小麦价格直接关系到面粉成本的变化，小麦价格的上升也会给面粉价格带来上升压力，但面粉价格的上升幅度是不是与小麦价格一样，主要取决于从小麦收购到面粉零售之间的价格传递弹性。如果价格传递弹性为1，说明小麦价格上升1%，面粉价格也会上升1%，此时出现价格变化在纵向关联市场上的完全传递；如果价格弹性为0，则说明小麦价格上升1%不会带来面粉价格的变动，小麦收购环节的价格变动完全不能传递到面粉零售环节。

如表5-7所示，当小麦生产劳动力价格和生产资料价格上升，推动小麦价格上升10%时，大概只有4.61%可以传递到面粉价格中去，也就是说，当小麦收购市场价格波动只有不到一半的程度可以被传递至面粉零售市场，小麦收购市场的波动幅度要远大于面粉市场的波动幅度，当小麦价格上涨时，面粉零售价格的上涨幅度要低于小麦；当小麦价格下降时，面粉价格的下降幅度也要小于小

麦。这个估计结果与我国小麦收购市场和面粉零售市场的情况是比较符合的，如图5－1所示。

**表5－7　因小麦供给变化导致的小麦与面粉价格传递弹性**

| 猜测弹性 | wf | rf |
|---|---|---|
| θ＝0 | 0.461 | 0.461 |
| θ＝0.5 | 0.460 | 0.460 |
| θ＝1 | 0.443 | 0.443 |

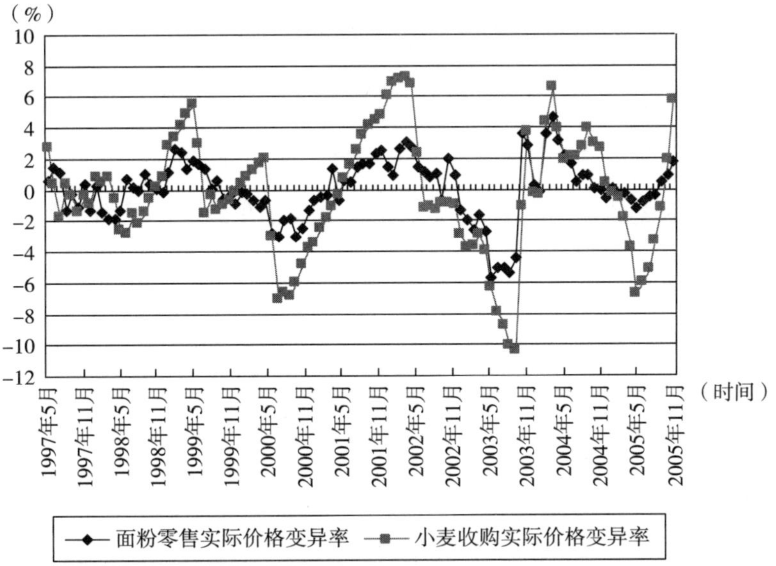


**图5－1　小麦收购价格与面粉零售价格波动幅度的比较**

资料来源：国家发改委价格信息中心。

根据国家发展改革委员会价格信息中心的统计，从1997年5月到2005年12月，我国面粉零售实际价格（特一粉）的变异系数为0.06，而小麦综合平均实际收购价格（白小麦、红小麦和混合麦平均）的变异系数为0.11，小麦收购市场的波动幅度要大于面粉销售市场。王秀清、钱小平（2004）也在研究中得出了类似的结论，他们的研究结果是到20世纪末期，农产品价格上涨1%，食品工业制品对农产品价格变化的反应幅度为0.41%，原因是“食品工业的技术进步、库存调节和营销策略等使食品工业品价格的变动幅度远远小于农产品价格的变动幅度”，他们认为，这样的结果是农产品价格上涨不会导致大范围通货膨胀的一个证据。

（二）因面粉需求变化的外生冲击所导致的从面粉零售到小麦收购之间的价格传递

如果外部的冲击来自于面粉需求方面，例如，大米价格或者消费支出的上升使得消费者对面粉需求增加，进而带动面粉价格上升10%，那么通过对小麦的派生需求会使小麦价格上升多少呢？这就需要计算从面粉零售到小麦收购之间的价格传递弹性，结果如表5-8所示。由结果可以发现面粉销售市场的价格波动会被加倍传递到小麦收购市场，而且随着营销企业在销售市场力量的增强，放大的程度会更大。

**表5-8　因面粉需求变化导致的面粉与小麦价格传递弹性**

| 猜测弹性 | Ps | I |
|---|---|---|
| θ=0 | 2.136 | 2.133 |
| θ=0.5 | 2.136 | 2.138 |
| θ=1 | 2.216 | 2.219 |

由上面的分析结果可知，对于小麦—面粉这样一个产业链来讲，处在下游的面粉销售市场与处在上游的小麦收购市场之间的价格传递是极不对称的。从长期来看，对于农民和消费者都是不利的。首先对于消费者来讲，在小麦价格上涨时期，这样的不对称性使得面粉价格上涨较小，似乎可以维护消费者的利益；但在小麦生产成本下降所导致的小麦价格下降时期，面粉价格下降较少的话，就会使消费者从农产品成本下降中的获益降低。对于农民来讲，这样不对称性的损害更

为明显，面粉需求上的微小波动就会使农民面临的市场风险成倍扩大，而且，随着营销企业在面粉销售市场上的市场力量的增加，这种不对称性有逐渐扩大的趋势。

（三）关于农产品价格放大效应的验证

农产品价格是否真实反映了农产品的实际供求情况一直是学者争论的话题（柯炳生，1991；辛贤，2000），本书试图以小麦和面粉市场为例来验证这一现象是否存在。

在表 5 – 9 中，一种特殊的情况是，$kf = P_f/Q_f$、Ekf、V 表示小麦市场在各种外生冲击下的价格放大效应参数。如果 Ekf，V > 1，说明在外生冲击的影响下，价格的变化幅度要大于产量的变化幅度，农产品的价格具有放大效应；如果 Ekf，V < 1，说明在外生冲击的影响下，产量的变化幅度要大于价格的变化幅度，农产品的价格具有缩小效应；另外一种特殊的情况是 Ekf，V = 1，此时农产品价格真实反映了农产品产量的变化幅度。由表 5 – 9 的结果可知，不论价格变化是由面粉需求、小麦生产还是营销投入品供给导致的，小麦价格对于小麦产量都具有放大效应，即小麦价格的上升幅度夸大了小麦供给的短缺程度，小麦价格的下降幅度也夸大了小麦供给的剩余程度。而且这种放大效应与营销企业的市场力量无关。

**表 5 – 9　小麦市场上的价格放大效应**

| θ | 0 | 0.5 | 1 |
|---|---|---|---|
| Ekf，ps | 1.387 | 1.387 | 1.387 |
| Ekf，I | 1.387 | 1.387 | 1.387 |
| Ekf，wf | –1.313 | –1.315 | –1.347 |
| Ekf，rf | –1.313 | –1.315 | –1.347 |
| Ekf，wb | 1.387 | 1.387 | 1.387 |
| Ekf，rb | 1.387 | 1.387 | 1.387 |

那么，在面粉市场上是否也存在价格的放大效应呢？表 5－10 的结果给了我们否定的答案。表中 km = $P_m/Q_m$，Ekm，V 表示面粉市场在各种外生冲击下的价格放大效应参数，其含义与小麦市场相同。结果显示，如果面粉市场的变化是由需求方面的变化引起的，包括大米价格与消费支出变化，面粉价格具有明显的缩小效应，缩小倍数为 0.475，而且随着营销企业在面粉销售市场上市场力量的增强，缩小的效应更大，即此时面粉价格上升的幅度严重缩小了市场上面粉短缺的情况，而面粉价格的下降幅度也严重缩小了市场上面粉过剩的情况。而如果面粉市场的变化是来自小麦生产以及营销投入品生产方面的变化，虽然面粉价格仍具有缩小效应，但程度已大大降低，缩小倍数仅为－0.937，这时面粉市场上的价格变化几乎能够反映市场上面粉供求余缺的情况。

**表 5－10　面粉市场上的价格放大效应**

| θ | 0 | 0.5 | 1 |
|---|---|---|---|
| Ekm，ps | 0.475 | 0.474 | 0.457 |
| Ekm，I | 0.475 | 0.474 | 0.457 |
| Ekm，wf | －0.937 | －0.937 | －0.937 |
| Ekm，rf | －0.937 | －0.937 | －0.937 |
| Ekm，wb | －0.937 | －0.937 | －0.937 |
| Ekm，rb | －0.937 | －0.937 | －0.937 |

# 第六章　新中国成立以来我国粮食价格体制改革的历史演变

如果说供给费用和供求关系是影响价格形成的一般规律，在每个国家都有一定的相似性，那么政策因素就是影响价格形成的特殊规律，它直接造成了不同国家价格影响因素内涵的差异。这一章，我们主要从我国小麦价格体制改革的角度来说明我国宏观政策因素的特殊性。由于小麦一直都是我国粮食保护的重要品种，因此，大部分粮食价格改革中都涉及了小麦。回顾新中国成立以来我国小麦市场的价格改革情况，实际上也是对新中国成立以来我国粮食市场价格改革演变过程的一个总结。自新中国成立以来，我国粮食市场的价格政策主要经历了四个阶段：政府垄断定价的统购统销阶段、价格双轨制过渡阶段、市场化尝试阶段和全面粮食市场化改革阶段，下面对这四个阶段的价格体制改革情况作一简单的回顾。

## 第一节　政府垄断定价的统购统销阶段（1953～1984年）

新中国刚刚成立时，由于公有制经济市场力量有限，1949～1952年我国曾经有过一段粮食的自由贸易，价格基本由市场供求决定，市场经营主体多元化，既有个体、私营粮商，也有国营商业，这时国家发布的牌价仅是衡量市场是否平稳的政策尺度。但因为粮食供给短缺和私商囤积居奇，市场粮价大幅波动，为了稳定市场，更为了集中全国有限的粮食资源支持工业建设，1953 年 10 月，中央发布实行统购统销的决定，将粮食统一归由国家收购和销售，取缔了私商的自由经营权，至此我国开始了长达 31 年的统购统销时期。这一段时期内我国粮食价格体系中只有统购价、统销价和超购价，市场价格力量被最大限度压制。1953 ~ 1983 年我国粮食的统购统销价格如图 6 – 1 所示。

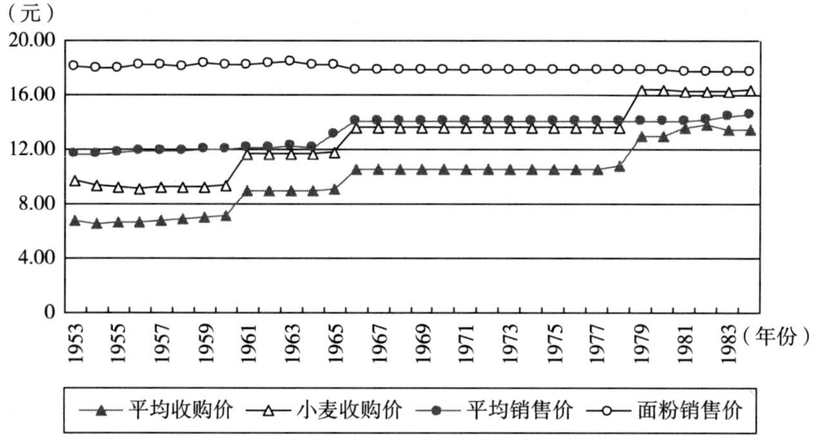


**图 6 – 1　1953 ~ 1984 年我国粮食的统购统销价格**

注：平均收购价为小麦、稻谷（籼、粳稻）、谷子、玉米、高粱、大豆六种粮食平均；平均销售价为面粉、大米（籼、粳米）、小米、玉米、高粱、大豆六种粮食平均；单位为元/50 公斤。

资料来源：韩志荣，冯亚凡等．新中国农产品价格 40 年［M］．北京：中国水利电力出版社，1992.

由图 6 – 1 可以看到，从 1953 ~ 1983 年的统购统销阶段，我国粮食的收购价格是逐步上升的，但与收购价格相比，销售价格变动很小，面粉价格几乎没有变化。从这一阶段统购价格的变化特征，可以再划分三个时期：

（一）1953～1965 年

这一段时期是统购价格逐步调整上升的阶段，总共经过五次较大范围的价格调整（见表 6－1）。由于提价的目的是为了提高粮食产量，因此，提价的原则是产区多提、销区少提，这样提价的结果使地区差价大大缩小。以小麦为例，1957～1961 年相比，省与省之间的差价每 50 公斤缩小 0.22 元，省内县与县间的差价缩小 0.41 元。这一时期统购价格不断提高而统销价格不变，在一些地区出现购销倒挂现象，1963 年国家将农村粮食与工商业用粮的销价提高到与购价持平，1965 年又将城镇粮食统销价格提高到同购价持平，为了不影响城镇居民生活，开始对职工实行粮价补贴，这样实际上是由国家承担了统销价提高的成本。但是统购价格的提高对农民的激励作用有限，因此，从 1965 年 10 月开始，国家实行对粮食征购“一定三年”不变，并对完成征购任务以上的超购部分，一半奖励物资，一半加价 30%～50%，这是我国粮食价格体系中超购价的雏形。

**表 6－1　1953 年～1965 年粮食统购价格的调整**

| 年份 | 主要内容 |
| --- | --- |
| 1957 | 提高贫瘠山区和边远地区的粮食收购价格，主要是稻谷、高粱和谷子 |
| 1958 | 提高东北、内蒙古和南方湘、鄂等十省粮食收购价格，及冀、晋等 12 省的大豆收购价格，相当于全国平均提高 3.3% |
| 1960 | 提高湘、鄂、赣等七省粮食收购价格，相当于全国平均提高 3.6% |
| 1961 | 全国小麦、稻谷等六种主要粮食收购价格平均提高 25%，其中小麦提高 25.1% |
| 1965 | 重点提高南方湘、鄂等七省粮食收购价格，相当于全国平均提高 2.6% |

（二）1966～1978 年

这一段时间由于政治上的动荡不安，我国粮价基本上属于冻结状态。自 1966 年 6 月国家较大幅度同时提高粮食统购价格与统销价格后（统购平均提高 17.1%，其中，小麦为 21.4%；统销价格提高 8%），一直到 1978 年，统购统销价格一直保持在 1966 年的水平上。而国家对粮食的征购政策从 1971 年开始改为

“一定五年”，超购价统一为30%。

（三）1979～1984年

党的十一届三中全会后，政府对粮食价格进行了一定程度的改革，虽未触及统购统销制度，但却给了市场经济发展的空间。1979年，国家调整了十余年未动的粮食统购价格，六种主要粮食品种平均提高20.86%，其中，小麦价格的提高幅度为21.09%；超购加价部分由原来的30%提高到50%。价格的大幅度提高，使我国粮食产量大幅度上升，缓解了长期以来的粮食供给不足。这一段时期粮食统销价基本不动，只是将供应农村的奖售粮、饲料粮和种子粮的销价提高到与统购价持平。实行家庭联产承包责任制后，国家对农民余粮的控制有所下降，自由市场在小范围内开始逐渐活跃。1983年，中央又明确规定“对农民完成统购派购任务后的产品（包括粮食，不包括棉花）和非统购派购产品，应当允许多渠道经营”。这是我国粮食流通体制改革中部分放开经营的一个突破性和标志性进展（卢峰，2004）。

## 第二节　价格双轨制过渡阶段（1985～1990年）

国家粮食统购价格尤其是超购价格的提高，加上土地经营制度的变革，极大调动了农民的积极性，使我国粮食产量连年增加，国家每年需支付的超购价不断提高而同期统销价格并没有变化，因此，财政负担越来越沉重。同时超购价的大幅上升也使我国粮食生产结构出现混乱，而且新旧粮食主产区之间分配不公的问题也日渐突出，因此，1985年4月1日中共中央、国务院在《关于进一步活跃农村经济的十项政策》中宣布取消粮食统购，改为合同定购，同时改变超购加价政策为“倒三七”比例计价（三成为原统购价，七成为原超购价），小麦、稻谷、玉米均改为这种计价形式，至此超购价不再存在。这个文件的发布，使实行长达31年的粮食统购制度被取消了，我国粮食市场进入政府直接控制的市场与自由交换的市场并存的“双轨制”粮食购销体制时期。

由于国家允许农民将完成国家合同定购任务后的余粮送到自由市场上销售，促进了市场价格职能的发展。如表6－2所示，在1985～1990年农产品收购总额中，国家定价部分下降了12%，而市场调节价上升了11.6%，到1990年，市场调节价形式已经占到农产品收购总额的一半以上。

**表6－2　1985～1990年农产品收购总额中三种价格形式的比重**

| 年份 | 国家定价（%） | 国家指导价（%） | 市场调节价（%） |
|---|---|---|---|
| 1985 | 37.0 | 23.0 | 40.0 |
| 1986 | 35.3 | 21.0 | 43.7 |
| 1987 | 29.4 | 16.8 | 53.8 |
| 1988 | 24.0 | 19.0 | 57.0 |
| 1989 | 35.3 | 24.3 | 40.4 |
| 1990 | 25.0 | 23.4 | 51.6 |

资料来源：国家发改委价格监测中心。

这一时期，议购议销作为国家合同定购的补充得到了迅速发展（见表6－3），到1990年，议购粮的数量已经超过定购粮（包括公粮），达到6689万吨。议购议销是国家粮食商业在完成计划收购（定购）和计划销售（统购）任务以外，根据供求情况，以较灵活的方式和价格经营粮食购销业务（韩志荣等，1992）。由于议购议销业务本身具有平衡国家粮食收支和活跃市场双重任务，使议购议销价格也具有了国家指导价和市场调剂价的双重职能，一般情况下，议购价要高于国家定购价低于市场价。但“在本质上，议购议销价格并不是一种独特的价格形态。理论议购价格属于政策价格的范畴，而在实际交易中所实行的议购议销价格则属于市场价格”（柯炳生，1995）。

表 6-3　1985~1990 年各种形式的小麦价格　　单位：元/公斤

| 年份 | 定购价 | 议购价 | 市场价 |
|---|---|---|---|
| 1985 | 0.43 | 0.43 | 0.50 |
| 1986 | 0.44 | 0.51 | 0.59 |
| 1987 | 0.44 | 0.55 | 0.64 |
| 1988 | 0.47 | 0.63 | 0.78 |
| 1989 | 0.51 | 0.89 | 1.18 |
| 1990 | 0.51 | 0.85 | 1.05 |

资料来源：王小鲁（2001）。

1985 年国家改超购价政策为“倒三七”比例计价，实际上是降低了粮食收购价格，加上大力提倡“农村产业结构调整”，粮食播种面积大幅减少，粮食产量自 1985 年后下降幅度较快，粮食市场价格随之上涨，如表 6-4 所示。以小麦为例，自 1985 年开始，议购价与市场价上涨迅速，与定购价差距越来越大。农民不愿意遵守与国家的定购合同，国家定购任务无法完成，不得已又在 1987 年规定国家的合同定购任务是强制性的，必须完成，1990 年国务院将合同定购改为国家定购，使农民向国家交售粮食又成为一项义务。这段时期为了调动农民积极性，国家先后三次提高了粮食合同定购价格，并针对 1990 年粮食议、市价格的下跌建立了粮食储备制度，制定议购粮食保护价格，每 50 公斤北方小麦为 46 元，南方小麦为 41 元。为促进粮食流通的发展，1990 年在郑州建立了第一个中央级粮食批发市场，主要经营小麦现货业务，后来又发展了小麦期货业务，成为政府调节市场的支撑点，并使小麦郑州价格成为全国小麦市场的重要组成部分。

一方面合同定购价格不断提高，而另一方面统销价格基本未动，只是将农村返销粮随合同定购价相应提高，将部分平价粮改为议价粮销售，粮食购销价格“倒挂”现象越来越严重，国家补贴连年攀升，到 1990 年达到 440 亿元，国有粮食购销企业亏损也与日俱增，价格双轨制的弊病越来越严重。在这种情况下，从 1988 年开始，一些地区尝试实施了“减购”（减少合同定购数量）、“压销”（压缩平价粮销售数量)、“提价”(既提高合同定购价，也提高统销价)、“放开”(放开市场经营主体)的粮食购销联动改革(李成贵，2005)。

表6-4　1985~1990年粮食合同定购价格的调整

| 年份 | 主要内容 |
|---|---|
| 1987 | 北方14个省、自治区、直辖市的玉米，每50公斤定购价提高1元；南方15个省、自治区、直辖市的籼稻，每50公斤定购价提高1.5元；全国12个省、自治区、直辖市的粳稻，每50公斤定购价提高1.75元；加大对广东等五个粮食调入省的提价力度，扩大地区差价 |
| 1988 | 全国小麦定购价每50公斤提高1.5元，其中，广东等调入省每50公斤提高2元；北方八省、自治区、直辖市的粳稻，每50公斤定购价提高2元；江苏等四省的玉米定购价每50公斤提高1.5元，广西、贵州、云南等省的玉米定购价，每50公斤提高2元 |
| 1989 | 比1988年平均提高16%，其中，每50公斤玉米提高1元，小麦提高1.5元，籼稻提高5元，粳稻提高6元。当面实行的合同定购化肥奖售标准也有所提高，小麦、玉米的挂钩化肥由3公斤增加到10公斤 |

# 第三节　市场化尝试阶段（1991~2000年）

这一段时期是我国粮食市场经过不断探索逐步走向完全市场化的阶段，其中，虽有多次反复，但完全市场化的趋势已逐渐成为人们的共识。这一阶段，按照粮食市场开放的程度，可以大致划分为两个时期：

(一) 1991~1993年，粮食完全市场化尝试

虽然从1985年我国开始废除了粮食统购制度，但粮食统销制度仍然存在。虽然国家在小范围内提高了部分粮食的统销价格，但在粮食收购价格一再提高的前提下，购销价格差距仍越来越大。1991年开始的全面市场化改革尝试，就是以粮食统销制度作为突破口的。1991年5月1日，国务院决定大幅度提高粮油统销价格，全国三种粮食(面粉、大米、玉米)中等质量标准品平均每500克提高

0.1 元，这项政策打破了20多年来粮食销价未动的禁区。同时进一步压缩平价粮销售，以期逐步达到国家定购与平价销售数量大体平衡。

从1992年4月1日起，小麦、稻谷、玉米三种粮食的定购价格（见表6－5），平均每斤提价0.04元，提高18%，这次提价与以往不同的是，国家在制定定购价格时，不再搞“一刀切”，初步表现了对品种差价的注意，但同一品种间的地区差价并没有体现出来。同时对三种粮食的统销价格，平均每斤提价0.11元，提高了45%，由此基本实现了购销同价。在购销同价的基础上，经国务院批准，广东省率先放开了粮食价格。此后，辽宁、河北、山东、河南、湖南、江西、湖北、陕西等地也先后在全省或省内部分地区进行了粮食价格改革的试点。

**表6－5　1992年对小麦定购价的调整情况**　　单位：元/50公斤

| 地区 | 现行定购价 | 调后定购价 | 品种 | 地区 | 现行定购价 | 调后定购价 | 品种 |
|---|---|---|---|---|---|---|---|
| 北京 | 26.50 | 32.60 | 北方冬花麦三等 | 山东 | 25.80 | 32.00 | 北方冬花麦三等 |
| 天津 | 26.50 | 32.60 | 北方冬花麦三等 | 河南 | 25.70 | 31.80 | 北方冬花麦三等 |
| 河北 | 26.80 | 32.50 | 北方冬花麦三等 | 湖北 | 24.60 | 30.50 | 南方冬小麦三等 |
| 山西 | 25.90 | 32.00 | 北方冬花麦三等 | 湖南 | 24.50 | 30.40 | 南方冬小麦三等 |
| 内蒙古 | 25.20 | 31.20 | 春小麦三等 | 广西 | 25.00 | 30.90 | 南方冬小麦三等 |
| 辽宁 | 25.10 | 31.10 | 春小麦三等 | 四川 | 23.30 | 29.20 | 南方冬小麦三等 |
| 吉林 | 25.10 | 31.10 | 春小麦三等 | 贵州 | 24.70 | 30.60 | 南方冬小麦三等 |
| 黑龙江 | 26.50 | 32.50 | 春小麦三等 | 云南 | 25.00 | 30.90 | 南方冬小麦三等 |
| 上海 | 24.60 | 30.50 | 南方冬小麦三等 | 陕西 | 25.40 | 31.50 | 北方冬花麦三等 |
| 江苏 | 25.00 | 31.00 | 北方冬小麦三等 | 甘肃 | 25.10 | 31.10 | 春小麦三等 |
| 浙江 | 24.50 | 30.40 | 南方冬小麦三等 | 青海 | 25.30 | 31.30 | 春小麦三等 |
| 安徽 | 25.10 | 31.10 | 北方冬小麦三等 | 宁夏 | 25.10 | 31.10 | 春小麦三等 |
| 江西 | 24.50 | 30.40 | 南方冬小麦三等 | 新疆 | 26.60 | 32.60 | 北方冬花麦三等 |

资料来源：《中国物价年鉴》（1993）。

到1993年10月中旬，已有95%的县市宣布放开粮食经营和价格，取消了国家对粮食定购价格，粮食购销价格完全由市场形成。与此同时，国务院在《关于加快粮食流通体制改革的通知》中正式提出："允许和支持多种经济成分、多流通渠道参与市场粮油经营，国有粮油企业要通过参与市场竞争，努力掌握粮食和食油的主要批发业务。符合条件的企业、单位、个人，经工商行政管理机关核准登记，领取营业执照后，可以从事粮食和食油批发、零售业务。"这一政策促进了粮食市场经营主体的多元化。1993年11月，中央和国务院在《关于当前农业和农村经济发展的若干政策措施》中重申：从1994年起，国家定购的粮食实行"保量放价"，即保留定购数量，收购价格随行就市。至此，粮食流通体制从计划调节与市场调节的"双轨制"变为市场调节的"单轨制"。

（二）1994～2000年，粮食市场化改革的调整阶段

由于上一阶段我国粮食完全市场化的改革步伐有一些仓促，很多配套措施还没有完善，"不仅缺乏成熟的粮食市场交易主体，而且政府建立的粮食市场宏观调控体系很不健全，不能有效地熨平粮食市场价格的小幅波动，最终导致粮食市场价格的异常波动"①。1993年底，我国粮食市场价格出现大幅度上涨，使刚有一些成果的市场化改革严重受挫，"保量放价"政策也没能实行。

1994年，国家对合同定购粮食的收购价格恢复实行国家定价，并加强了政府对粮食销售价格的管理，同时实行国家统一收购商品粮的70%～80%的粮食政策，并且规定从粮食收购到批发由国有粮食部门统一经营，发挥主渠道作用，对非国有粮食收储企业到农村收购小麦、稻谷、玉米，原则上是不允许的。这些政策的实施使我国的粮食市场在某种程度上又回到了"双轨制"阶段，市场价格力量在粮食收购环节又受到遏制，但比1985～1990年的"双轨制"进步的地方是，粮食销售市场已经废除了统销制（如表6-6所示）。

---

① 中国人民大学农业经济系211项目课题组，中国农产品流通的制度变迁，"WTO与东亚农业发展"国际学术研讨会资料，2004年3月。

表 6－6　1991～1998 年各种形式的小麦价格　　　单位：元/公斤

| 年份＼类别 | 定购价 | 议购价 | 市场价 |
|---|---|---|---|
| 1991 | 0.51 | 0.77 | 0.86 |
| 1992 | 0.59 | 0.73 | 0.88 |
| 1993 | 0.66 | 0.75 | 0.87 |
| 1994 | 0.89 | 1.04 | 1.15 |
| 1995 | 1.08 | 1.53 | 1.74 |
| 1996 | 1.31 | 1.65 | 1.76 |
| 1997 | 1.46 | 1.43 | 1.44 |
| 1998 | 1.44 | 1.30 | 1.30 |

资料来源：王小鲁（2001）。

这一时期，国家的粮食政策始终在确保粮食安全与逐步实现粮食市场化两个目标间徘徊，前一时期操之过急的市场化改革所引发的粮食安全忧虑使政府决定重新掌握粮权，为保证国家定购任务的完成，不惜两次大幅度提高粮食定购价格：一次是 1994 年 6 月，将合同定购部分的收购价格比 1993 年实际收购价格提高了 16 元，提价幅度 44%，稻谷、小麦、玉米、大豆四种粮食平均收购价格调整到每 50 公斤 52 元，其中，北方冬小麦（花麦）每 50 公斤 54 元，南方冬小麦（红麦）51 元，北方春小麦 49 元；还有一次是 1996 年，国家将合同定购部分中等质量标准的稻谷、小麦、玉米、大豆 4 种粮食收购价格，由各省（自治区、直辖市）在 1995 年加权平均定购价格（不含价外补贴）的基础上每 50 公斤提高 15 元，相当于在 1994 年的基础上再提价 42%。在大幅度提高粮食收购价格的同时，为防止销售价格上涨幅度过大，保护消费者的利益，国家加强了对粮食销售价格主要是居民口粮价格的管理，对主要粮食品种的销售价格实行了国家定价，很多地方还对城镇居民恢复实行了限量供应粮食办法。这些政策的实施是粮食市场化目标屈服于粮食安全目标的结果。

但是，在确保粮食安全的同时，政府并没有放弃市场化的初衷，只是在行动上采取了更为谨慎的态度，但有时也因为过于谨慎而产生了一些倒退。1995 年实行“米袋子”省长负责制，这一政策扩大地方政府管理权限，是中国粮食管理体制的一次重大变革，在后面分析这一时期我国粮食保护价政策的时候，我们就可以发现，粮食省长负责制实际上是下放了国家对粮食市场监管的权利，从某一方面来讲也是逐步实现市场化的铺垫。1998 年，实行“四分开，一完善”，即实行政企分开、中央与地方责任分开、储备与经营分开、新老财务账目分开，完善粮食价格机制。而其中完善粮食价格形成机制的目标，主要是建立和完善政府调控下市场形成粮食价格的机制，其主要内容是：在正常情况下，粮食价格主要由市场供求决定，粮食企业按市场价格经营粮食。当粮价过度波动时，政府主要依靠储备粮的吞吐等经济手段调节粮食市场供求，促使粮食价格合理形成，保持粮食价格相对稳定。从这一内容来看，1998 年的粮食改革仍是朝着市场化的方向的，但同时国家又颁布了新的《粮食收购条例》，要求国有粮食部门严格控制一级粮食收购市场，即国家按保护价敞开收购农民余粮的同时，不允许私商和其他主体从事粮食收购活动，这无疑削弱了市场调节的力量，使原本向市场经济体制过渡的“双轨制”在某种程度上发生了向计划经济体制的复归，这不能不说是市场化改革过程中某种程度上的倒退（李成贵，2005）。

## 第四节 全面粮食市场化改革阶段（2001 年至今）

2000 年国务院对严格执行的粮食收购政策进行了部分松动，允许省级工商行政管理部门审核批准的粮食经营企业可以直接到农村收粮，并且允许经过批准的大型用粮企业可以跨区到主产区直接收购。2001 年国务院下发了《关于进一步深化粮食流通体制改革的意见》，提出“放开销区、保护产区、省长负责、加强调控”的改革要求，同时提出加快粮食主销区粮食购销市场化改革的目标。粮食主销区实行了粮食购销市场化改革，购销价格开始由市场形成；但为保护广大农民利益，粮食主产区继续执行按保护价敞开收购农民余粮政策。2004 年，中央一号文件提出了一系列促进农民增收、增加粮食生产、保障粮食供应的政策措施，并明确提出从 2004 年开始全面放开粮食收购和销售市场，实行购销多渠道经营，至此，我国的粮食市场真正实现了完全市场化目标，粮食购销价格完全由市场形成，但作为对市场价格缺陷的重要补充，政府对粮食市场的宏观调控也不可或缺，在不断探索实现粮食市场化道路的同时，政府也在不断完善自己对粮食市场宏观调控的手段，这主要体现在粮食价格调控政策的变革中。

我国的粮食价格调控政策在 1990 年就已经有了雏形，这一年国家建立了粮食专项储备制度（见表 6 –7），按议购指导价收购的农民粮食列入粮食专项储备，用来调剂粮食丰歉余缺，当时的议购指导价就属于保护价的范畴，考虑到农资价格不断上涨而定购价未动，议市价下降，是为保护农民的种粮利益而设立的，当时列入专项储备的粮食统购价与指导价之间的差价贷款是由中央财政部分贴息的。到 1992 年，加大了政策的扶持力度，差价贷款转为由中央财政全额贴息，同时系统地建立了中央与地方的多级粮食储备体系，为今后粮食价格调控政策的实行奠定了良好的仓容基础。

**表 6 –7　我国粮食价格调控政策的历史变迁**

| 年份 | 主要内容 |
|---|---|
| 1990 | （1）建立国家专项粮食储备制度，把农民需要向国家出售的余粮，以不低于国家制定的保护价敞开收购起来，作为国家专项粮食储备，列入专项储备的粮食统购价与指导价（结算价）之间的差价贷款，由中央财政贴息<br>（2）对小麦、玉米、稻谷三个主要粮食品种规定了议购指导价格，并规定了最高限价和最低保护价。各省、自治区、直辖市人民政府根据当地情况，在规定浮动幅度范围内，安排具体价格水平 |
| 1991 | 继续实行专项储备粮食收购保护价措施，进一步明确了建立中央和地方多级粮食储备体系；对专项储备粮食的贷款由原来中央财政部分贴息改为全额贴息。在粮食主产区，储备粮食的收购价格比当地集市粮价高出 10% ~20%；专储以外收购的粮食，实行议购议销 |

续表

| 年份 | 主要内容 |
| --- | --- |
| 1993 | (1) 建立粮食收购保护价制度，全国主要粮食品种的收购保护价格的基准价，由国务院制定下达，各省、自治区、直辖市人民政府根据当地情况，按不低于但可高于中央下达的基准价格水平，制定本地区的收购保护价格；保护价的实施范围限于原国家定购和专项储备的粮食，各地可适当增加，但不得调减<br>(2) 为了保证落实粮食收购保护价格制度，国务院决定建立中央和省（区、市）两级粮食风险基金 |
| 1997 | 要求各地制定并公布当地议购粮保护价政策，敞开收购农民手中的余粮；对议购粮要按市场价收购，市场粮价低于定购粮价时，要按当地政府规定的保护价格收购，保护价格要参照定购价格制定。把贯彻落实这项基本政策作为“米袋子”省长负责制的一项重要内容 |
| 1998 | (1) 以贯彻落实按保护价敞开收购和顺价销售政策为重点推进粮价改革，由政府确定一定时期主要粮食品种的收购保护价和作为调控目标的销售限价，当市场粮价下跌至接近或低于保护价时，政府及时收购储备粮，必要时政府支持粮食企业按保护价及时入市收购，促进市场价格回升到合理水平<br>(2) 粮食收购保护价的制定原则：能够补偿粮食生产成本，使农民得到适当的收益 |
| 1999 | (1) 降低市场销售不畅的粮食品种的定购价和保护价。降低东北三省和内蒙古自治区东部以及河北省、山西省北部春小麦和南方早籼稻、江南小麦的收购价格，其中劣质品种的定购价和保护价可按照低于生产成本的原则确定<br>(2) 调整粮食保护价收购范围。东北三省及内蒙古东部、河北北部、山西北部的春小麦和南方早籼稻、江南小麦，从2000年新粮上市起退出保护价收购范围<br>(3) 实行粮食定购价和保护价水平“并轨” |
| 2000 | (1) 继续适当调整粮食保护价收购范围，从2000年新粮上市起，长江流域及其以南地区的玉米退出保护价收购范围；从2001年新粮上市起，晋冀鲁豫等地区的玉米、稻谷，也可以退出保护价收购范围<br>(2) 大幅下调小麦收购保护价水平，玉米上调，稻谷持平 |
| 2001 | (1) 粮食主产区继续执行按保护价敞开收购农民余粮政策；中央财政将粮食风险基金补贴完全包干给地方，真正建立起粮食生产和流通的省长负责制<br>(2) 进一步拉开地区差价与品质差价 |
| 2002 | (1) 适当调整保护价收购范围及水平。实行收购保护价政策的粮食地区和品种，主要是黄淮海地区的小麦、东北地区及内蒙古东部的玉米、长江中游地区的中晚籼稻和东北地区的优质稻谷。各主产区出台的保护价水平比上年有所降低<br>(2) 粮食收购保护价的制定原则：补偿生产成本，有利顺价销售，合理安排差价，保护农民利益，促进深化改革<br>(3) 开始改间接补贴为直接补贴的试点工作 |

续表

| 年份 | 主要内容 |
|---|---|
| 2003 | (1) 继续调整保护价收购范围。实行收购保护价政策的粮食地区和品种，主要是黄淮海地区的小麦、东北地区的玉米、长江中游地区的中晚籼稻和东北地区的优质稻谷。收购保护价总体保持在上年水平<br>(2) 继续在具备条件的地方对种粮农民实行直接补贴的改革试点 |
| 2004 | (1) 对稻谷实行最低收购价政策<br>(2) 全面推行对种粮农民的直接补贴，当年补贴资金达116亿元 |

1993年，国家正式建立了粮食收购保护价制度，全国主要粮食品种的收购保护价格的基准价，由国务院制定下达，同时为了保证保护价政策的顺利实行，建立了中央和省（区、市）两级粮食风险基金，这是我国针对关系国计民生的重要商品而建立的第一个专项宏观调控基金。但这时，我国粮食保护价政策的实施范围是有限的，考虑到国家财政负担状况，只将原国家定购和专项储备的粮食包括在保护范围之内。到1996年，鉴于我国粮食市场价格持续低迷，以至于低于国家定购价的情况，国家开始要求国有粮食购销企业按定购价敞开收购农民余粮，1997年夏粮上市时节，国务院再次明确在按定购价收购定购粮的同时，必须按保护价（即定购基准价，比实际执行的定购价低10%）敞开收购农民余粮。1998年推行新一轮粮改后，继续按保护价敞开收购农民余粮，对国有粮食购销企业超过正常周转库存量的那部分库存给予利息和费用补贴的政策得以正式确立（叶兴庆，2002）。可以看到，这时候保护价的保护范围有了很大的扩张，国家急于用保护价保证农民受益（从保护价的制定原则中可以看到），却忽视了国家财政能力的有限。1997年国家财政用于价格补贴支出达328.8亿元，占财政总支出的5%，已经成为国家财政用于农业的支出中的最大一个单项。1998年，中央和地方财政对粮食的各项补贴又比上年增加26.4%，其中，中央财政支出比上年增加29.1%（吴坚等，2000）。

如此下去，国家财政将不堪重负。因此从1999年开始，国家逐步调整了粮食保护价的实施范围。在表6－8中可以看到，从市场销售不畅的粮食品种，到非粮食主产区的粮食品种，1999～2003年，粮食保护价的实施范围不断缩小，保护的重点放在有种粮优势的地区和以种粮为主业的农民利益上，不适宜种粮地区的滞销粮食品种逐步退出保护价收购范围。保护价的制定原则也在保护农民种粮收益的基础上，加上了合理安排品种及地区差价，促进深化改革。至此，粮食保护价的职能范围不仅是提高农民出售粮食的价格，还要带动粮食种植结构调整，促进优质优价。同时从2002年开始，国家在安徽省天长市、来安县进行粮食直接补贴试点。试点的主要内容是“两放开，一调整”，即放开收购价格，放开收购市场，将国家实行按保护价敞开收购农民余粮政策间接给农民的补贴调整为直接补给农民。经过2002年和2003年在改革试点的实验，到2004年，国家全面推行了粮食直补政策，当年补贴资金达116亿元。这是我国粮食保护价政策的重大改革，将以往国家主要补贴流通领域的间接价格支持改为补贴农民收入的直接补贴，不仅减少了政策执行期间的效率损失，也积极顺应了世贸组织规则，将属于“黄箱”政策的价格支持转为属于“绿箱”政策的直接补贴农民收入，为我国加大农业补贴和支持力度拓展了空间。

**表6－8 我国小麦的保护价水平** 单位：元/50公斤

| 年份 | 名称 | 内容 | 备注 |
|---|---|---|---|
| 1990 | 议购指导价 | 北方小麦为46元，南方小麦为41元 | (－5%，10%) |
| 1993 | 收购保护价 | 北方冬小麦32.5元，南方冬小麦31元 | 中等质量标准 |
| 1997 | 收购保护价 | 小麦、稻谷、玉米平均为63元 | 全国 |
| 1998 | 收购保护价 | 小麦、稻谷、玉米平均为59.7元，小麦为63.6元 | 全国 |
| 1999 | 收购保护价 | 小麦、稻谷、玉米平均为55元，小麦为62.7元 | 全国 |
| 2000 | 收购保护价 | 小麦、稻谷、玉米平均为54.6元，小麦为56.8元 | 全国 |
| 2001 | 收购保护价 | 小麦、稻谷、玉米平均为54.6元，小麦为56.2元 | 全国 |
| 2002 | 收购保护价 | 55元 | 黄淮海地区 |
| 2003 | 收购保护价 | 55元 | 黄淮海地区 |

注：(－5%，10%) 意思是各地在国家议购指导价的基础上上浮不超过10%，下浮不超过5%。

资料来源：《中国物价年鉴》(1991～2005)；方土，WTO经济导刊，2004年第8期。

# 第七章　21 世纪以来我国粮食价格调控政策的回顾及评价

2004 年在国务院印发的《关于进一步深化粮食流通体制改革的意见》（国发［2004］17 号）中，进一步明确了深化粮食流通体制改革的基本思路：放开购销市场，直接补贴粮农，转换企业机制，维护市场秩序，加强宏观调控。同时指出要转换粮食价格形成机制：一般情况下，粮食收购价格由市场供求形成，国家在充分发挥市场机制的基础上实行宏观调控。要充分发挥价格的导向作用，当粮食供求发生重大变化时，为保证市场供应、保护农民利益，必要时可由国务院决定对短缺的重点粮食品种，在粮食主产区实行最低收购价格。至此，我国基本上形成了以最低收购价、临时收储政策、农业补贴政策以及进出口调控政策为支柱的新时期农产品调控的基本框架（杜鹰，2016）。其中，最低收购价和临时收储政策作为新时期国家在粮食市场上调整供求关系的重要手段，对粮食市场价格形成的影响十分显著。最低收购价政策主要用于小麦和水稻两种口粮作物，本章将以最低收购价政策为例，回顾市场全面放开以来我国粮食价格调控政策的演变过程。

# 第一节　最低收购价政策的出台与演变

## 一、政策出台背景

### （一）粮食供求形势发生重大变化

1996 年我国粮食总产突破 5 亿吨大关，并在 1998 年和 1999 年连续两年保持在 5 亿吨以上。到 1990 年我国粮食产销结余量高达 1.6 亿吨，出现了阶段性的粮食过剩，国家储备更是达到高峰。之后，受农业战略性结构调整和粮食保护价政策效果不佳的双重影响，粮食产量连年下滑，供需形势由供过于求转为供不应求。2003 年我国粮食总产降至 43070 万吨，到达 1990 年以来的最低点，当年供需缺口 5555 万吨。国内粮食供需缺口累计高达 1.2 亿吨，主要依靠消耗库存进行弥补，考虑到周转粮和陈化粮，当期的国家粮食库存也降到历史低点。

### （二）农民增收困难问题突出

由于农业减产，许多传统农区、粮食主产区、中西部地区相当一部分主要依靠农业就业的农民收入增长困难，从 1997～2002 年，农民的人均收入平均只增长了 3.9%（赵阳，2016）。粮食主产区农民收入增长幅度低于全国平均水平，许多纯农户的收入持续徘徊甚至下降，城乡居民收入差距不断扩大，2002 年我国城乡收入比首次登上“3”的台阶，2007 年扩大到改革开放以来的最高水平 3.33∶1，农民的种粮积极性大为降低，粮食问题已经严重影响到国家安全和社会稳定的大局。

### （三）稻谷价格出现异常波动

由于 2003 年下半年国内粮食市场供求发生较大变化，稻谷价格出现异常波动，国内供给明显短缺，为鼓励农民种粮，国家于 2004 年春播前及时发布了稻谷最低收购价格。但由于2004年粮食产量大幅增长，国内供求状况改善，影响了2005年粮食价格，为保护农民利益，在2005年春播前又发布了稻谷最低收购价格，以支持稻谷行情。因此，最低收购价刚开始制定的目标是稳定农民的价格预期，保证粮食增产，但其实2004年稻谷收购价格明显高于最低收购价格，2004年最低收购价方案并未启动。直到2005年稻谷价格回落，最低收购价政策才如期启动，而这时最低收购价是以托市为目标的。2005年，由于粮食连续丰收，粮食价格面临着较大下行压力，我国开始在稻谷主产区陆续启动最低收购价稻谷执行预案；2006年我国第一次在小麦主产省启动最低收购价小麦执行预案。

首先，从最低收购价政策的出台背景来看，由于当时的国内粮食形势正处于紧张状态，长期产不足需使国家库存降至低点，因此，促进粮食生产就成为最低收购价政策的首要目标；其次，农民增收遭遇瓶颈，而主产区、种粮农民增收则更加困难，保证种粮农民合理收益就成为促进粮食生产的关键，也成为最低收购价政策的另一目标；最后，由于当时我国刚刚全面放开粮食购销市场，又面临粮食供求形势年际间的剧烈变化，因此，个别粮食品种价格出现大幅波动，最低收购价政策的第三个目标就是为了减缓粮食价格波动，稳定粮食市场，避免“谷贱伤农”。

## 二、主要做法和内容

最低收购价政策是为保护农民利益、保障粮食市场供应，必要时由国务院决定对短缺的重点粮食品种，在粮食主产区实行最低收购价格。当市场粮价低于国家确定的最低收购价时，国家委托符合一定资质条件的粮食企业，按国家确定的最低收购价收购农民的粮食，推动粮食价格上涨，当市场价格涨至最低收购价水平后即停止收购。2006年5月，国家正式出台小麦最低收购价政策，由中储粮总公司及其有关分公司进行托市收购。从本质上来说，最低收购价政策是通过公布粮食最低收购价格在市场上形成“影子价格”或“目标价格”，引导市场对粮食进行合理定价，确保农民的合理种粮利润收入，同时在粮食供大于求时启动收购预案，对粮食形成托市效应（刘斌，2013）。最低收购价政策自2004年出台之后，随着国内粮食市场形势的变化不断进行调整，主要呈现以下三个特点：

（一）最低收购价格水平不断提高

我国最低收购价格政策是为了保护种粮农民合理收益和促进粮食生产，因此在价格水平制定上综合考虑粮食成本收益、供求情况、市场价格、宏观调控等因素，采取粮食平均生产成本加上一定幅度的利润水平来确定。在最低收购价政策实行的前三年，也就是2005～2007年，最低收购价格水平一直未做调整。自2008年起，由于农民生产成本上涨较为明显，国家开始逐年提高最低收购价格水平，小麦由0.72元/斤提至1.18元/斤，涨幅64%；早籼稻由0.7元/斤提至1.35元/斤，涨幅92.9%；中晚籼稻由0.72元/斤提至1.38元/斤，涨幅91.7%；粳稻由0.75元/斤提至1.55元/斤，涨幅106.7%。但与同期种植成本相比，最低收购价格水平涨幅仍低于生产总成本的涨幅（见表7－1）。从最低收购价制定与农户平均出售价格的对比情况来看，2012年以前，各品种的最低收购价基本上都低于农户平均出售价，而2012年以后，逐渐有些品种的最低收购价水平开始高于农户平均出售价，尤其是中籼稻和粳稻的最低收购价要高于农户出售价5%～6%（如图7－1所示）。

**表7－1　我国最低收购价格水平与总成本变化对比**　　单位：元/斤

| 项目＼年份 | 2005 | 2008 | 2009 | 2010 | 2011 | 2012 | 2013 | 2014 | 2015 | 比2005年增长（%） |
|---|---|---|---|---|---|---|---|---|---|---|
| 小麦 | | | | | | | | | | |
| 总成本 | 0.57 | 0.62 | 0.73 | 0.82 | 0.89 | 1.06 | 1.19 | 1.11 | 1.14 | 99.6 |
| 最低收购价格 | 0.72 | 0.77 | 0.87 | 0.9 | 0.95 | 1.02 | 1.12 | 1.18 | 1.18 | 63.9 |
| 早籼稻 | | | | | | | | | | |
| 总成本 | 0.60 | 0.76 | 0.76 | 0.90 | 0.99 | 1.16 | 1.23 | 1.27 | 1.29 | 114.1 |
| 最低收购价 | 0.7 | 0.77 | 0.9 | 0.93 | 1.02 | 1.2 | 1.32 | 1.35 | 1.35 | 92.9 |

续表

| 项目 \ 年份 | 2005 | 2008 | 2009 | 2010 | 2011 | 2012 | 2013 | 2014 | 2015 | 比 2005 年增长（%） |
|---|---|---|---|---|---|---|---|---|---|---|
| 中籼稻 | | | | | | | | | | |
| 总成本 | 0.48 | 0.60 | 0.64 | 0.74 | 0.88 | 1.00 | 1.14 | 1.14 | 1.10 | 130.5 |
| 最低收购价 | 0.72 | 0.79 | 0.92 | 0.97 | 1.07 | 1.25 | 1.35 | 1.38 | 1.38 | 91.7 |
| 晚籼稻 | | | | | | | | | | |
| 总成本 | 0.60 | 0.74 | 0.75 | 0.88 | 1.00 | 1.11 | 1.25 | 1.21 | 1.25 | 107.2 |
| 最低收购价 | 0.72 | 0.79 | 0.92 | 0.97 | 1.07 | 1.25 | 1.35 | 1.38 | 1.38 | 91.7 |
| 粳稻 | | | | | | | | | | |
| 总成本 | 0.57 | 0.73 | 0.75 | 0.86 | 0.95 | 1.10 | 1.20 | 1.19 | 1.22 | 112.0 |
| 最低收购价 | 0.75 | 0.82 | 0.95 | 1.05 | 1.28 | 1.4 | 1.5 | 1.55 | 1.55 | 106.7 |

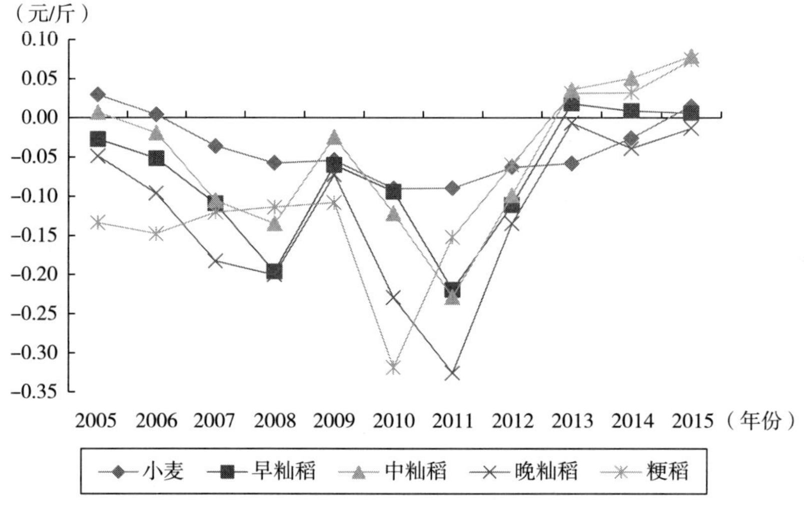


**图 7－1　最低收购价与农户平均出售价格对比**

资料来源：历年《全国农产品成本收益年鉴》。

（二）执行方案不断完善

1. 最低收购价的执行区域不断扩大

2008 年，国家对稻谷最低收购价政策执行区域的范围有较为明显的调整。

早籼稻执行区域在江西、湖南、湖北和安徽四省基础上增加了广西，中晚稻执行区域由原来7个省份调整为辽宁、吉林、黑龙江、江苏、安徽、江西、河南、湖北、湖南、广西和四川11省（区）。执行区域的扩大，将在更大空间范围内保护稻农的利益，调动农民种植的积极性，增加稻谷的生产（张千友，2011）。

2. 托市收购执行企业有所增加

2006年最低收购价政策刚启动时，政策执行主体主要以中储粮系统为主，包括主产区的中储粮总公司及其有关分公司、省级地方储备粮公司以及北京、天津、上海、浙江、福建、广东和海南7个主销区省级地方储备粮公司。2010年增加了中粮、华粮、中纺等企业参与，2016年增加了受中储粮总公司委托的中航工业、农垦集团所属企业及有关地方骨干企业。

3. 执行时间逐渐合理化

在发布最低收购价政策的时间上，为对农民播种发出正确的引导信号，2008年之后把小麦最低收购价发布时间定为每年的9~10月，即秋冬种之前。为提高政策托市效应、缓解农民集中售粮压力，最低收购价政策在执行时间上也根据实际情况不断调整，例如，2007年把东北三省粳稻最低收购价的终止时间由3月31日延长到4月30日，2008年将东北地区中晚籼稻的收购时间向后延长一个月，同年小麦预案的开始时间也由以往6月1日提前到5月21日。

4. 收购标准不断完善

2012年以前，小麦的最低收购价分为白麦、混合麦和红麦三种，混合麦和红麦的收购价格明显低于白麦，使南方部分适合种植红麦的产区也种上了白麦，一旦在收获期间遇到连续阴雨，就会造成大量穗上发芽，不仅影响产量，也使籽粒品质显著降低。为避免这种情况，2012年以后国家将白麦、混合麦、红麦三个品种的最低收购价统一成一个价格，使各地可以根据地域性特点选择适合的小麦品种，促进了小麦生产的优化。

（三）配套政策措施不断加强

1. 完善国家政策性拍卖政策以增强最低收购价政策的执行力度

最低收购价政策执行期间，为保证市场粮价合理回升，国家不断调整政策性粮食的拍卖节奏。2005 年要求在预案启动期间，原则上停止中央和地方储备销售；2006 年以早籼稻市场为点，要求在市场价未明显回升时不安排销售政策粮，待市场价格回升后，“在国家有关部门指导下，按照顺价销售原则在粮食批发市场或网上竞价销售”。2008 年以后统一为在预案执行期间，原则上停止中央和地方储备库存的大批量集中拍卖活动。2016 年取消了多年来保持的“顺价销售”原则，改由国家有关部门“合理制定销售底价”，公开竞价销售。

2. 贷款政策逐步调整为“统贷统还”

2004～2006 年，中国农业发展银行粮食最低收购价贷款主体为所有的委托收储库点，包括中储粮自属企业和地方粮购销企业。2007 年贷款政策调整为所在地中储粮直属企业统一向农业发展银行承贷，对于没有中储粮直属企业的地区，为保证收购需要，可暂为中储粮分公司指定具有农发行贷款资格和资质较好的收储企业，即少量具备委托收储库点条件的地方粮食购销企业承贷。同时还规定，收购结束后，这些指定贷款企业的贷款要及时划转到中储粮直属企业统一管理，这一政策主要目的在于明确以中储粮自属企业为贷款主体，从而加强中储粮管理监督职能（矫健，2012）。

## 第二节　最低收购价政策的主要成效

从近十年发展来看，最低收购价政策较好地实现了当初政策制定时的三个预期目标，有效保障了国家的粮食安全和农民种粮收益，稳定了粮食市场，可以说在特定历史阶段政策是成功的。

## 一、促进了我国粮食持续增产

在以最低收购价为代表的粮食价格支持政策和以四项补贴为代表的粮食生产政策的带动下，农民发展粮食生产的积极性大幅度回升，我国粮食产量连创新高，成为农业生产的一个亮点。2004～2015年，我国粮食生产实现“十二连增”，自2013年起突破6亿吨大关，2015年全国粮食产量达到创纪录的6.21亿吨，比2003年增长了44.3%；其中，稻谷、小麦、玉米产量分别达到2.08亿吨、1.30亿吨和2.25亿吨，分别比2003年增长29.6%、50.5%和90.9%。

## 二、有效促进了农民增收

在农民收入结构中，家庭经营收入占40%左右，这一比例在粮食主产区更高。近十年来，粮食最低收购价逐年提高，对农民增收的贡献明显。据粮食局统计，“十二五”期间，国有粮食部门累计托市收购粮食8460亿斤，通过价格托底、优质优价、整晒提等、产后减损等措施，带动农民增收2510亿元，有效保护了种粮农民利益。

## 三、保证了国内粮食市场的稳定

2008年的金融危机以及全球粮食增产使国际粮食价格快速回落，连续丰收使国内粮食市场价格受到了较大的下行压力，但国家最低收购价政策的执行使国内小麦和稻谷市场总体运行较为平稳，没有受到国际市场太多的冲击。以小麦为例，2006年以前，我国小麦的生产价格和集贸市场价格波动非常明显，年内价格波动变异系数高于0.05。2006年实行最低收购价和临时收储政策之后，价格波动迅速减弱，价格变动变异系数到2009年下降到0.01，此后基本维持在这个水平上。相比国际小麦价格，国内小麦价格波动也比较平缓。2007年下半年国际小麦价格开始上涨，到2008年3月达到顶峰，累计上涨1.19倍，而同期国内价格仅上涨1.48%；2012～2013年国际小麦价格下挫将近50%，美麦到岸完税价跌幅在每吨1000元左右，而国内小麦价格仍然维持平稳，波动幅度在每吨500元以内。

## 第三节　最低收购价政策带来的问题与矛盾

虽然最低收购价政策在促进粮食增产、保证农民增收、稳定市场方面成效显著，但随着国内外形势变化，最低收购价政策所面临的不确定因素不断增加，其自身存在的不足和局限也逐渐暴露出来，不仅影响了我国农产品市场竞争力，还对国内农产品加工业发展带来负面影响。

### 一、库存持续增加，财政负担沉重

2012年以来，由于全球粮食生产连续丰收价格不断下跌，而国内市场在托市政策的带动下保持稳中上涨的趋势，国内外价格长期倒挂，导致"价差驱动"型进口不断增加，造成"国货入库、洋货入市""产量、进口量、库存量三量齐增"的怪象，到2015年7月我国的粮食库存总量已经超过9000亿斤，到年末库存已突破1万亿斤。随着收购量越来越多，在仓容爆满情况下，财政被迫投入巨资新建或改建大量仓储设施。同时，为了维护这些超出市场需求的粮食，财政还得支出两笔巨大资金，一笔是补贴粮食储存，另一笔是支持存储企业定期到市场上轮换库存粮食。2014年国家对农民的四项补贴合计约1700亿元，而当年用于粮食最低收购和临时收储的资金达到3555.7亿元，还有新建1000亿斤粮食仓储设施需投入巨资。另外，为维护好这些储备粮，还需要500亿元左右的保管费用（马晓河，2016）。由于近年来市场粮价不断走低，托市粮拍卖价格没有优势，导致粮食顺价销售难，陈化和霉变问题日益突出。而到了陈化阶段，粮食不能作为口粮只作饲料用，亏损巨大，将进一步加重财政负担。

### 二、市场价格扭曲，供求关系失衡

按照一般经济规律，随着市场供应能力的增强，市场价格会随着供求关系的改善而出现下降趋势，近年来国际粮食市场的走势正是遵循这一规律。但在过去的十余年中，虽然我国粮食产量和库存量持续增加，但粮食价格却出现持续上涨的态势，完全违背了价格规律。究其原因，主要是托市收购价格不断上升，由“托底价”变成了“最高价”，增产的大部分粮食被收购入库，增产的结果只是库存量不断增加，市场流通粮源并没有明显变化。在某些托市收购量较大的年份，甚至出现用粮高峰时期市场粮源阶段性紧缺的情况，造成年初年尾价格上涨趋势更加明显，往年托市粮由于价格高、出库慢而无法成为有效供给。我国粮食市场的供求关系被严重扭曲，市场价被最低收购价所替代，政府代替市场成为粮食生产资源的主要配置力量。对执行托市收购的企业来讲，只要按照国家标准收粮入库就能拿到补贴；对种粮农民来讲，只要种植符合国家收储标准的品种就能把粮食顺利销售出去。由于托市收购的标准主要是一般性质量标准，集中在水分含量、破损率、杂质率，而对于下游加工所要求的品质标准难以作进一步要求，从而导致农民在选择品种时，更倾向于追求高产、稳产的普通品种，而不是优质化、专用化的品种。其后果是虽然粮食总量十分充裕，但品种结构、品质结构失衡矛盾越发凸显，这也是导致国产粮食竞争力下降，进口大幅度增加的重要原因。

### 三、原料价格不断上涨，产业链下游企业陷入困境

从产业链角度来看，粮食的生产、收购、加工、销售是一条完整的产业链条，正常情况下价格信息的传递应该是对称的，上游产品价格的变化会逐步传导至下游产品。我国最低收购价水平的提高保证了上游粮食生产在丰收时不会“谷

贱伤农”，但为保证下游消费端市场不出现“米贵伤民”，2010 年 11 月以来，有关部门曾多次采取约谈等方式，对面粉、食用油销售实行行政性限价政策（程国强，2012）。由此出现了“麦强粉弱”“稻强米弱”的现象，下游加工企业遭受“双面挤压”，亏损情况严重。以面粉加工行业为例，2006～2015 年，面粉出厂价格从 2000～2300 元/吨增至 2500～3000 元/吨，增幅仅在 30%左右，而同期普通小麦批发价格由 1440 元/吨增至 2460 元/吨，增幅为 70.8%，比面粉价格增幅高一倍以上。由于原料价格高企，再加上近年来人工成本的大幅上涨，企业仅靠面粉加工难以获利。前两年大部分企业还能靠出售价格较高的副产品（麦麸）来弥补亏损。2014 年下半年之后，受畜牧和饲料行业不景气的影响，小麦麸皮价格一度跌破 1.0 元/公斤，仅为历史高价位的 50%，企业理论加工利润已处于负值区间，每加工 1 吨小麦亏损在 70～100 元。

## 第四节　最低收购价政策对小麦市场价格的影响

依前面的分析可知，最低收购价政策的出台在促进粮食生产和农民增收，保证粮食市场稳定方面成效斐然，本节将以小麦市场为例围绕最低收购价政策对粮食市场价格的影响进行分析（见表 7－2）。自实行最低收购价政策以来，每年小麦刚上市时的价格低谷期得以大幅缩短，国有企业的托市收购行为也成了社会各主体收购小麦的风向标。“新麦上市价格低迷——→市场主体观望——→托市收购启动——→新麦价格上升——→市场主体入场竞争粮源——→陈麦价格上升”成为每年夏收市场上的一般规律。国内已有不少学者对最低收购价的托市作用给予了肯定，一些实证分析也表明，托市政策在一定程度上提高了主产区的粮食价格。但由于基础数据来源的限制，已有的分析对国有企业托市收购行为对粮食市场价格的影响缺乏定量的研究，这也是本书的重要意义所在。

表7-2　2006年以来中国小麦产量及收购量比较

| 项目 / 年份 | 当年产量（万吨） | 全社会收购量（万吨） | 商品率（%） | 当年商品量（万吨） | 托市收购量（万吨） | 全社会收购量占当年商品量（%） | 托市收购量占当年商品量（%） |
|---|---|---|---|---|---|---|---|
| 2006 | 10847 | — | 54.70 | 5933 | 4094 | | 69.0 |
| 2007 | 10930 | 4242.4 | 58.60 | 6405 | 2894.9 | 66.2 | 45.2 |
| 2008 | 11246 | 5866.6 | 63.10 | 7096 | 4202.8 | 82.7 | 59.2 |
| 2009 | 11512 | 6015.7 | 65.81 | 7576 | 4004.2 | 79.4 | 52.9 |
| 2010 | 11518 | 5191.1 | 70.43 | 8112 | 2240.9 | 64.0 | 27.6 |
| 2011 | 11740 | 5731.6 | 73.90 | 8676 | | 66.1 | |
| 2012 | 12102 | 5762.5 | 81.54 | 9868 | 2335 | 58.4 | 23.7 |
| 2013 | 12172 | 5450 | 82.18 | 10003 | 837.15 | 54.5 | 8.4 |
| 2014 | 12540 | 7363 | 88.15 | 11054 | 2535 | 66.6 | 22.9 |
| 2015 | 13019 | 6631 | 89.18 | 11610 | 2080 | 57.1 | 17.9 |
| 2016 | 12363 | 7582 | 90 | 11127 | 2850 | 68.1 | 25.6 |

注：2016年数据为笔者估算数据；各年商品量数据根据全国成本收益年鉴小麦商品率与当年产量相乘计算而得；2011年未启动托市收购。

## 一、理论模型与假设

传统回归分析方法进行估计和检验要求相关变量必须具备平稳性，否则容易产生伪回归，而对数据进行差分变换后进行回归又可能丢失长期信息；结构模型建立方法可利用经济理论来描述变量之间的关系，但经济理论往往不能为变量间动态关系提供严格的定义，加之内生变量可能同时出现在方程的左右两边，会使估计和推论问题变得复杂化。为解决以上这些问题我们首先对小麦收购量和价格进行平稳性检验和协整检验，采用向量自回归模型（Vector Autoregressive Model，VAR）的方法来分析小麦收购量对小麦价格波动贡献的问题，然后根据VAR模型所得经验模型，结合协整检验结果与农业经济理论分析，在考虑不同年份小麦收购价随机变化的情况下，构建混合效应模型，既反映不同年份的差异，又反映小麦收购市场的一般规律。

（一）混合效应模型

最初提出混合效应模型的是为了解决在观测对象存在系统结构的情况下，分析因变量 y 与自变量 x 之间的线性回归关系中遇到的组内相关问题。它含有固定效应和随机效应两个部分，可以看作随机效应模型（Random Effects Models）和固定效应模型（Fixed Effects Model）的组合体。其中，固定效应是一个群体概念，代表了一个分布的信息或特征，对固定效应而言，我们所做的推断仅限于几个固定的（未知的）参数。这里就体现了经典的频率派的思想——任何样本都来源于一个无限的群体（Population）。同时，引入随机效应就可以使个体观测之间有一定的相关性，所以就可以用来拟合非独立观测的数据。混合效应模型既可以检验样本群体的显著性，又可以提取样本之间的差异。混合效应模型的一般形式为：

$$Y_{ij} = X'_{ij}\beta + b_i + e_{ij} \tag{7-1}$$

其中，$Y_{ij}$表示第 $i$ 个个体在第 $j$ 时刻的被解释变量的取值；模型中等号右边部分由三部分组成，固定效应部分、随机效应部分和残差项。其中 $X'_{ij}\beta$ 表示固定效应部分，也就是被解释变量的总体平均水平，$b_i$ 表示随机效应，也就是每个个体不同于总体平均水平的部分，$e_{ij}$表示残差项，如测量误差，抽样误差等。

该模型也可以写成向量或矩阵形式：

$$Y_i = X_i\beta + z_i b_i + e_i \tag{7-2}$$

简单来说就是把每个个体的多次测量结果写成一个矩阵或向量的形式，因此，式（7-2）没有了 $j$，这样写可以对用 SAS 进行运算的时候带来方便。在这里 $X_i$ 表示固定效应协变量的$(n_i \times p)$一个矩阵，$\beta$ 表示一个$(p \times 1)$固定效应的向量，$z_i$ 表示随机效应协变量的$(n_i \times q)$一个矩阵，$b_i$ 表示随机效应的$(q \times 1)$的向量。

（二）模型假设

为了分析小麦收购市场主体行为对小麦价格的影响，根据经典经济学理论，商品的价格由供需两方面因素共同决定，影响商品的需求价格的因素主要有商品供给量、替代品的数量、需求量等，在建立模型前提出四个假设：

一是随着托市收购量和市场化收购量的增加，市场小麦供给量相对减少，新麦国企收购价和私商粮贩收购价会出现正向变动。

二是在启动托市收购期间，非国有购销企业处于被动地位，国企收购价是私商粮贩收购价的风向标，国企收购价上涨会带动私商粮贩收购价格上涨。

三是在新麦上市期间，新麦和陈麦之间存在替代关系，新麦价格上涨会推动陈麦价格上涨。

四是若玉米价格上涨，则小麦作为饲料的替代需求增加，会推动小麦上涨。

从饲料替代关系上来看，玉米价格的上涨会带动其替代品小麦价格上涨，两者存在正向变动的关系。麸皮价格上涨，会促进面粉企业利润增加，提高其开工率，同样会推动小麦价格上涨。从产业链的角度，如果小麦下游产品麸皮价格上涨，小麦价格也会上涨，两者之间存在正向变动关系。

（三）数据说明

每年我国小麦托市收购执行预案的颁布一般是在5月上旬或中旬，当新麦上市后，六个执行最低收购购价政策的小麦主产省根据各地新麦开秤价格水平，选择是否启动或何时启动托市收购，执行时间一般为5月底到9月30号。为集中考察夏粮收购时期国有企业托市收购行为对小麦价格的影响，同时避免小样本产生的偏差，我们采用周度数据，时间从2008年6月至9月~2015年6月至9月。具体的数据指标包括：托市收购量（$X_1$）、麸皮价格（$X_2$）、玉米价格（$X_3$）、新麦国企收购价（$Y_1$）、新麦私企收购价（$Y_2$）及陈麦批发价格（$Y_3$）。其中，托市收购量（$X_1$）来源于国家粮食局网站，新麦价格（$Y_1$，$Y_2$）来自农业部每年对新麦收购市场的监测信息，麸皮价格（$X_2$）、玉米价格（$X_3$）和陈麦批发价格（$Y_3$）来自郑州粮食批发市场。

## 二、模型估计结果

### （一）平稳性检验

为避免使用非平稳的时间序列数据而导致的“伪回归”，首先，应对数据进行平稳性检验。运用 Eviews8.0 软件，采用 Dickey 和 Fuller（1981）提出的 ADF 方法进行单位根检验，原假设为变量存在单位根。结果见表 7－3，托市收购量（$X_1$）、陈麦批发价格（$Y_3$）的时间序列是平稳的。而玉米价格（$X_3$）、新麦国企收购价（$Y_1$）、新麦私企收购价（$Y_2$）都是不平稳的时间序列，但他们的一阶差分后的序列都平稳。

表 7－3　单位根检验结果

| 变量 | 截距 | 时间趋势 | 滞后阶数 | ADF 值 | P | 观测数 |
|---|---|---|---|---|---|---|
| $X_1$ | 有 | 无 | 0 | －4.069*** | 0.0015 | 131 |
| $X_2$ | 有 | 无 | 0 | －2.661*** | 0.037 | 130 |
| $X_3$ | 有 | 无 | 1 | －10.607*** | 0.000 | 130 |
| $Y_1$ | 有 | 无 | 1 | －8.358*** | 0.000 | 128 |
| $Y_2$ | 有 | 无 | 1 | －10.707*** | 0.000 | 130 |
| $Y_3$ | 有 | 无 | 0 | －2.661* | 0.083 | 130 |

注：***、**、*分别表示在 10%、5% 和 1% 的显著水平下拒绝单位根检验。

### （二）协整检验

协整关系是建立和检验模型的基本出发点，采用 Johansen 协整检验方法来检验变量间的协整关系（见表 7－4）。因协整变量必须是具有相同单整阶数，上节结果显示托市收购量（$X_1$）、麸皮价格（$X_2$）、陈麦批发价格（$Y_3$）的时间序列是平稳的。而玉米价格（$X_3$）、新麦国企收购价（$Y_1$）、新麦私企收购价（$Y_2$）都是不平稳的时间序列，但他们的一阶差分后的序列都平稳。如果要将以上不同单整阶数的变量进行协整检验，首先需要把其变成同阶单整的变量。

**表7-4 各变量之间的协整检验**

| $LNY_1$ 与 $LNX_1$、$LNX_3$、$LNX_4$ 的协整检验结果 | | | | |
|---|---|---|---|---|
| 假设协整个数 | 特征值 | 迹统计量 | 0.05临界值 | 概率 Prob. ** |
| r≤0 * | 50.81 | 0.0000 | 50.81 | 0.0000 |
| r≤1 * | 263.7 | 0.0000 | 242.6 | 0.0000 |
| r≤2 * | 26.47 | 0.0009 | 38.94 | 0.0004 |
| r≤3 * | 10.66 | 0.7123 | 10.66 | 0.7123 |
| $LNY_2$ 与 $LNY_1$、$LNX_2$、$LNX_3$ 的协整检验结果 | | | | |
| 假设协整个数 | 特征值 | 迹统计量 | 0.05临界值 | 概率 Prob. ** |
| r≤0 * | 136.6 | 0.0000 | 114.0 | 0.0000 |
| r≤1 * | 55.15 | 0.0000 | 33.91 | 0.0021 |
| r≤2 * | 38.19 | 0.0005 | 38.19 | 0.0005 |
| LNY3 与 $LNX_1$、$LNY_1$、$LNX_2$、$LNX_3$ 的协整检验结果 | | | | |
| 假设协整个数 | 特征值 | 迹统计量 | 0.05临界值 | 概率 Prob. ** |
| r≤0 * | 231.9 | 0.0000 | 201.4 | 0.0000 |
| r≤1 * | 53.34 | 0.0000 | 36.18 | 0.0010 |
| r≤2 * | 46.17 | 0.0000 | 46.17 | 0.0000 |

注：*、**分别表示在10%、5%、1%的显著水平下拒绝单位根检验。

通过对变量进行协整分析可以发现新麦国有粮食企业收购价格（$Y_1$）、中储粮系统累计托市收购量（$X_1$）、麸皮价格（$X_2$）、玉米价格（$X_3$）四组变量之间存在长期均衡关系。新麦私商粮贩收购价格（$Y_2$）、新麦国有粮食企业收购价格（$Y_1$）、麸皮价格（$X_2$）、玉米价格（$X_3$）四组变量之间存在长期均衡关系。陈麦批发市场价格（$Y_3$）、中储粮系统累计托市收购量（$X_1$）、新麦国有粮食企业收购价格（$Y_1$）、麸皮价格（$X_2$）、玉米价格（$X_3$）五组变量之间存在长期均衡关系。

（三）模型的估计结果

在估计过程中为了降低模型的异方差性，对各变量进行了取对数处理。回顾结果如下：

1. 白麦国企收购价（$Y_1$）

从前面分析结果可知，白麦国企收购价（$Y_1$）的影响因素有托市收购量（$X_1$）、麸皮价格（$X_2$）、玉米价格（$X_3$），确定最终模型：

$$LNY_1 = \alpha_1 + \beta_1 LNX_1 + \beta_2 LNX_2 + \beta_3 LNX_3 + \varepsilon \tag{7-3}$$

因模型中的变量都是同一期观测值，故不需标记时间 t。回归结果如表 7－5 所示。

**表 7－5　白麦国企收购价计量回归结果**

| 变量 | 系数 | 标准误差 | t－Statistic | Prob. |
|---|---|---|---|---|
| C | 0.7978 | 0.3254 | 2.45 | 0.0156 |
| $LNX_1$ | 0.0258 | 0.0059 | 0.43 | 0.0125 |
| $LNX_2$ | 0.2668 | 0.0595 | 4.48 | 0.0000 |
| $LNX_3$ | 0.6322 | 0.05248 | 12.04 | 0.0000 |
| R－squared | 0.8671 | Mean dependent var | | 7.6187 |
| Adjusted R－squared | 0.8628 | S.D. dependent var | | 0.1363 |
| S.E. of regression | 0.0587 | Akaike info criterion | | －2.8002 |
| Sum squared resid | 0.4422 | Schwarz criterion | | －2.7128 |
| Log likelihood | 188.815 | Hannan－Quinn criter. | | －2.7647 |
| Durbin－Watson stat | 0.1691 | | | |

从计量估计结果可知：托市收购量、麸皮价格、玉米价格均正向影响当期小麦国企收购价格。具体来看在其他条件不变的情况下，累计托市收购量（$X_1$）增加 1 单位，白麦国企收购价（$Y_1$）上涨弹性为 2.58%。随着托市收购量的增

加，一方面使市场上新麦的流通量减少，另一方面也为社会收购企业传递了国家托市的信号，带动新麦价格会出现正向变动，假设一成立。麸皮价格（$X_2$）上涨1单位，白麦国企收购价（$Y_1$）上涨弹性为26.7%；玉米价格（$X_3$）上涨1单位，白麦国企收购价（$Y_1$）上涨弹性为63.2%。说明麸皮和玉米价格上涨对新麦国有企业价格具有正向推动作用，假设四成立。两者对新麦的影响均大于托市收购，而玉米作为小麦饲料消费的替代用粮，对新麦价格的影响尤其显著。

2. 白麦私企收购价（$Y_2$）

从前面分析结果可知（见表7－6），白麦私商收购价（$Y_2$）的影响因素有托市收购量（$X_1$）、白麦国企收购价（$Y_1$）、麸皮价格（$X_2$）、玉米价格（$X_3$）。经过变量选择，确定最终混合效应模型：

$$LNY_2 = \alpha_1 + \beta_1 LNX_1 + \beta_2 LNY_1 + \beta_3 LNX_2 + \beta_4 LNX_3 + \varepsilon \tag{7-4}$$

**表7－6 白麦私商收购价计量回归结果**

| Variable | Coefficient | Std. Error | t－Statistic | Prob. |
|---|---|---|---|---|
| C | 0.3066 | 0.0600 | 5.11 | 0.0000 |
| $LNX_1$ | 0.0020 | 0.0009 | 2.14 | 0.0347 |
| $LNY_1$ | 0.9080 | 0.0165 | 54.93 | 0.0000 |
| $LNX_2$ | 0.0061 | 0.0116 | 0.53 | 0.1123 |
| $LNX_3$ | 0.0415 | 0.0142 | 2.93 | 0.0040 |
| R－squared | 0.995851 | Mean dependent var | | 7.602577 |
| Adjusted R－squared | 0.995673 | S. D. dependent var | | 0.129882 |
| S. E. of regression | 0.010899 | Akaike info criterion | | －8.508731 |
| Sum squared resid | 0.015087 | Schwarz criterion | | －8.640617 |
| Log likelihood | 411.7626 | Hannan－Quinn criter. | | －8.562076 |
| Durbin－Watson stat | 0.558802 | | | |

计量结果表明：托市收购量（$X_1$）、白麦国企收购价（$Y_1$）、玉米价格

（$X_3$）在统计上显著正向影响白麦私商收购价。具体来看在其他条件不变的情况下，托市收购量（$X_1$）每增加1单位，白麦私企收购价（$Y_2$）上涨弹性为0.2%，两者呈正向变动，假设一成立。但与前一结论相比，托市收购量的变化对私商收购价的影响要比对国企收购价的影响小得多。在其他条件不变的情况下，白麦国企收购价（$Y_1$）增加1单位，白麦私企收购价（$Y_2$）上涨弹性为90.8%，假设二成立。可见私商粮贩在确定新麦收购价格时，是以国有企业收购价为风向标的，这与我国粮食收购市场流通模式的变化密切相关。

2004年我国粮食购销市场全面放开以来，多元化市场收购主体发展迅速，尤其是粮食经纪人队伍迅速壮大，成为农户售粮的重要渠道，也成为国有粮库和加工贸易企业粮源的重要参与者。2014年国家粮食局针对粮食经纪人的专项调查表明，粮食经纪人的收购量约占总粮食收购量的70%。在粮食主产区，经纪人收购量占比则要更高一些。近年来由于最低收购价逐渐成为市场最高价，粮食经纪人主要通过收购农民粮食，经过初步整理后卖给国有粮食收储点。因此，在收购价格上，往往在国有粮点的收购价格基础上减去运输、人工费用和适当的利润。根据2015年的夏收调研，山东省粮食经纪人收购农户粮食的价格在每斤1.16元时，县级粮食收购点价格大概在1.18元，经纪人卖到粮食收购点时每斤小麦可赚取2分左右的差价；而国有粮食企业储备库由于对粮食质量要求严格，收购价格在1.2元左右。

3. 陈麦（普麦）批发价（$Y_3$）

从前面分析结果可知（见表7-7），陈麦（普麦）批发价（$Y_3$）的影响因素有：托市收购量（$X_1$）、白麦国企收购价（$Y_1$）、白麦私企收购价（$Y_2$）①、麸皮价格（$X_2$）、玉米价格（$X_3$）。构建模型为：

$$LNY_3 = \alpha_1 + \beta_1 LNX_1 + \beta_2 LNY_1 + \beta_3 LNX_2 + \beta_4 LNX_3 + \varepsilon \tag{7-5}$$

① 因白麦国企收购价和白麦私企收购价高度相关，在此模型中我们只纳入其中一个变量作为新麦的价格。

表7－7 陈麦（普麦）批发价计量回归结果

| Variable | Coefficient | Std. Error | t－Statistic | Prob. |
|---|---|---|---|---|
| $LNX_1$ | 0.0005 | 0.0002 | 2.54 | 0.0121 |
| $LNY_1$ | 0.8192 | 0.0374 | 21.89 | 0.0000 |
| $LNX_2$ | 0.1265 | 0.0257 | 4.91 | 0.0000 |
| $LNX_3$ | 0.0669 | 0.0331 | 2.02 | 0.0452 |
| R－squared | 0.956688 | Mean dependent var | | 7.647230 |
| Adjusted R－squared | 0.954825 | S. D. dependent var | | 0.137445 |
| S. E. of regression | 0.025458 | Akaike info criterion | | －4.473703 |
| Sum squared resid | 0.082961 | Schwarz criterion | | －4.386345 |
| Log likelihood | 299.2644 | Hannan－Quinn criter. | | －4.438205 |
| Durbin－Watson stat | 0.563076 | | | |

回归结果表明：托市收购量（$X_1$）、白麦国企收购价（$Y_1$）、麸皮价格（$X_2$）、玉米价格（$X_3$）均正向影响陈麦（普麦）批发价，且在统计上显著。其中，白麦国企收购价（$Y_1$）每增加1单位，陈麦（普麦）批发价的上涨弹性为81.92%，这表明由于新麦和陈麦之间存在相互替代关系，新麦收购价格的上涨会带动陈麦价格上涨，假设三成立；麸皮价格（$X_2$）、玉米价格（$X_3$）每增加1单位，陈麦（普麦）批发价的上涨弹性分别为12.65%和6.69%，假设四成立。在新麦上市期间，虽然麸皮和玉米的价格依然会影响陈麦价格，但影响程度与新麦相比要小很多。这主要是因为新麦上市时，一般正值面粉和小麦的消费淡季，陈麦购销相对清淡，对麸皮、玉米价格的反应并不如其他时期敏感。而且新麦还有三个月左右的后熟期，不能马上用于加工，在此期间加工企业还需要收购陈麦以维持开工率。如果新麦价格变化，会直接影响市场主体尤其是加工企业和贸易商对后期陈麦市场价格走势的判断，因此，对陈麦价格的影响程度最大。

植稻谷的收益也会相应减少。相比较而言，2017 年稻谷最低收购价格下调方案（方案 1）对稻谷市场的影响较小，种植面积调减 0.43%，单产和产量分别下降 0.35% 和 0.78%；稻谷产值，即相当于农民的稻谷种植收益下降 4.2%，进口将增加 34%。方案 2 和方案 3、方案 4 的模拟结果比较接近，即稻谷最低收购价格下调 10% 或者取消对稻谷市场的冲击较大，种植面积下降 1.30% ~1.43%，单产下降 1% 左右，产量降幅达到 2.33% ~2.57%，生产者价格下降 10% ~11%，产值下降 12.14% ~13.33%，进口量增加近六成。

2. 对小麦和玉米市场的影响

小麦在口粮消费方面与大米有一定的替代作用，而玉米在某些地区（如东北）与稻谷是竞争性作物。当稻谷最低收购价格水平下调，使得小麦和玉米的比较收益提高，种植面积增加。在方案 1 中，由于稻谷的最低收购价格调整幅度很小，对小麦和玉米市场的影响非常有限（种植面积和产量均分别提高 0.08% 和 0.15%）。但当稻谷最低收购价格下调幅度加大甚至取消时，小麦和玉米对大米的替代作用会进一步增强。稻谷最低收购价格变化主要影响小麦消费。在方案 2 和方案 3、方案 4 中，小麦的国内消费量增加 0.62% 和 0.77%，进口量增加 13.55% 和 18.43%。稻谷最低收购价格变化主要影响玉米的生产，在方案 2 和方案 3、方案 4 中，玉米的产量增幅分别为 0.44% 和 0.49%，进口量将分别下降 32% 和 36%。

（二）小麦最低收购价格调整对粮食市场的影响

1. 对小麦市场的影响

与稻谷类似，小麦最低收购价格下调后，小麦面积和总产均下降，消费量减少，进口量增加（见表 8-6）。其中，当小麦最低收购价格小幅下调 2% 时（方案 5），小麦的种植面积和单产分别下降 0.32% 和 0.2%，总产量下降 0.52%，消费量下降 0.02%，进口量增加 21.68%。当小麦最低收购价格下降至保本价格时（方案 6），面积和单产的下降幅度更大（1.97% 和 1.26%），产量降幅达

# 第八章　新时期我国粮食价格调控政策的目标及改革方向

最低收购价政策是在我国农业发展特定的历史时期形成的，其“保供给”和“保收益”的目标在当时国内粮食供应短缺、国内粮价低于国际市场的背景下提出的，也是可以完成的。多年来，这项政策对国内粮食产量稳步回升，对促进农民收入较快增长、有效提高我国抵御国际金融危机的能力都功不可没（赵阳，2016）。当前，这项政策之所以会暴露一系列的矛盾和问题，主要是因为我国农业发展阶段及特征已经发生了剧烈变化，而政策的调整幅度不足以适应新形势的变化。因此，在讨论最低收购价政策的改革目标之前，必须要先准确把握当前国内外农业发展的新形势。

## 第一节　粮食价格调控政策面临的新形势

### 一、粮食市场问题由总量矛盾向结构性矛盾转变

保证粮食供给充足、解决人民吃饭问题一直是国内农业政策的重要目标，粮食产量被认为是农业领域最重要的政绩（徐振宇等，2016）。我国粮食产量在1996～1999年连续接近甚至突破5亿吨后，国内粮食产需形势由长期供不应求转

向基本平衡且丰年有余。但随之而来的农业结构调整导致粮食产量连续五年下滑，2003 年跌至 4.3 亿吨，供求关系再度紧张。虽然从 2004 年开始，国家出台了一系列惠农政策，大幅度增加对农业投入，粮食综合生产能力逐步提高。但一直到 2007 年，我国粮食总产量才重回 5 亿吨以上，也就是说在最低收购价政策出台时，我国粮食市场的主要问题是产不足需的矛盾。随着国内粮食生产实现“十二连丰”，粮食产量由 2003 年的 4.3 亿吨增加到 2016 年的 6.2 亿吨，国内粮食市场形势发生了根本性的变化，主要矛盾由产不足需的总量矛盾转为结构性矛盾，主要表现以下三个方面：一是品种结构矛盾，玉米、稻谷阶段性过剩特征明显，大豆产需缺口巨大。二是品质结构矛盾，一般性产品、传统产品、资源性产品过多，优质化、多样化和专用化的农产品发展依然滞后。例如，中筋和中强筋小麦、普通稻谷供给过剩，而强筋和弱筋小麦、优质稻谷供给不足。三是区域结构矛盾，粮食生产日益向东北等水热条件并不占优的北方核心产区集中，全国 75% 的粮食产量、80% 以上的商品粮、90% 以上的调出粮来自 13 个主产省，粮食跨区域流通和平衡的压力越来越大。

## 二、粮食进口由供求缺口驱动型向价差驱动型转变

在资源刚性约束和需求刚性增长的情况下，适度进口大宗农产品是我国的必然选择。自加入世界贸易组织以来，我国农产品进口持续快速增长，年均增长率超过 20%，进口额每三年翻一番。2011 年起，大宗农产品包括三大谷物产品呈现全面净进口。然而，近年来我国大宗农产品进口中有相当一部分不是因为国内短缺，而是受内外价差驱动，造成“国货入库、洋货入市”“产量、进口量、库存量三量齐增”的怪象，过度进口问题十分突出。例如，我国大米供给较为充裕，但自 2012 年起大米进口连续三年超过 200 万吨，其中，尤以越南和巴基斯坦低端大米进口增长最为突出。虽然这些国家的大米从食用口感上并不比泰国大米、甚至国产米好，但因其外观好、价格低。而且这种进口米用于加工南方传统

食品米粉，与国产早籼米没有明显品质差别。低价的进口大米拉低了南方籼米价格，对广东、福建等部分销区的大米市场造成严重冲击，导致南方籼稻销售困难，库存积压。

## 三、国内外价差扩大导致关税“防火墙”作用存在失效危险

过去十多年来，我国之所以能够通过不断提高粮食价格支持水平来促进农业增产农民增收，是因为我国农产品国内价格普遍低于进口到岸税后价，有提价的空间（见表 8－1）。但近年来随着国内外价格的反向变化，主要农产品国内价格逐步超过进口到岸税后价，顶破了国际价格的“天花板”。根据关税的不同有两层国际价格“天花板”。第一层“天花板”是根据配额内低关税计算的进口到岸税后价，第二层“天花板”是根据配额外高关税计算的进口到岸税后价。目前大米和小麦已经持续性顶破第一层“天花板”，并接近甚至超过第二层“天花板”。据农业农村部市场司监测，自 2013 年 7 月起，国内外大米价格出现了持续倒挂。2015 年第 4 季度，国内外价差维持在 33.3% 左右，这就意味着国外大米在支付完运费、关税之后，仍然仅相当于国内价格的 2/3。2013 年 11 月以后，国内优质麦销区价开始持续超越配额内 1% 关税下国际小麦到岸价。截至 2016 年 12 月，国内外价格倒挂的时间已达到 38 个月，为 2005 年以来持续时间最长的一次。2016 年 11 月底，国内优质麦销区价高于配额外 65% 关税下美国小麦到岸税后价 100 元以上，已经开始有国内厂商订购配额外小麦。如果不进行价格政策改

**表 8－1　2016 年底国内外小麦价格对比**

| | 配额内 1% 关税 | 配额外 65% 关税 |
|---|---|---|
| 美国 2 号软红冬到港完税价 | 1747 | 2790 |
| 比国内小麦销区价低 | －1153 | －110 |
| 美国 2 号硬红冬到港完税价 | 1720 | 2747 |
| 比国内小麦销区价低 | －1180 | －153 |

革，大米和小麦国内价格可能持续性顶破第二层“天花板”，超配额进口难以避免，国内粮食价格调控政策的实施效果将大打折扣。

## 四、国际贸易环境对粮食价格调控政策的制约加大

虽然粮食价格调控政策作为一项重要的农业支持保护政策，在发达国家具有较长的历史，但近年来，世界贸易组织（WTO）重要成员国家作出了调整，将农业支持政策的重点由价格支持政策向挂钩补贴、不挂钩补贴过渡与转变。例如，美国2014年新农业法案，取消原有的直接支付、反周期支付、平均作物收入选择计划等政策手段，减少了对价格和收入的直接支持，更多地通过保险计划的实施对农场收入进行较为间接地支持，具有更强的隐蔽性。在这种趋势下，我国粮食价格调控政策收到国际关注的程度日益增加。此外，按世界贸易组织（WTO）规则，我国现行粮食最低收购价属于典型的对生产和贸易有扭曲作用的“黄箱”补贴（叶兴庆，2016）。按照我国加入世界贸易组织（WTO）时承诺，我国对小麦、大米等特定农产品的“黄箱”支持不超过该产品产值的8.5%，对非特定农产品（即对整个农业部门）的“黄箱”支持不超过农业总产值的8.5%。据相关学者测算，近年来，我国对小麦和大米的价格支持水平已由负值转变为正值，且增长迅速。例如，2011年小麦政策性收购22万吨，价格支持水平只有0.4亿元；2012年政策性收购2318万吨，价格支持水平迅速增加到79.28亿元。与小麦的情况相似，大米最低收购价格自2012年开始高出外部参考价格，价格支持水平也随之变为正值；由于年度之间政策性收购量不同，2012年价格支持水平仅为1.15亿元，但2013年快速增加到76.54亿元（朱满德、程国强，2015）。值得注意的是，价格支持水平是与每年的政策性收储量直接相关的，收储量越大支持水平越高。2014年以来，虽然我国小麦和稻谷的政策性收储量在年际间有所波动，但总体呈现增长趋势，如2016年小麦托市收购量达2850万吨，创2009年以来的最高水平，加上托市价也有所提高，如果计算价格

支持水平肯定有较大幅度增加。2016 年 9 月，美国向世界贸易组织提起诉讼，指责中国对大米、小麦和玉米提供的“市场价格支持”远高于中国加入世贸组织时的承诺。今后最低收购价政策的实施将直接面临国际规则的挑战。

## 第二节　新形势下粮食价格调控政策目标的探讨

准确界定粮食宏观调控的目标，是加强和完善粮食宏观调控政策的基本出发点，是科学合理设计粮食宏观调控框架体系的关键（程国强，2012）。价格调控政策作为粮食宏观调控政策的重要组成部分之一，其政策目标的确定必须立足于我国农业发展阶段的新特点。

### 一、我国农业发展阶段变化决定农业主要任务的变化

农业发展阶段转变，根源于我国经济发展阶段的重大转变。2015 年我国人均 GDP 超过 7800 美元，已由一个发展中国家转变成为一个中上等收入国家。国际上的研究表明，处于不同发展阶段的国家，农业的任务和面临的主要矛盾不同。在低收入阶段，粮食需求不断增加，而农业生产效率相对较低，粮食产不足需，农业的主要任务是增加生产、保障供给；进入中高收入阶段后，粮食消费结构发生明显变化，但总需求量趋于稳定；农业物质技术装备水平明显提高，农业中机器替代劳动力越来越普遍，资本劳动比显著提高。然而，由于狭小土地经营规模的制约，农业中也开始出现资本报酬递减现象，成为效率进一步提高从而赢得市场竞争力的障碍（蔡昉，2016），农业面临的任务和主要矛盾已经由增加生产保障供给向转变农业生产方式、提升竞争力转变。因此，在我国农业已经由穷人经济向规模经济转变的大背景下，我国粮食价格调控政策的目标也要向促进农业生产方式的现代化及粮食产业竞争力的提高转变。

## 二、“保供给”即保障粮食安全的内涵发生变化

随着农业综合生产能力的大幅度提升，我国已经走出粮食全面短缺阶段，总量供给不足的可能性已经很小，粮食总量安全已经基本得到有效保障。同时，在国内外经济一体化程度日益加深、我国综合国力大大增强的大背景下，国际环境恶化引起恶意全面贸易禁运的可能性也大幅度降低，粮食总量短缺的风险已经微乎其微。因此，粮食安全政策应逐步弱化粮食总量目标管理和考核，不再一味追求提高总产，充分发挥市场对生产的调节和引导作用，允许粮食产量和价格正常波动。近年来，中央提出“以我为主，立足国内，确保产能，适度进口，科技支撑”的国家粮食安全新战略，代表粮食安全观的一大转变，要求我们树立新的粮食安全观和粮食安全理念。第一，粮食安全的根本是“能力安全”，要把保障粮食安全的着力点放在提高国内生产能力、对国际资源的掌控力以及必要的储备能力上来。在毫不放松国内生产的同时，更加主动地利用国内国外两种资源、两个市场。第二，粮食安全的核心是“口粮安全”，在粮食中要重点保谷物基本自给，在谷物中要确保口粮绝对安全。第三，要确保全产业链的粮食安全。粮食安全不能仅考虑粮食生产环节，还要确保粮食流通、储备、加工、消费等全产业链的安全。第四，发展可持续的粮食安全。要转变农业发展方式，科学规划生产力布局，依据资源环境条件设定生产目标，逐步建设可持续的生态环境保护体系和保障粮食安全的长效机制。第五，从“粮食安全”向“食物安全”拓展。要从食物安全的全局来谋划粮食安全，以保障粮食安全为基础，以保障食物安全为目标。合理调整不同类型食物的比例，在确保口粮的同时积极改进食物的品种、花样、质量（胡鞍钢，2015）。因此，新时期的粮食价格调控要“保供给”，不能再维持“稳产量”的单一目标，而要向“保能力、提质量、优结构、可持续”等多维政策目标转变。

## 三、"保收益"即促进农民增收的困难与日俱增

粮食价格调控政策设立的初衷是为了防止在粮食增产时，出现"谷贱伤农"，到后期逐渐演变成了促进农民增收。自实施政策以来，也确实实现了粮食产量"十一连增"，农民增收"十一连快"。据国家粮食局估计，在"十二五"期间，我国累计托市收购粮食 8400 多亿斤、油菜籽 1500 多万吨，通过价格托底、优质优价、整晒提等、产后减损等措施，带动农民增收约 2500 亿元。但近年来，随着粮食种植成本的不断上涨，粮食增产对农民收入的促进作用受到影响。2004～2015 年，我国三种粮食每 50 公斤总成本由 47.25 元增至 114.23 元，增长了 1.4 倍，远高于同期平均出售价格 64.4% 的增速，更高于现金收益 44.6% 的增速。主要原因是近年来土地和人工两项成本增长迅速，尤其是 2007～2013 年，两种成本年均增长率分别达到 15% 和 16%，到 2015 年两种成本占总成本的比例高达 61%，较 21 世纪初增长 12 个百分点。种植成本的大幅上升，在很大程度上降低了价格支持政策对促进农民收入的作用。尤其是 2013 年以来，在中央一系列培育新型经营主体、构建新型农业经营的支持政策带动下，涌现了一大批专业大户、家庭农场和农民专业合作社等新型经营主体。虽然这些新型农业经营主体和传统农户相比具有规模大、专业化、市场化程度高等优势，在粮食商品化供给方面的作用日益显著，但其承担的来自土地和雇工上涨的压力以及市场风险也较普通农户大很多。近两年，受粮价下跌、自然灾害、流转费居高不下等影响，新型经营主体流转土地种粮不赚钱甚至赔钱。例如，由于 2016 年安徽省小麦受灾，规模种植户亏损严重，新型经营主体种粮积极性受挫，一些地方出现毁约、退地现象。因此，现行的粮食价格调控政策正面临两难境界，要保收益就必须继续调高政策收购价格，但如此一来就面临国际粮食价格天花板、世界贸易组织（WTO）"黄箱"规则等一系列因素制约，新时期粮食价格调控政策"保收益"的目标越来越难以实现，应考虑逐步退出"保收益"功能，配套实施"种

粮收益补贴”政策。通过价格和补贴政策的相互配合，保证农民合理收益，稳定国内生产（如表8－2所示）。

表8－2　2016年安徽不同规模农户小麦种植成本收益比较

| | 100亩以下 | 100～500亩 | 500亩以上 |
|---|---|---|---|
| 总成本 | 856.87 | 1170.4 | 1224.85 |
| 物质成本 | 469.35 | 426.4 | 352.5 |
| 纯收益 | 143.48 | －260.22 | －309.99 |

资料来源：基于安徽省四个小麦生产成本基点县的调查。

## 第三节　我国粮食价格调控政策不同改革方案的影响评估

价格支持政策作为一项重要的农业扶持政策，曾是发达国家20世纪90年代以前最常用的手段。大部分研究认为，价格支持政策有利于稳定农产品市场，减少价格波动（Paul Gallagher，1978；Haraldnon Witzkeh，Ulrich Hausne，1993；Paul C. Westcott，Linwood A. Hoffman，1999；Kwansoo，Jean Paul Chavas，2002），但对市场的干预和扭曲作用也十分明显。近年来，美、欧、日、韩等主要发达国家和地区积极推动农业政策从价格支持向直接补贴转型，尽可能减少使用具有严重扭曲市场作用的政策措施（J Baffes，J Meerman，1998；M Johansson，R Riklund，1998；OECD，2009；FAO，2011等）。当前国内学者对粮食价格调控政策改革提出了不同的方案，第一种方案是取消最低收购价政策，实行目标价格补贴（冯海发，2014；李光泗等，2014；耿仲钟等，2015）；第二种方案是取消现有粮食的最低收购价和临时收储价制度安排，实行粮食安全目标储备制度条件下的高价收购制度（马晓河，2016）；第三种方案是按照“市场定价、价补分离”的原则，采取“逐步降低甚至退出价格支持+种粮收益补贴”组合改革方式（程国强，2015；杜鹰，2016）。2016年初，玉米已经取消了临时收储政策，实现了方案三的预期设想，但对下一步水稻和小麦的最低收购价政策如何变化，学者的分歧较大。有的学者认为，水稻和小麦是重要的口粮品种，对国家粮食安全的意义重大，在没有找到比最低收购价更为合适的调控政策之前，应在保留原有政策的框架下，逐步降低最低收购价水平；有的学者认为，水稻、小麦和玉米之间具有替代关系，玉米政策调整到位后，应尽快启动水稻和小麦价格政策改革，在短期内逐步降低直至取消最低收购价政策，代之以收入补贴和农业价格保险等政策。

粮食价格是百价之基，粮食价格变化将会引起整个农产品市场的变化。笔者认为，究竟是否保留最低收购价政策，或者将最低收购价格水平降低到什么程度合适，最终还是要看政策变化对粮食生产及农民收益的影响。本部分将使用定量分析，运用全球农产品市场供需均衡模型（PEATSim），不仅考虑不同农产品市场间的相互影响，也考虑国内粮食市场与国际市场的联动，模拟分析不同政策模拟方案对我国粮食市场可能产生的影响及其影响大小，为下一步制定粮食价格调控政策的思路和建议提供参考。

## 一、模型简介

PEATSim模型是由宾夕法尼亚州立大学与美国农业部联合开发的全球农产品市场局部均衡模型。该模型以局部均衡经济理论为基础，在全球农产品市场框架下分析生产者和消费者的经济行为，当所有农产品市场都达到均衡价格时，各国总供给量（期初库存量、产量和进口量的总和）与总需求量（国内消费量、出口量和期末库存量的总和）相等，全球的进口量之和等于出口量之和。该模型涵盖了31种农产品（见表8-3），考虑了粮食作物之间，以及粮食作物和畜产品之间的替代和互补关系。模型中包括中国和中国的重要贸易伙伴在内的27个国家和地区，例如，美国、加拿大、巴西、阿根廷、澳大利亚、日本、韩国、泰国、越南等。该模型的突出特点是设计了多种国内生产支持政策和贸易政策，便于分析各种政策对国内外农产品市场的影响。当政府政策变化时，将会打破模型的初始均衡，重新达到新的市场均衡，模拟方案与基准方案中均衡解的变化即为政策对市场带来的综合影响。

PEATSim 模型由价格、生产、消费和贸易等多组方程组成，在给定各国初始农产品供需平衡表、GDP、人口等数据和参数条件下，得到全球农产品市场的均衡解。PEATSim 模型的数据主要来自于美国农业部的农产品基准模型数据库、经合组织和粮农组织的农业展望模型（AGLINK – COSIMO）数据库。在本书中，模型的基准年为 2015 年，为了更好地反映中国农产品市场的实际情况，我们根据国家统计局、农业部和《中国农业展望报告（2016 – 2025 年）》的数据校正了中国的基准数据。

**表 8 – 3　全球农业贸易局部均衡模型中的农产品种类**

| 项目 | 农产品种类 |
|---|---|
| 农作物（10 种） | 稻米、小麦、玉米、其他粗粮、大豆、向日葵籽、油菜籽、棉花、甘蔗、甜菜 |
| 畜产品（4 种） | 牛肉、猪肉、家禽和鲜奶 |
| 农产品加工品（14 种） | 豆油、豆粕、向日葵油、向日葵饼粕、油菜籽油、菜籽饼粕和其他油籽油、糖、液态奶、黄油、奶酪、脱脂奶粉、全脂奶粉和其他乳制品 |
| 生物燃料（3 种） | 乙醇、生物柴油和酒糟（DDGs） |

为了单独反映最低收购价政策变化的作用，避免其他因素干扰，本书采用静态模型来模拟方案，假设除了最低收购价格外，其他因素包括库存都不发生变化。为模拟调整最低收购价格对粮食市场的影响，将我国稻谷和小麦两个品种的最低收购价格作为生产者支持价格政策变量引入到模型中。该模型的市场运行机制是生产者价格和消费者价格分别影响生产者的生产决策和消费者的消费决策，从而决定产品的生产量和消费量；出口价格影响农产品的出口量，进口量则由供需平衡的差额来决定，以达到国内市场出清。

这里重点介绍最低收购价格在模型中的设定。在模型中，最低收购价格作为价格支持变量，当国内市场生产者价格低于最低收购价格时，则启动最低收购价格政策，国内的生产者按照最低收购价格销售产品；当国内生产者价格高于最低收购价格时，最低收购价政策不启用，按照市场价格运行。

$$\mathrm{PPR}_{i,r} \geqslant \mathrm{PDOM}_{i,r} \perp \mathrm{PPR}_{i,r} \geqslant \mathrm{PPR\_Support}_{i,r} \quad (8-1)$$

其中，PPR 表示国内生产者价格，PDOM 表示国内市场价格，$\mathrm{PPR_Support}_{i,r}$表示支持价格即最低收购价格，下标 i 表示农产品种类，下标 r 表示国家/地区。

如果国内市场价格低于最低收购价格支持水平，小麦和稻谷的最低收购价格政策调整将会直接影响稻谷和小麦生产者的行为决策，包括单产和面积，还可能影响作物间的比较收益，进而对其他农作物如玉米的生产产生影响，下面是农作物生产方程。模型中的作物生产通过收获面积和单产来确定，而收获面积和单产是内生变量，由上一期的收获面积、单产、各种作物的价格来决定，公式表示如下：

$$AHV_{i,r,t} = a_{i,r,t|(1)} AHV_{i,r,t-1}^{\lambda_{i,r}} [\Pi_{i,j}^{n} PPR_{i,j,r,t}^{\varepsilon_{i,j}}] \quad (8-2)$$

$$YLD_{i,r,t} = a_{i,r,t|(2)} YLD_{i,r,t-1}^{\mu_{i,r}} PPR_{i,r,t}^{\eta_{i,r}} \quad (8-3)$$

$$PRD_{i,r,t} = YLD_{i,r,t} \times AHV_{i,r,t} \quad (8-4)$$

其中，$PRD_{i,r,t}$ 表示作物产量，$AHV_{i,r,t}$ 和 $YLD_{i,r,t}$ 分别表示面积和单产，$a_{i,r,t|(1)}$和 $a_{i,r,t|(2)}$是系数，$AHV_{i,r,t-1}$是作物 $i$ 上一期收获面积，$\lambda_{i,r}$是部分调整参数，$PPR_{i,r,t-1}$是自上一期作物的生产价格，$\varepsilon_{i,j}$是作物面积的交叉价格弹性。$\mu_{i,r}$是部分调整参数，$\eta_{i,r}$是作物 $i$ 的单产的价格弹性。

最低收购价格调整带来生产的变化会直接影响市场的供给，从而影响消费者价格，进而影响消费需求量。模型中的需求方程由食物需求方程和饲料需求方程构成，都与消费者价格相关。国内供求形势变化所产生的供需余缺将通过进出口来调剂，并通过进出口传导到国际市场，影响国际价格。模型通过不断迭代，实现新的市场出清和均衡。因篇幅限制，这里不再一一列出所有方程。

## 二、模拟方案设计

现行最低收购价格水平主要遵循“成本+合理利润”或“成本+基本收益”的定价原则。为此，我们利用2013～2015年全国农产品成本收益调查数据估算了实行最低收购价政策的11个稻谷主产省和6个小麦主产省的平均生产成本、销售价格和利润率，并与最低收购价格进行比较（见表8-4）。可以看到，2015年稻谷和小麦的最低收购价格较2013～2015年的平均生产成本高10%～38%，也高于成本加净利润2%～7%。由于生产成本和支持价格不同，各品种的成本收益率存在较大差异，稻谷和小麦的平均成本收益率分别为21%和11%。其中，中籼稻和粳稻的成本收益率最高，超过20%；晚籼稻次之，为15%；早籼稻的成本收益率最低，为6.7%。

**表8-4　稻谷和小麦最低收购价格**　　单位：元/斤

| | 早籼稻 | 中籼稻 | 晚籼稻 | 粳稻 | 稻谷加权平均 | 小麦价格 |
|---|---|---|---|---|---|---|
| 2015年最低收购价 | 1.35 | 1.38 | 1.38 | 1.55 | 1.43 | 1.18 |
| 总成本 | 1.22 | 1.00 | 1.17 | 1.17 | 1.13 | 1.04 |
| 总成本+现净利润 | 1.30 | 1.29 | 1.35 | 1.47 | 1.36 | 1.15 |
| 成本收益率（%） | 6.72 | 28.78 | 15.52 | 25.34 | 21.16 | 11.09 |

注：稻谷成本是按照实行最低收购价政策的11个主产省计算的平均值，小麦成本按照6个实行最低收购价政策的主产省平均。

资料来源：成本数据来源于《全国农产品成本收益资料汇编》（2016年），调整方案为作者估算。

在设计模拟方案时，我们假设短期内政府将继续实施最低收购价格政策，但支持水平可能会下降，2017年稻谷收购价格的全面下调也证明了这一点，将来也有可能取消最低收购价格。为此，我们设计了7种最低收购价格调整模拟方案。其中，方案1～方案4是稻谷①调整方案，方案1按照2017年新政策下调稻

① 模型中稻谷的产品为大米，因此，我们按70%的出米率将大米折算成稻谷，并假设稻谷价格的变化幅度与大米的价格变化幅度一致。

谷的最低收购价格，平均降幅为 3.4%；方案 2 将稻谷的最低收购价格下调 10%，使其成本收益率接近 2015 年的全国平均水平 14.5%；方案 3 将稻谷最低收购价格下调至保本价格；方案 4 模拟取消稻谷最低收购价格的结果；方案 5 和方案 6 分别模拟将小麦最低收购价格下调至成本加净利润和保本价格水平；方案 7 模拟取消小麦最低收购价格的结果（见表 8－5）。

表 8－5　模拟方案设计

| 稻谷最低收购价调整 | | | | 小麦最低收购价调整 | | |
|---|---|---|---|---|---|---|
| 方案 1 | 方案 2 | 方案 3 | 方案 4 | 方案 5 | 方案 6 | 方案 7 |
| 下调 3.4% | 下调 10% | 下调 21%，（保本价格水平） | 下调 100%（取消最低收购价） | 下调 2%，（成本加净利润率水平） | 下调 12%，（保本价格水平） | 下调 100%（取消最低收购价） |

## 三、模拟结果分析

稻谷和小麦最低收购价格调整对粮食市场影响的模拟结果见表 8－6～表 8－8。其中，当稻谷最低收购价格下降至 13% 时，国内市场价格就已经接近最低收购价格了，如果继续下调稻谷的最低收购价格（如方案 3 下调 21%），与取消最低收购价格（方案 4）的影响相同，都是由市场定价。

### （一）稻谷最低收购价格调整对粮食市场的影响

#### 1. 对稻谷市场的影响

从表 8－5 中方案 1～方案 4 的结果来看，不同程度下调或取消稻谷最低收购价格后，均会导致稻谷的生产者价格下降，种植面积和单产减少，产量下降。在假定库存量不变的情况下，国内稻谷产量下降，产生的供需缺口需要通过增加进口来满足，进口增加推动国际稻谷价格上涨。由于稻谷产量和生产者价格均下降，产值（代表生产者总收益）也会下降，在其他因素不变的情况下，农民种

3.21%，进口量激增134.7%，拉动小麦世界价格上涨0.4%。当完全取消小麦的最低收购价格时（方案7），小麦市场受到的冲击非常大，面积调减4.09%，单产下降2.62%，产量下降幅度高达6.6%，进口量翻两倍，拉动世界价格上涨0.66%。由于产量下降带动消费者价格上涨，小麦的消费量下降明显，尤其是饲料消费下降幅度达5.0%。小麦产值下降明显，在方案5、方案7中降幅分别达到2.52%、14.83%和28.57%。

**表8-6 最低收购价价格调整对小麦市场的影响**

| | 基准 | 方案1 | 方案2 | 方案3~方案4 | 方案5 | 方案6 | 方案7 |
|---|---|---|---|---|---|---|---|
| | 实际值 | 变化百分比（%） | | | | | |
| 面积（百万公顷） | 24.14 | 0.08 | 0.25 | 0.27 | -0.32 | -1.97 | -4.09 |
| 单产（吨/公顷） | 5.39 | 0.00 | 0.00 | 0.00 | -0.20 | -1.26 | -2.62 |
| 产量（百万吨） | 130.19 | 0.08 | 0.25 | 0.27 | -0.52 | -3.21 | -6.60 |
| 进口量（百万吨） | 3.00 | -3.24 | 13.55 | 18.43 | 21.68 | 134.70 | 221.20 |
| 供给总量（百万吨） | 206.84 | -0.03 | 0.35 | 0.44 | -0.01 | -0.07 | -0.95 |
| 饲料消费（百万吨） | 11.00 | 0.01 | -0.26 | -0.31 | -0.06 | -0.37 | -5.01 |
| 食物消费量（百万吨） | 85.00 | 0.01 | 0.73 | 0.91 | -0.01 | -0.08 | -1.22 |
| 其他消费量（百万吨） | 22.50 | 0.01 | 0.62 | 0.77 | -0.02 | -0.11 | -1.65 |
| 出口量（百万吨） | 0.29 | 0.01 | 0.01 | 0.01 | 0.01 | 0.06 | 0.11 |
| 需求总量（百万吨） | 118.79 | 0.01 | 0.61 | 0.77 | -0.02 | -0.11 | -1.65 |
| 国内消费量（百万吨） | 118.50 | 0.00 | 0.62 | 0.77 | -0.02 | -0.11 | -1.65 |
| 生产者价格（元/公斤） | 2.36 | 0.00 | 0.00 | 0.00 | -2.01 | -12.01 | -23.52 |
| 世界价格（美元/公斤） | 0.26 | 0.00 | 0.05 | 0.06 | 0.06 | 0.40 | 0.66 |
| 库存消费比（%） | 68 | -0.01 | -0.61 | -0.76 | 0.02 | 0.11 | 1.68 |
| 生产金额（亿元） | 307.28 | 0.00 | 0.25 | 0.27 | -2.52 | -14.83 | -28.57 |

2. 对稻谷和玉米市场的影响

调整小麦最低收购价格同样也会影响到稻谷和玉米等替代品的供求（见表

8－7）。小麦最低收购价格下调的越多，稻谷和玉米的种植面积增加的越多，其中玉米种植面积增加的幅度更大。在方案5中，小麦最低收购价格下调推动稻谷面积增加0.22%，进口量减少9.27%；玉米种植面积和产量增加约0.4%，食物和饲料消费量均有所增加，进口量下降27.05%。如果取消小麦最低收购价格，我国的粮食生产和贸易结构将发生显著变化，稻谷和玉米的面积和产量将分别增加0.5%、0.9%，进口量下降14.15%、47.85%。

**表8－7　最低收购价价格调整对稻谷市场的影响**

| | 基准 | 方案1 | 方案2 | 方案3～方案4 | 方案5 | 方案6 | 方案7 |
|---|---|---|---|---|---|---|---|
| | 实际值 | 变化百分比（%） | | | | | |
| 面积（百万公顷） | 30.21 | －0.43 | －1.30 | －1.43 | 0.04 | 0.22 | 0.47 |
| 单产（吨/公顷） | 6.89 | －0.35 | －1.04 | －1.15 | 0.00 | 0.00 | 0.00 |
| 产量（百万吨） | 206.93 | －0.78 | －2.33 | －2.57 | 0.04 | 0.22 | 0.47 |
| 进口量（百万吨） | 3.38 | 33.57 | 58.81 | 58.81 | －1.47 | －9.27 | －14.15 |
| 供给总量（百万吨） | 210.31 | －0.01 | －0.61 | －0.77 | 0.00 | 0.01 | 0.09 |
| 饲料消费（百万吨） | 14.49 | 0.00 | －0.14 | －0.18 | 0.00 | 0.00 | －0.03 |
| 食物消费量（百万吨） | 153.36 | －0.02 | －1.15 | －1.43 | 0.00 | 0.01 | 0.17 |
| 其他消费量（百万吨） | 29.43 | －0.02 | －1.06 | －1.32 | 0.00 | 0.01 | 0.15 |
| 出口量（百万吨） | 0.12 | 0.15 | 0.26 | 0.26 | 0.00 | －0.03 | －0.04 |
| 需求总量（百万吨） | 197.39 | －0.02 | －1.06 | －1.32 | 0.00 | 0.01 | 0.15 |
| 国内消费量（百万吨） | 197.27 | －0.02 | －1.06 | －1.32 | 0.00 | 0.01 | 0.15 |
| 生产者价格（元/公斤） | 2.76 | －3.45 | －10.05 | －11.05 | 0.00 | 0.00 | 0.00 |
| 世界价格（美元/公斤） | 0.25 | 0.20 | 0.35 | 0.35 | －0.01 | －0.03 | －0.05 |
| 库存消费比（%） | 67.51 | 0.02 | 1.07 | 1.33 | 0.00 | －0.01 | －0.15 |
| 生产金额（亿元） | 571.1 | －4.21 | －12.14 | －13.33 | 0.04 | 0.22 | 0.47 |

表8-8 最低收购价价格调整对玉米市场的影响

| | 基准 | 方案1 | 方案2 | 方案3~方案4 | 方案5 | 方案6 | 方案7 |
|---|---|---|---|---|---|---|---|
| | 实际值 | 变化百分比（%） | | | | | |
| 面积（百万公顷） | 38.12 | 0.15 | 0.46 | 0.50 | 0.07 | 0.42 | 0.88 |
| 单产（吨/公顷） | 5.89 | 0.00 | -0.01 | -0.02 | 0.00 | -0.01 | -0.01 |
| 产量（百万吨） | 224.58 | 0.15 | 0.44 | 0.49 | 0.06 | 0.41 | 0.87 |
| 进口量（百万吨） | 3.20 | -9.96 | -32.22 | -36.02 | -4.29 | -27.05 | -47.85 |
| 供给总量（百万吨） | 429.58 | 0.00 | -0.01 | -0.01 | 0.00 | 0.01 | 0.10 |
| 饲料消费（百万吨） | 121.01 | 0.01 | -0.09 | -0.12 | 0.01 | 0.03 | 0.30 |
| 食物消费量（百万吨） | 7.65 | 0.07 | 0.94 | 1.15 | 0.02 | 0.12 | 0.37 |
| 工业消费量（百万吨） | 54.17 | 0.00 | 0.00 | 0.00 | 0.00 | 0.00 | 0.00 |
| 其他消费量（百万吨） | 11.21 | 0.01 | -0.02 | -0.03 | 0.00 | 0.03 | 0.21 |
| 出口量（百万吨） | 0.01 | -0.04 | -0.12 | -0.14 | -0.01 | -0.07 | -0.13 |
| 需求总量（百万吨） | 194.05 | 0.01 | -0.02 | -0.03 | 0.00 | 0.03 | 0.21 |
| 国内消费量（百万吨） | 194.04 | 0.01 | -0.02 | -0.03 | 0.00 | 0.03 | 0.21 |
| 生产者价格（元/公斤） | 1.20 | -0.04 | -0.14 | -0.16 | -0.01 | -0.08 | -0.15 |
| 世界价格（美元/公斤） | 0.19 | -0.04 | -0.15 | -0.16 | -0.01 | -0.08 | -0.15 |
| 库存消费比（%） | 1.13 | -0.01 | 0.02 | 0.03 | 0.00 | -0.03 | -0.21 |
| 生产金额（亿元） | 270.27 | 0.11 | 0.30 | 0.33 | 0.05 | 0.33 | 0.72 |

### （三）最低收购价格调整对主产区农民纯收入的影响

利用农业农村部农村固定观察点2015年的农户调研数据，我们计算了主产区小麦和稻谷种植收益占农户纯收入的比重，并结合上述模型模拟分析结果，推算了不同改革方案对主产区稻谷和小麦种植户纯收入的影响（见表8-9和表8-10）。

#### 1. 最低收购价格调整对稻谷主产区农户纯收入的影响

2015年，种植稻谷收入占稻谷主产区农户纯收入的比重为10.89%。随着稻谷最低收购价格下降幅度的增加，对农户的纯收入影响也越大。2017年稻谷最低收购价格下降的影响较小，全国农户纯收入平均下降0.46%。但是，由于种植稻谷收入占农民总收入的比重差异较大，政策调整后对不同主产区农户纯收入的影响不同。东北三省稻谷种植收入占农户收入的比重在20%以上，尤其是黑龙江，比重高达65.08%。按照2017年新的稻谷最低收购价政策，黑龙江农户的纯收入下降2.74%，辽宁、吉林农户的纯收入分别下降0.95%和0.87%。而江西、安徽和湖南三省稻谷种植收入占农户收入比重在10%左右，最低收购价格政策调整的影响和全国平均水平接近。但是，如果最低收购价格下降至保本水平或取消时，对农户收入的影响则非常显著（见表8－9）。如果取消稻谷的最低收购价格，全国种植稻谷农户的纯收入平均下降1.45%，主产区黑龙江的农户纯收入则平均下降近9%，辽宁和吉林下降约3%，江西、安徽和湖南平均下降1.5%左右。其他省份也会下降0.5%～1%。

**表8－9 最低收购价下调对稻谷主产区农户收入的影响**

| | 稻谷占收入的比例（%） | 方案1 | 方案2 | 方案3～方案4 | 方案5 | 方案6 | 方案7 |
|---|---|---|---|---|---|---|---|
| 全国 | 10.89 | －0.46 | －1.32 | －1.45 | 0.00 | 0.02 | 0.05 |
| 辽宁 | 22.62 | －0.95 | －2.75 | －3.02 | 0.01 | 0.05 | 0.11 |
| 吉林 | 20.75 | －0.87 | －2.52 | －2.77 | 0.01 | 0.05 | 0.10 |
| 黑龙江 | 65.08 | －2.74 | －7.90 | －8.68 | 0.02 | 0.14 | 0.30 |
| 江苏 | 6.86 | －0.29 | －0.83 | －0.92 | 0.00 | 0.02 | 0.03 |
| 安徽 | 9.60 | －0.40 | －1.17 | －1.28 | 0.00 | 0.02 | 0.04 |
| 江西 | 11.34 | －0.48 | －1.38 | －1.51 | 0.00 | 0.03 | 0.05 |
| 河南 | 4.04 | －0.17 | －0.49 | －0.54 | 0.00 | 0.01 | 0.02 |
| 湖北 | 7.34 | －0.31 | －0.89 | －0.98 | 0.00 | 0.02 | 0.03 |
| 湖南 | 10.68 | －0.45 | －1.30 | －1.42 | 0.00 | 0.02 | 0.05 |
| 广西 | 4.46 | －0.19 | －0.54 | －0.59 | 0.00 | 0.01 | 0.02 |

2. 最低收购价格下调对小麦主产区农户纯收入的影响

相对稻谷来说，小麦种植收入占农户总收入的比重较小（见表8－10），主产区平均水平仅为4.18%。小麦最低收购价格下调或取消对主产区农户纯收入的影响幅度约为0.2%～1.5%。在主产省中，山东、河南和河北的小麦纯收入比重高一些，尤其是山东和河南省均超过5%，取消小麦最低收购对这些主产省农户纯收入的影响高于全国平均水平，为1.4%～1.5%。

**表8－10　最低收购价下调对小麦主产区农户收入的影响**

| | 小麦占纯收入的比例（%） | 方案1 | 方案2 | 方案3～方案4 | 方案5 | 方案6 | 方案7 |
|---|---|---|---|---|---|---|---|
| 全国 | 4.18 | 0.00 | 0.01 | 0.01 | －0.11 | －0.62 | －1.19 |
| 河北 | 4.87 | 0.00 | 0.01 | 0.01 | －0.12 | －0.72 | －1.39 |
| 江苏 | 2.37 | 0.00 | 0.01 | 0.01 | －0.06 | －0.35 | －0.68 |
| 山东 | 5.25 | 0.00 | 0.01 | 0.01 | －0.13 | －0.78 | －1.50 |
| 河南 | 5.36 | 0.00 | 0.01 | 0.01 | －0.14 | －0.80 | －1.53 |
| 湖北 | 1.51 | 0.00 | 0.00 | 0.00 | －0.04 | －0.22 | －0.43 |

## 四、主要结论

本部分应用全球局部均衡模型模拟稻谷和小麦最低收购价格调整对粮食市场的影响。虽然我们用的是静态模型，未考虑库存变化等其他因素对粮食市场的影响，但通过模型的模拟分析，我们仍然可以得到一些有价值的结论，体现在以下三个方面：

第一，最低收购价格的小幅调整对市场影响不大。2017年稻谷最低收购价格的微调（降3.4%）会引起稻谷播种面积和产量小幅下降，但对我国粮食市场的影响总体比较小。在模型中，产量下降所产生的市场缺口是通过增加进口来弥补的，但实际上，在动态情况下，可以消耗稻谷库存来取代部分进口；同样，小幅下调小麦最低收购价格的影响也比较有限。

第二，较大幅下调（超过10%）甚至取消最低收购价格对粮食市场的冲击非常大。不仅会改变目前的粮食生产结构，而且也会对现有的国际贸易市场产生重要影响。稻谷或小麦产量的下降，都会进一步刺激玉米的增产，不利于我国农业种植结构调整的推进，同时可能会引起小麦进口激增。

第三，调整最低收购价对粮食主产区，尤其是稻谷主产区农户纯收入的影响比较大。最低收购价政策调整后，在产量和生产者价格双重下降的压力下，稻谷和小麦的种植收益下降较为明显，将对全国特别是稻谷和小麦主产区的农民收入产生明显的负面影响，尤其是对稻谷和小麦种植收益占纯收入比重大的地区，例如，东北三省、山东、河南、河北等省的影响更大。由于数据所限，我们无法估算最低收购价政策变化对新型经营主体，例如，种植大户、家庭农场和农民合作社的影响，但考虑到这些主体总收入中来自种植业的比重明显大于普通农户，受到的影响可能还要更大一些。

# 第九章 我国粮食价格调控政策改革思路与建议

2017年中央农村工作会议着重强调，推进农业供给侧结构性改革，关键在完善体制、创新机制，加快深化农村改革，理顺政府和市场的关系，全面激活市场、激活要素、激活主体，推进粮食等重要农产品价格形成机制和收储制度改革；推进农业供给侧结构性改革关系农业的长远发展，在方向性问题上不能出偏差，不能犯颠覆性的错误，必须守住确保粮食生产能力不降低、农民增收势头不逆转、农村稳定不出问题的三条底线。因此，推进粮食价格调控政策改革，必须以推进农业供给侧结构性改革为根本出发点，以确保粮食生产能力为底线，以“市场定价、价补分离”为基本原则，同步完善相关补贴、保险、贸易政策及储备吞吐调节机制，努力实现总量基本平衡、市场波动可控、保护农民利益、促进产业发展的目标。

## 第一节 粮食价格调控政策改革后国内小麦市场运行情况

为解决最低收购价格连续上调所带来的库存量大、财政负担重、国内外价差大等问题，2015年开始，国家停止上调小麦最低收购价，意味着政策改革拉开序幕。2015～2017 年连续三年稳定之后，2018 年首次下调至每斤 1.15 元，并提高了小麦收购的质量门槛；2019 年继续下调到 1.12 元，虽然 2020 年收购价格稳定在上年水平，但设定了最高 3700 万吨的收购上限。与临时收储政策不同，最低收购价政策的改革遵循的是渐进式的道路，给市场主体充分的适应时期。改革实行五年来，整个小麦市场形势总体平稳，出现了一些新的变化，但也存在一些不容忽视的问题。

## 一、小麦市场运行基本情况

### （一）面积先增后减，产量稳步增长

2016 年我国小麦面积达到历史最高水平 3.70 亿亩，2017 年面积比上年略减 0.75%。2015～2017 年小麦产量连续增加，2017 年产量达到历史最高水平 13433 万吨。由于华北地区地下水严重超采区适度调减小麦面积以及气候条件整体较差和灾情同比偏重等不利因素影响，2018 年我国夏收小麦面积 3.51 亿亩，比 2017 年减少 257 万亩，下降 0.7%；单产 366 公斤/亩，比 2017 年减少 6.1 公斤/亩，下降 1.6%；总产量 12835 万吨，比 2017 年减少 310 万吨，下降 2.4%。但受小麦关键生长期不利气候条件的影响，2016 年和 2018 年，湖北、安徽、江苏、河南等部分主产区的小麦品质受到较大影响，质优小麦数量大幅减少，不完善粒超标小麦数量较多。例如，2018 年安徽全省小麦品质、籽粒饱满度、容重总体较 2017 年下降，三等以上小麦占 60%～70%，比去年减少 40 亿公斤以上。河南南阳市小麦不完善粒超标率高达 80% 左右，三等以上且符合国家食品安全标准的小麦仅占总产量的 6.9%，而正常年份小麦一般都在三等以上。

### （二）产需基本平衡，供给较为充足

人口增长导致面粉需求刚性增加，据农业农村部市场预警专家委员会《中国农业展望报告》（2018～2027 年）预计，2018 年国内小麦总需求 12583 万吨，比

上年增加 1.14%。其中，面包、糕点、饼干等加工面制食品消费量增加较快，根据国家统计局和中国焙烤食品糖制品工业协会数据，2016 年我国糕点面包产量 431 万吨，同比增长 19.1%，饼干 990 万吨，增长 9.6%。因此，尽管 2018 年小麦产量下降、消费量上升，但产需基本平衡，没有出现明显缺口。而且近年来我国小麦连续丰产积累了充足的储备，小麦库存处于历史高位，是调节余缺、保证市场稳定运行的基础。国家粮油信息中心数据显示，仅 2015 ~ 2017 年国内小麦产需累计结余 6078 万吨，年均结余 2026 万吨。因此，“产量 + 库存”形成的年度供给总量完全能够满足市场需求，小麦小幅减产并未对市场运行格局带来实质性的影响，口粮绝对安全是有保障的。

（三）进口先增后减，来源渠道多元化

我国小麦生产在满足量的需求的同时，结构性矛盾日益突出，特别是优质专用小麦供给不足，每年都需要通过适度进口来弥补。2015 ~ 2017 年我国小麦进口量从 301 万吨增加到 442 万吨，增幅达 47%，受中美经贸摩擦的影响，2018 年小麦进口下降，前 10 个月我国进口小麦及制品 272.53 万吨，同比减 32.5%。小麦进口来源渠道多元化，2015 ~ 2017 年，我国分别从哈萨克斯坦进口小麦 11.8 万吨、28.4 万吨和 30.1 万吨，占小麦进口总量的 3.97%、8.42% 和 7.0%。2017 年从俄罗斯进口小麦 1.8 万吨，占 0.42%。

（四）市场运行平稳，价格保持稳定

据对郑州批发市场小麦价格监测，2015 年、2016 年、2017 年、2018 年新麦上市期间小麦价格分别为每斤 1.21 元、1.13 元、1.18 元和 1.19 元，小麦价格小幅波动，市场运行平稳。尤其是 2018 年小麦最低收购价下调后，价格没有出现低迷行情，而是保持稳中有升态势，表明市场各方的预期是稳定的，购销行为也是较为理性的。据监测，从 2018 年 6 月夏粮收购开始到 9 月底夏收结束，国有粮企小麦平均收购价格从每斤 1.14 元上涨到 1.19 元，多数地区都保持在最低收购价之上，涨幅为 4.5%。

## 二、小麦市场运行出现的新特点

### （一）市场化进程加快，优质优价特征明显

从2018年小麦购销情况来看，尽管收购进度与前些年相比偏慢，但市场化收购占据主导地位，“优质优价、低质低价”特征突出。据国家粮食和物资储备局数据，截至9月30日，主产省各类粮食企业累计收购小麦5015万吨，同比减少2191万吨。造成小麦收购量明显下降的主要原因是托市收购量大幅减少，市场化收购量没有减少。2018年安徽、江苏和河南三省启动了小麦最低收购价执行预案，其中，仅有江苏、安徽有少量收购。小麦购销市场上以需求为导向的“优质优价”现象明显，市场机制作用得到进一步发挥。从调研中了解到，优质小麦很受面粉加工企业欢迎，销路一直很好，价格保持在较高水平，比普通小麦高出10%以上，有的品种价格甚至超过每斤1.35元。

### （二）优质专用小麦产业发展迅速

优质小麦实现优质优价的前提在于能够满足下游加工环节的要求，即品种好（同一品种无掺混）、品质好（种植品质接近）、成规模。我国多数品种小麦蛋白质含量基本集中在12%～15%，稳定时间大都在2～6分钟，适合用于家庭制作的馒头和面条等中国传统主食产品，不适合制作面包和蛋糕，也难满足工业化生产优质面条和饺子的需要。在最低收购价水平稳中略降的情况下，小麦种植更加需要从市场要销路、向质量要效益。据行业估计，2017年全国优质专用小麦的种植面积占小麦总面积的10%左右。河南省优质专用小麦种植面积居全国第一位，随着种植收益的稳定提高和各种优惠政策的出台，全省优质专用小麦的种植面积逐年增加。2018年全省优质专用小麦种植面积约1200万亩，比2017年增加400万亩，占全省小麦种植面积的14%，其中，优质强筋小麦950万亩，优质弱筋小麦250万亩，比2017年分别增加350万亩和50万亩。据安徽省农业农村厅统计，2018年全省围绕小麦提质增效，建立专用小麦生产基地800万亩，主要以

强筋、弱筋小麦和特色鲜明的黑（糯）小麦为主。预计未来小麦生产将呈现小农户以生产普通麦为主、规模户以生产专用小麦为主的格局，口粮安全在数量和质量上都将得到有效保障。

## 三、存在的主要问题及原因

### （一）受灾年份部分地区质差小麦销售不畅

自 2015 年小麦收储制度改革以来，我国小麦生产先后经历了 2016 年和 2018 年两个灾年，部分主产区小麦质量严重受损，出现了销售不畅的问题。以 2018 年为例，湖北、安徽沿淮及河南南部受灾较为严重，超标小麦只能用作饲料或工业消费，价格在 0.5～1.0 元/斤，部分地区甚至出现无人收购的现象。江苏、安徽、湖北、河南等省印发了超标粮食收购处置方案，对超标小麦收购主体实行财政补贴，但截至夏收结束，仅累计收购超标小麦 282 万吨。

### （二）小麦种植收益整体呈下滑趋势

由于生产成本上升、农户出售价格下降，近年来我国小麦种植收益整体呈现逐渐下降的趋势。每亩净利润由 2015 年的 17 元/亩降至 2016 年的 －82 元/亩，为 2005 年以来第二次出现负值（第一次为 2013 年）。与其他两种粮食作物比较，小麦种植毫无竞争力可言，水稻种植的净利润常年高于小麦 60% 以上，玉米种植的净利润在大部分年份也高于小麦 20% 以上。2017 年由于小麦丰收使收益回升，但 2018 年因灾减产收益再次出现明显下滑。据调查，2018 年安徽省农户小麦平均出售价格为 1.07 元/斤，同比下降 6.6%；纯收益为 44.32 元，同比下降 86.57%；河南省样本户平均小麦出售价格 1.07 元/斤，同比降 5.0%；亩均纯收益 60.1 元，同比减 85.9%。种粮大户由于需要支付土地租金（双季作物每亩地租 700～800 元，小麦分摊租金 300～400 元），亏损更为严重。

### （三）优质小麦发展面临的问题不容忽视

自最低收购价政策改革以来，市场优质优价的特征逐年显现，农民种植优质小麦的积极性迅速提升。加上部分主产省份将发展优质小麦作为农业供给侧结构性改革的重要内容之一，使近几年全国优质小麦生产获得较快发展，但也面临一些不可忽视的问题。例如，优质麦生产者规模化经营不足，无法保证在农资使用与种植过程中的标准化管理，部分地区无法满足下游加工环节对优质小麦品种好、品质好、成规模的要求；优质小麦对田间管理的精细化程度要求较高，所需劳动力较普通小麦高，兼业农户种植积极性较低；优质麦收获后进入企业或收购点收储前采用国产设备的检测时间较长，而进口设备购买成本较高，使单收单储较难实现。

（四）农业灾害保险赔付额偏低

最低收购价政策逐渐退出“保收益”功能后，农民的种植收益需要用保险等市场化手段来保证。近年来，一些主产省在国家基本农业保险的基础上，对种植面积较大的新型经营主体加大保险力度。例如河南在全省范围内对种植面积50亩以上的新型农业经营主体，试点开展小麦种植保险A款：保险金额800元，费率6.5%，每亩保费52元，农户每亩合计承担10.4元。但从实际执行情况来看，存在保险测算标准不清、赔付比例偏低问题。例如，河南南阳市社旗县沃野粮食种植专业合作社负责人反映，“综合算下来，今年实际产量下降了接近一半，价格每斤也下降了3毛，每亩地亏损了400~500元。我购买了10.4元（农户承担部分）的那个保险，保额是800元，今年遭灾减产了近一半，保险公司说损失率超30%才赔付，即使按照30%计算，每亩也应该赔付我们240元，但是实际保险公司只答应赔付70元。测产定损是保险公司带着专家测的，我们没有参加，赔付额也不知道是怎么算出来”。其他受灾的种植大户得到的每亩赔付金额有20元、30元、70元和100元不等，均表示赔付金额与自己亏损所应得的预期差距比较大。

## 第二节 未来完善我国粮食市场调控政策的思路

### 一、发挥市场机制在价格形成中的决定性作用

虽然最低收购价政策制定的初衷仅在于理论意义上的“托市”，但由于收购量很大，已经成为实际上影响市场价格形成的主导力量。完善粮食价格形成机制重点要以市场化改革为方向，发挥市场在价格形成中的决定作用，降低最低收购价格水平，减少政策对市场的直接干预。但稻谷和小麦是重要的口粮品种，又是缺乏价格弹性的刚需性商品，完全按市场供求关系形成价格容易导致市场波动过于频繁，价格过低可能造成“谷贱伤农”，价格过高又会“米贵伤民”。因此，在充分发挥市场机制作用的前提下，还必须科学有效的发挥政府调控这只“有形的手”的作用，把握好改革的力度和节奏，弥补市场的缺陷和不足。

### 二、重视“一揽子”政策设计对最低收购价政策的支撑

现行的最低收购价政策被赋予了过多职能，在新形势下难以兼顾，还导致价格作为反映市场供求关系的基本功能严重丧失，必须调整长期以来试图用一项政策解决多个问题的做法，将最低收购价政策回归到“解决农民卖粮难”的设计初衷。同时抓紧研究实施粮食产销制度综合改革方案，增强扶持政策的配套性和协调性，构建粮食政策综合改革的框架。特别是要将财政补贴、金融服务、市场购销、加工转化、库存储备、进出口调节、价格形成机制、消费导向等一系列体制机制进行统筹考虑，综合施策（赵阳，2016）。

### 三、财政补贴要向粮食主产区和适度规模经营者倾斜

最低收购价政策调整对不同地区、不同农户的影响程度差异较大，在制定相

应的财政补贴政策时，应将支持重点放在受影响较大的主产区和规模经营者。应以维护粮食主产区利益为重点，统筹考虑主销区和产销平衡区的利益，尤其是对以玉米和水稻为主要种植作物的东北三省，在进行稻谷最低收购价改革时要充分考虑玉米临储制度改革对当地农民收入的影响，避免操之过急。随着土地流转比例的提高，种粮专业户在粮食生产中所占比重将不断提高，成为我国商品化粮食供给的骨干力量。因此，应把财政补贴政策关注的重点转向以种粮为主的适度规模经营者。但要看到，种粮专业户的土地绝大部分都来自土地流转，通过提高粮食价格或种植补贴所带来的收益，大部分都会转化为地租，种粮专业户难以真正从价格支持或者直接补贴中收益。因此，应更多从保险、信贷和基础设施建设等方面强化对种粮专业户的支持，增强他们的抗风险能力。

## 第三节 对完善我国粮食市场调控政策的建议

### 一、应对最高价——加强粮食储备体系建设

按照新的粮食安全观的要求，以水稻和小麦为重点，构建以防止区域性、阶段性粮食供应短缺为目标的粮食储备体系，防止粮食价格出现大幅上涨，维护粮食市场的合理运行和社会稳定。

（一）科学确定储备规模和品种

根据粮食生产区域、加工基地分布、产销地的生产与需求规模、交通运输状况以及贸易格局，制定兼顾产区与销区、生产与消费的国家粮食储备的区域性布局规划，合理分级测算中央和地方粮食储备规模。根据各地口粮消费习惯和工业用粮品种需求以及不同粮食品种的储藏特性，分别确定中央和地方储备粮食品种结构。

（二）合理界定中央和地方储备的任务和职责

中央储备的首要职能是在做好“备战备荒”的常规性安全储备的基础上，重点加强对后备储备的管理，着重在现有储备规模基础上，不断提高政策性储备的吞吐效率，经营性职能应适当弱化，商业储备规模适度缩小，地方储备的主要职能是确保地方粮食供需平衡，粮食储备可以常规储备和商业储备为主。

（三）建立贫困人口和低保群体的食品价格补贴制度

针对粮食价格波动对中低收入群体带来的影响，应借鉴发达国家经验，建立对低收入群体的食品价格补助政策，根据食品价格波动，进行阶段性的补助政策。在城市，重点对享受低保的家庭，给予食品价格补助；在农村粮食不能自给地区，对贫困户实行粮食价格补助，降低食品价格波动对这些群体的影响。

## 二、应对最低价——改革最低收购价政策

鉴于现行最低收购价政策已严重扰乱了市场价格形成规律，抬高了粮食的流通成本，难以适应农业供给侧结构性改革的需要，因此，应在退出临时收储政策的基础上，进一步深化最低收购价制度改革，完善粮食价格形成机制。

（一）稳步推进最低收购价政策改革

在小麦生产自然灾害频繁、成本上升、收益下降的情况下，建议国家推进小麦最低收购价政策改革的步伐不要过快，保持价格水平小幅调整，以保护种粮农民尤其是新型经营主体的生产积极性。改变最低收购价格只升不降的定价趋势，根据国内外比价、国内生产成本、市场供求、不同作物比较效益等因素变化，合理确定最低收购价格水平，形成最低收购价格可升可降的新理念。就目前国内外市场形势来看，建议同步将小麦的最低收购价格降至去除土地成本后的总成本水平。在这一水平下，不仅可以基本保证口粮作物自给率的绝对安全，促使国内外比价回归合理水平以保证进口的适度规模，还可以避免玉米生产的过度增长。

（二）同步建立保护种粮农民收益的长效机制

小麦作为重要的口粮作物，具有战略性、基础性地位特点，且其国际竞争力

还将长期处于下降趋势。因此，在调整最低收购价格水平的同时，还要注意保护农民种粮积极性，探索建立保护种粮农民收益的长效机制。应采取以下三项措施：一是配套出台种植收益补贴政策。考虑到世界贸易组织（WTO）规则限制，建议种植收益补贴按照面积进行补贴，不与具体品种挂钩，只要种植粮食均能得到补贴，补贴的标准主要根据最低收购价下调的幅度来确定，主要目的是保证政策调整后农民的种粮收益保持相对稳定。二是完善对粮食主产区利益补偿机制。继续增加农业生产大县财政奖励规模，国家农业投资项目优先在生产大县实施，取消或减少粮食主产县涉农投资项目的地方资金配套，继续开展有利于主产区经济社会发展的资金整合、财税改革试点，探索主销区多种形式补偿主产区机制，研究按粮食播种面积、产量、人均占有量、调出量等指标核定对粮食主产区奖励资金规模的办法。三是加大对种植大户等新型粮食生产主体的支持力度。通过金融机构为种粮大户提供金融服务，采取贴息和低息等方式对粮食生产项目进行扶持，降低种粮大户的资金使用成本。为种粮大户的农机具设备和粮食存放用地提供便利，将农机具存放库棚和粮食烘干晾晒等场地建设项目纳入补贴范围。提高粮食烘干机等设备补贴额度，帮助种粮大户提高粮食加工和存储能力，增加粮食生产经营收益。

### （三）提高农业保险的保障力度

尽快规范农业保险的保障额度、合约设计、免赔规定和分阶段赔付系数等内容，健全投保人、保险公司和第三方主体共同参与的测产定损理赔机制。重点建设主要谷物产品的农业生产风险保障制度和市场风险保障制度，推出成本保险、收入保险等综合性保险产品，避免生产者在完善农产品价格形成机制过程中承担过高的市场风险和收入风险。积极转变政策性农业保险政策思路，将农业保险由现在的“广覆盖、低保障”向“调增量，侧重点、高保障”进行转变。一方面，在原有保险保费补贴存量资金继续保障传统农户农作物保险需求的基础上，将农业保险保费补贴增量资金向种植业规模化经营方向倾斜，在现有农业保险的基础上，扩大保险范围，提高农业保险保障程度，以满足农业规模化生产风险需求；另一方面，积极鼓励和引导发展商业化农业保险，填补目前政策性农业保险的空白领域，为新型农业经营主体提供多元化的农业保险选择。

## 三、提升竞争力——强化粮食生产支持政策

粮食价格回归市场后，价格波动将完全体现粮食市场供求的形势，因此，要维持粮食市场运行的稳定，归根结底还是要提升粮食产业的核心竞争力，强化粮食生产支持政策，提高供给质量和效率。

### （一）保护和提高粮食综合生产能力

实施“藏粮于地”战略，深化可持续发展概念，推广节地节水、节肥节药；完善农田水利设施，加强高标准农田建设，提高农业抗灾减灾能力；加快推进粮食生产功能区建设，集聚技术、装备、新型经营主体等现代生产要素，打造粮食安全区域化、板块化生产基地。实施“藏粮于技”战略，强化科技支撑体系，保障粮食生产能力及时释放。改革农业科技创新体制，完善农技推广体系，深入推进种业领域科研成果权益改革，加快培育一批具有国际竞争力的现代种业企业；提高农业科技装备水平，促进农业机械化提档升级，尽快提升粮食生产全程机械化质量，突破丘陵山区机械化制约瓶颈；提高农业信息化水平，实施“互联网+”现代农业行动，健全农业信息监测预警体系。

### （二）推动产销衔接加快结构调整

在农业供给侧结构性改革的背景下，推动小麦产销衔接，对保障国家口粮绝对安全、促进农民种粮增收、提升粮食产业竞争力意义重大。应采取以下四项措施：一是加大对优质专用小麦品种的研发、技术推广和服务的支持力度，以市场为导向选育企业急需、农民愿种、符合地域特色的品种；二是支持产粮大县优质专用小麦生产基地建设，探索主体培育、免费供种、机械作业补贴、储粮及烘干设施建设、收入保险等政策举措；三是引导粮食加工企业转变经营模式，发挥自

身优势，合理配置市场资源，拉长粮食产业链条，加强粮食产销合作，探索形成集“产、购、销”于一体的新的粮食产销衔接方式，政府对加工企业开展订单收购给予信贷支持和税收优惠；四是支持建立“互联网+”粮食产销衔接信息平台，线上提供全产业链信息交流和咨询服务，线下开展展示展销和产销对接活动。

（三）强化贸易政策保护产业安全

通过关税配额管理以及非关税措施等边境措施，强化对粮食产业的保护。完善非关税贸易措施体系，充分利用产品质量、检验、环境保护等技术性措施调控进口，完善相关的法律法规和检验检疫体系。加快农业贸易救济体系建设，完善农产品贸易风险预警机制，充分利用反倾销、反补贴、保障措施等贸易救济措施，积极应对进口急增造成的负面影响。运用多边机制、外交磋商等多种渠道反击歧视性贸易保护措施，维护我国粮食及其加工品出口利益。

# 附　录

## 一、营销企业具有买方和卖方寡占力量时的要素需求函数

单个营销企业的利润最大化条件：

$$\pi_i = p_m q_{mi} - (p_f q_{fi} + p_b b_i)$$

$$\frac{\partial \pi_i}{\partial q_{fi}} = \left(\frac{\partial P_m}{\partial Q_m} \times \frac{\partial Q_m}{\partial q_{mi}} \times \frac{\partial q_{mi}}{\partial q_{fi}} \times q_{mi} + P_m \times \frac{\partial q_{mi}}{\partial q_{fi}}\right) - \left(\frac{\partial P_f}{\partial Q_f} \times \frac{\partial Q_f}{\partial q_{fi}} \times q_{fi} + P_f \times \frac{\partial q_{fi}}{\partial q_{fi}}\right) = 0$$

$$\left(\frac{\partial P_m}{\partial Q_m} \times \frac{Q_m}{P_m} \times \frac{P_m}{Q_m} \times \frac{\partial Q_m}{\partial q_{mi}} \times \frac{\partial q_{mi}}{\partial q_{fi}} \times q_{mi} + P_m \times \frac{\partial q_{mi}}{\partial q_{fi}}\right) - \left(\frac{\partial P_f}{\partial Q_f} \times \frac{Q_f}{P_f} \times \frac{P_f}{Q_f} \times \frac{\partial Q_f}{\partial q_{fi}} \times q_{fi} + P_f\right) = 0$$

$$P_m \times \frac{\partial q_{mi}}{\partial q_{fi}}\left(\frac{\partial P_m}{\partial Q_m} \times \frac{Q_m}{P_m} \times \frac{q_{mi}}{Q_m} \times \frac{1}{q_{mi}} \times \frac{\partial Q_m}{\partial q_{mi}} \times q_{mi} + 1\right) = P_f\left(\frac{\partial P_f}{\partial Q_f} \times \frac{Q_f}{P_f} \times \frac{q_{fi}}{Q_f} \times \frac{\partial Q_f}{\partial q_{fi}} + 1\right)$$

其中，$\frac{\partial P_m}{\partial Q_m} \times \frac{Q_m}{P_m} = \frac{1}{\eta}$是面粉需求弹性的倒数，$\frac{\partial P_f}{\partial Q_f} \times \frac{Q_f}{P_f} = \frac{1}{e_f}$是小麦价格弹性的倒数，令 $\theta_i = \frac{\partial Q_m}{\partial q_{mi}} \times \frac{q_{mi}}{Q_m}$表示企业 $i$ 在面粉零售环节的猜测弹性，$\varepsilon_i = \frac{\partial Q_f}{\partial q_{fi}} \times \frac{q_{fi}}{Q_f}$表示企业 $i$ 在小麦收购环节的猜测弹性，则企业 $i$ 对小麦的要素需求函数为：

$$P_m \times \frac{\partial q_{mi}}{\partial q_{fi}}\left(\frac{\theta_i}{\eta} + 1\right) = P_f\left(\frac{\varepsilon_i}{e_f} + 1\right)$$

同理可以得到企业 i 对营销投入品的要素需求函数，假定营销投入品市场是完全竞争的，即营销投入品的价格对于营销企业来讲是外生的：

$$P_m \times \frac{\partial q_{mi}}{\partial b_i}\left(\frac{\theta_i}{\eta} + 1\right) = P_b$$

为简化讨论，我们假定每个企业的猜测弹性是相同的，通过对单个企业要素需求函数的加总可以得到整个行业的要素需求函数，即式（4－33）和式（4－34）。

## 二、营销企业具有买方和卖方寡占力量时的要素需求函数的全微分过程

首先来看式（4－33）的全微分过程。

对 $P_m \times \frac{\partial Q_m}{\partial Q_f}\left(\frac{\theta}{\eta}+1\right)=P_f\left(\frac{\varepsilon}{e_{Qf}}+1\right)$两边求全微分：

$$d\ln P_m + d\ln\left(\frac{\partial Q_m}{\partial Q}\right)+d\ln\left(\frac{\theta}{\eta}+1\right)=d\ln P_f + d\ln\left(\frac{\varepsilon}{e_{Qf}}+1\right)$$

$$d\ln\left(\frac{\partial Q_m}{\partial Q_f}\right)=\left[\rho2-1+\frac{m2-\rho2}{1+\frac{\alpha_3}{\alpha_4}\left(\frac{b}{Q_f}\right)^{\rho2}}\right]d\ln Q_f+\frac{m2-\rho2}{1+\frac{\alpha_3}{\alpha_4}\left(\frac{Q_f}{b}\right)^{\rho2}}d\ln b$$

$$d\ln\left(\frac{\theta}{\eta}+1\right)=\frac{d\left(\frac{\theta}{\eta}+1\right)}{\frac{\theta}{\eta}+1}=\frac{1}{\frac{\theta}{\eta}+1}\times\frac{\partial\left(\frac{\theta}{\eta}+1\right)}{\partial\eta}\times\frac{\partial\eta}{\partial P_m}\times dP_m$$

$$=\frac{1}{\frac{\theta}{\eta}+1}\times\frac{-\theta}{\eta^2}\times\frac{\partial\eta}{\partial P_m}\times dP_m=\frac{\eta}{\theta+\eta}\times\frac{-\theta}{\eta^2}\times\frac{\partial\eta}{\partial P_m}\times P_m\times\frac{dP_m}{P_m}$$

$$=\frac{-\theta}{\theta+\eta}\times\frac{\alpha\eta}{\partial P_m}\times\frac{P_m}{\eta}\times d\ln P_m$$

令

$$\varpi=\frac{\partial\ln\eta}{\partial\ln P_m}=\frac{(\rho3)^2}{1-\rho3}\times\frac{1}{1+\left(\frac{\alpha_6}{\alpha_5}\right)^{\frac{1}{\rho3-1}}\left(\frac{P_m}{P_s}\right)^{\frac{\rho3}{\rho3-1}}}\times\frac{1}{1-\rho3+\left(\frac{\alpha_5}{\alpha_6}\right)^{\frac{1}{\rho3-1}}\left(\frac{P_s}{P_m}\right)^{\frac{\rho3}{\rho3-1}}}$$

则

$d\ln\left(\frac{\theta}{\eta}+1\right)=\frac{-\theta}{\theta+\eta}\times\varpi\times d\ln P_m$，记$\mu=\frac{-\theta}{\theta+\eta}\times\varpi$

因此，

$$d\ln\left(\frac{\theta}{\eta}+1\right)=\mu\times d\ln P_m$$

$$d\ln\left(\frac{\varepsilon}{e_{Qf}}+1\right)=\frac{d\left(\frac{\varepsilon}{e_{Qf}}+1\right)}{\frac{\varepsilon}{e_{Qf}}+1}=\frac{1}{\frac{\varepsilon}{e_{Qf}}+1}\times\frac{\partial\left(\frac{\varepsilon}{e_{Qf}}+1\right)}{\partial\varepsilon}\times\frac{\partial\varepsilon}{\partial P_f}\times dP_f$$

$$=\frac{-\varepsilon}{\varepsilon+e_{Qf}}\times\frac{\partial e_{Qf}}{\partial P_f}\times\frac{P_f}{e_{Qf}}\times d\ln P_f=\frac{-\varepsilon}{\varepsilon+e_{Qf}}\times\lambda\times d\ln P_f=\delta\times d\ln P_f$$

其中，$\lambda=\frac{\partial\ln e_{Qf}}{\partial\ln P_f}$，$\delta=\frac{-\varepsilon}{\varepsilon+e_{Qf}}\times\lambda$。

经过整理可以得到：

$$d\ln P_f=\frac{1+\mu}{1+\delta}d\ln P_m+\frac{1}{1+\delta}\left[\rho2-1+\frac{m2-\rho2}{1+\frac{\alpha_4}{\alpha_3}\left(\frac{b}{Q_f}\right)^{\rho2}}\right]d\ln Q_f+\frac{1}{1+\delta}$$

$$\left[\frac{m2-\rho2}{1+\frac{\alpha_3}{\alpha_4}\left(\frac{Q_f}{b}\right)^{\rho2}}\right]d\ln b$$

式（4－34）的全微分过程与式（4－33）相似，这里不再叙述，结果为：

$$d\ln P_b=(1+\mu)d\ln P_m+\left[\rho2-1+\frac{m2-\rho2}{1+\frac{\alpha_3}{\alpha_4}\left(\frac{Q_f}{b}\right)^{\rho2}}\right]d\ln b+\frac{m2-\rho2}{1+\frac{\alpha_4}{\alpha_3}\left(\frac{b}{Q_f}\right)^{\rho2}}d\ln Q_f$$

# 参考文献

[1] Agapi Somwaru and Steve Dirkse. Dynamic PEATSim Model Documenting Its Use in Analyzing Global Commodity Markets. 2012 [EB/OL]. http: //agecon-search. umn. edu /bitstream/129359 /2/TB1933. pdf.

[2] Ahearn M. C. , Elosta H. , Dewbre J. The Impact of Coupled and Decoupled Government Subsidies on Off – Farm Labor Participation of U. S. Farm Operators [J]. American Journal of Agricultural Economics, 2010, 88 (2): 393 –408.

[3] Alicia N. Rambaldi, and Phil Simmons, Response to Price and Production Risk: The Case of Australian Wheat [J]. The Journal of Futures Markets, 2000 (20): 345 –359.

[4] Angus Deaton and Guy Laroque, On the Behaviour of Commodity Price [J]. Review of Economic Studies, 1992 (59): 1 –23.

[5] Antonovitz, F. and R. Green, Alternative Estimates of Fed Beef Supply Response to Risk [J]. American Journal of Agricultural Economics, 1990 (72): 475 –87.

[6] Aradhyula, S. V. and M. T. Holt, Risk Behavior and Rational Expectations in the U. S. Broiler Marke [J]. American Journal of Agricultural Economics, 1989 (71): 892 –902.

[7] Azzam, A. M. Asymmetry and Rigidity in Farm – retail Price Transmission

[J]. American Journal of Agricultural Economics, 1999 (81): 525 -533.

[8] Baffes J., Meerman J. From Prices to Incomes: Agricultural Subsidization without Protection? [J]. World Bank Research Observer, 1998, 13 (2): 191 -211.

[9] Batra, R. N. and Aman Ullah. Competitive Firm and the Theory of Input Demand under Price Uncertainty [J]. J. Polit. Econ., 1974 (82): 537 -548.

[10] Bhuyan. S. and Lopez R. A. Oligopoly Power in the Food and Tobacco Industries [J]. Journal of Agricultural Economics, 1997 (79): 1035 -1043.

[11] Blayney, D., M. Gehlhar, C. Bolling, K. Jones, S. Langley, M. A. Normile, and A. Somwaru. U. S. Dairy at Global Crossroads, Economic Research Report No. 28, U. S. Department of Agriculture, Economic Research Service, November [EB/OL]. http://www.ers.usda.gov/publications/err28/, 2006.

[12] Bollerslev T. Generalized Autoregressive Conditional Heteroskedasticity [J]. Journal of Econometrics, 1986 (31): 307 -327.

[13] Brorsen, B. W., J. P. Chavas, and W. R. Grant, A Market Equilibrium Analysis of the U. S. Rice Industry [J]. American Journal of Agricultural Economics, 1987 (69): 733 -739.

[14] Brorsen, B. W., J. P. Chavas, W. R. Grant et al, Marketing Margins and Price Uncertainty [J]. The case of the U. S. Wheat Market, American Journal of Agricultural Economics, 1985 (67): 733 -739.

[15] Chambers, R. G. and R. E. Just. Effects of Exchange Rate Changes on U. S. Agriculture: A Dynamic Analysis [J]. American Journal of Agricultural Economics, 1981, 63 (1): 32 -46.

[16] Chavas J. P., Pope R. D. and Kao R. S. An Analysis of the Role of Future Prices, Cash Prices and Government Programs in Acreage Response [J]. Western Journal of Agricultural Economics, 1983 (8): 27 -33.

[17] Chavas, J. and M. T. Holt. Acreage Decision Under Risk: The Case of Corn and Soybeans [J]. American Journal of Agricultural Economics, 1990 (72): 529 – 538.

[18] Cowling, K., and Waterson, M. Price Cost Margins and Market Structure [J]. Economica, 1976 (43): 267 – 274.

[19] Devadoss, S. and W. H. Meyers. Relative Prices and Money: Further Results for the United States [J]. American Journal of Agricultural Economics, 1987, 69 (4): 838 – 842.

[20] Devadoss, S., M. Helmar, and W. H. Meyers. FAPRI Trade Model for the Wheat Sector: Specification, Estimation, and Validation [J]. Staff Report NO. 86 – SR3, Center for Agr. and Rural Dev., Iowa State University, 1986.

[21] Devadoss, S., M. Helmar, and W. H. Meyers. The World Wheat Trade Model: Specification, Estimation, and Validation [J]. Technical Report 90 – TR14, Center for Agr. and Rural Dev., Iowa State University, 1990.

[22] Dyck, J., M. Gehlhar, B. Meade, A. Regmi, R. Seeley, A. Somwaru, and R. Stillman. ERS Tariff Line Model, PEATSim, GTAP: Complementary Tools for US – Korea Trade Analysis [J]. International Agricultural Trade Research Consortium (IATRC), Summer Symposium Meeting, Seoul, Korea, June 30 – July 1, 2008.

[23] Effland A. and Glauber J. Agricultural Policy in the United States: From Price Support and Protectionism, to Subsidies, Payments, and Risk Management [M]. International Agricultural Trade Research Consortium, 2015.

[24] Engle R. F., D. M. Lilien and R. P. Robin. Estimating Time Varying Risk Premia in the Term Structure: The ARCH – M Model [J]. Econometrica, 1987 (55): 391 – 407.

[25] FAO. The 2007 – 08 Rice Price Crisis, FAO – Economic and Social Per-

spectives [EB/OL]. http://www.fao.org/economic/es - policybriefs/briefs - detail/en/? no_cache = 1&uid = 50498, 2011.

[26] Fraser R. W. A Method for Evaluating Supply Response to Price Underwriting [J]. Australian Journal of Agricultural and Resource Economics, 1988, 32 (1): 22 - 36.

[27] Fraser R. W. Price - Support Effects on EC Producers [J]. Journal of Agricultural Economics, 1991, 42 (1): 1 - 10.

[28] Fraser R. W. Supply Responses, Risk Aversion and Covariances in Agriculture [J]. Australian Journal of Agricultural and Resource Economics, 1986, 30 (2 - 3): 153 - 156.

[29] Friedman, Milton, and L. J. Savage. The Utility Analysis of Choices Involving Risk [J]. J. Polit. Econ, 1948 (56): 279 - 304.

[30] Gallagher P. The Effectiveness of Price Support Policy: Some Evidence for US Corn Acreage Response [J]. Agricultural Economics Research, 1978, 30 (4): 8 - 14.

[31] Gardner B. L. The Farm to Retail Price Spread in a Competitive Food Industry [J]. American Journal of Agricultural Economics, 1975 (57): 383 - 406.

[32] Gardner Bruce L. Futures Prices in Supply Analysis [J]. American Journal of Agricultural Economics, 1976 (58): 81 - 84.

[33] Gerald E. Shively. Food Price Variability and Economic Reform: An ARCH Approach for Ghana [J]. American Journal of Agricultural Economics, 1996 (78): 126 - 136.

[34] Goodwin B. K. and Holt M. T. Price Transmission and Asymmetric Adjustment in the U. S. Beef Sector [J]. American Journal of Agricultural Economics, 1999 (81): 630 - 637.

[35] Gouel C. Optimal Food Price Stabilisation Policy [J]. European Economic Review, 2013, 57 (1): 118 – 134.

[36] Grant, W. R., J. W. Richardsons, B. W. Brorsen, and M. E. Rister. Economic Impacts of Increased Price Variablity: A case Study with Rice [J]. American Economic Review, 1984 (36): 17 – 27.

[37] Habtu Tadesse Weldegebriel. Imperfect Price Transmission: Is market Power Really to Blame? [J]. Journal of Agricultural Economics, 2004 (55): 101 – 114.

[38] Hans P. Binswanger and Mark R. Rosenzweig, Behavioral and Material Determinants of Production Relations in Agriculture [J]. Journal of Development Studies, 1986 (22): 503 – 539.

[39] Ishill, Y. On the Theory of the Competitive Firm under Price Uncertainty: Note [J]. American Economic Review, 1977 (67): 68 – 69.

[40] J. R. Behrman. Supply Response in Underdeveloped Agriculture [M]. Amsterdam: North – Holland Publishing Co., 1968.

[41] Jamesl L. Seale, Jr. and Subrata Ghatak. Supply Response, Risk, and Institutional Change in Chinese Agriculture, Paper for The International Agricultural Trade Research Consortium [J]. China's Agricultural Trade and Policy: Issues, Analysis, and Global Consequences in San Francisco on June 25 – 26, 1999: 64 – 180.

[42] Jing Chen, Scott Rozelle, Colin Carter. Grain Price Stability and Farmer Decision Making in China, Paper Presented in American Agricultural Economics Association Annual Meeting, Nashville, Tennessee, 1999 [J]. Journal of Agricultural Economics 1999, 59 (8): 570 – 572.

[43] John S. Lapp and Vincent H. Smith. Aggregate Sources of Relative Price Variability among Agricultural Commodities [J]. American Journal of Agricultural Economics, 1992 (74): 1 – 9.

[44] John Schroeter and Azzeddine Azzam. Marketing Margins, Market Power, and Price Uncertainty [J]. American Journal of Agricultural Economics, 1991 (73): 990 -999.

[45] Jonasson E., Filipski M., Brooks J. and Taylor J. E. Modeling the Welfare Impacts of Agricultural Policies in Developing Countries [J]. Journal of Policy Modeling, 2014 (36): 63 -82.

[46] Just Richard. An Investigation of the Importance of Risk in Farmer's Decisions [J]. American Journal of Agricultural Economics, 1974 (56): 14 -25.

[47] Kim K., Chavas J. P. A Dynamic Analysis of the Effects of a Price Support Program on Price Dynamics and Price Volatility [J]. Journal of Agricultural & Resource Economics, 2002, 27 (2): 495 -514.

[48] Langley, S., A. Somwaru, and M. A. Normile. Trade Liberalization in International Dairy Markets, Economic Research Report No. 16, U. S. Department of Agriculture, Economic Research Service [EB/OL]. http: //www. ers. usda. gov/publications/err16/, 2006.

[49] Langley, S., A. Somwaru, M. A. Normile. A Trade Liberalization in International Dairy Markets [J]. International Agricultural Trade Research Consortium, June 19 -21, Seville, Spain, 2005.

[50] Langley, S., D. Blayney, J. Stout, A. Somwaru, M. A. Normile, J. Miller, and R. Stillman. Trade Liberalization in International Dairy Markets [J]. American Agricultural Economics Association Meeting, Montreal, July 27 -30, 2003.

[51] Lin, William. Measuring Aggregate Supply Response under Instability [J]. American Journal of Agricultural Economics, 1977 (59): 903 -907.

[52] M. T. Holt. Risk Response in the Beef Markting Channel: A Multivariate Generalized ARCH - M Approach [J]. American Journal of Agricultural Economics,

1993 (75): 559 -571.

[53] Marcel Fafchamps. Cash Crop Production, Food Price Volatility, and Rural Market Integration in the Third World [J]. American Journal of Agricultural Economics, 1992 (74): 90 -99.

[54] Martin W. and Urban P. Modelling Producer Response Under Support Price and Stabilisation Schemes [M]. The 28th Annual Conference of the Australian Agricultural Economics Society, Sydney, 1984.

[55] Matthew T. Holt and Satheesh V. Aradhyula, Price Risk in Supply Equations: An Application of GARCH Time - Series Models to the U. S. Broiler Market [J]. Southern Economic Journal, 1990 (57): 230 -242.

[56] Matthew T. Holt, Risk Response in the Beef Markting Channel: A Multivariate Generalized ARCH - M Approach [J]. American Journal of Agricultural Economics , 1993 (75): 559 -571.

[57] Matthew T. Holt, Satheesh V. Aradhyula, Endogenous Risk in Rational - expectations Commodity Models: A Multivariate Generalized ARCH - M Approach [J]. Journal of Empirical Finance, 1998 (5): 99 -129.

[58] Mc Corriston S. , and Sheldon I. M. Trade Policy in Vertically Related Markets [J]. Oxford Economic Papers, 1996 (48): 664 -672.

[59] Mc Corriston. S. , Morgan, C. W. and Rayner. A. J. Price Transmission: The Interaction Between Market Power and Returns to Scale [J]. European Review of Agricultural Economics, 2001 (28): 143 -159.

[60] Mc Corriston. S. , Morgan, C. W. and Rayner. A. J. Processing Technology, Market Structure and Price Transmission [J]. Journal of Agricultural Economics, 1998 (49): 185 -201.

[61] Meade, B. , C. Arriola, and A. Somwaru. Argentina's Biofuel Production

and Trade Impacts [J]. AEDA Congress, Buenos Aires, Asociación de Economía Para el Desarrollo de la Argentina (AEDA), September 20 – 21, 2010.

[62] Meerman J. Reforming Agriculture: The World Bank Goes to Market [M]. World Bank Publications, 1997.

[63] Michael K. Wohlgenant, Demand for Farm Output in a Complete System of Demand Functions [J]. American Journal of Agricultural Economics, 1989 (71): 241 – 252.

[64] Miljkovic D., Jin H. J., Paul R. The Role of Productivity Growth and Farmers' Income Protection Policies in the Decline of Relative Farm Prices in the United States [J]. Journal of Policy Modeling, 2008, 30 (5): 873 – 885.

[65] Mo, W. Y. Economic Analysis of the Dynamics of the United States Wheat Sector, Technical Bulletin No. 1395 [J]. Economic Research Service, U. S. D. A., 1968.

[66] Moyer W., Josling T. Agricultural Policy Reform: Politics and Process in the EU and US in the 1990s [M]. Aldershot: Ashgate Publishing Ltd, 2002.

[67] OECD. Agricultural Policies in OECD Countries: Monitoring and Evaluation 2009, OECD Publishing [EB/OL]. http://www.oecd.org/tad/agricultural – policies/monitoring – and – evaluation.htm, 2009.

[68] Rashid S., Jr R. C., Gulati A. Grain Marketing Parastatals in Asia: Results from Six Case Studies [J]. World Development, 2007, 35 (11): 1872 – 1888.

[69] Robert F. Engle, Autoregressive Conditional Heteroskedasticity with Estimates of the Variance of United Kingdom Inflations [J]. Econometrica, 1982 (50): 987 – 1008.

[70] Rosegrant M. W., Kasryno F., Perez N. D. Output Response to Prices and Public Investment in Agriculture: Indonesian Food Crops [J]. Journal of Development

Economics, 1998, 55 (2): 333 -352.

[71] S. McCorriston, C. W. Morgan and A. J. Rayner. Price Transmission: The Interaction between Market Power and Returns to Scale [J]. European Review of Agricultural Economics, 2001 (28): 143 -159.

[72] Sandomo, A. On the Theory of the Cometitive Firm under Price Uncertainty [J]. American Economic Review, 1971 (61): 65 -73.

[73] Satheesh V. Aradhyula and Matthew T. Holt, GARCH Time - Series Models: An Application to Retail Livestock Prices [J]. Western Journal of Agricultural Economics, 1988 (13): 365 -374.

[74] Satheesh V. Aradhyula and Matthew T. Holt, Risk Behavior and Rational Expectations in the U. S. Broiler Market [J]. American Journal of Agricultural Economics, 1989 (71): 892 -902.

[75] Schroeter, J. and Azzeddine Azzam. Marketing margins, Market Power, and Price Uncertainty [J]. American Journal of Agricultural Economics, 1991 (73): 990 - 999.

[76] Serra T. , Zilberman D. , Goodwin B. K. , Hyvonen K. Replacement of Price Support Measures by Direct Payments in Agricultural Policies [M]. American Agricultural Economics Association Annual Meeting , 2004.

[77] Shane, M. , W. Liefert, M. Morehart, M. Peters, J. Dillard, D. Torgerson, and W. Edmondson. The 2008/2009 World Economic Crisis—What It Means for U. S. Agriculture, E - Outlook No. WRS -09 -02, U. S. Department of Agriculture, Economic Research Service [EB/OL]. http: //www. ers. usda. gov/ publications/ wrs0902/, 2009.

[78] Sicular T. Plan and Market in China's Agricultural Commerce [J]. Journal of Political Economy, 1988, 96 (2): 283 -307.

[79] Stillman, R., A. Somwaru, M. Peters, E. Young, and S. Dirkse. Bio - Fuels: Impact on the World Grain, Livestock, and Oilseed Sectors [J]. American Agricultural Economics Association Annual Meeting, Orlando, FL, July 27 - 29, 2008a.

[80] Stillman, R., A. Somwaru, M. Peters, E. Young, and S. Dirkse. Biofuels and Trade: World Agricultural Market Impacts [J]. GTAP Conference, Helsinki, Finland, June 12 - 14, 2008b.

[81] Stillman, R., J. Hansen, R. Seeley, D. Kelch, A. Somwaru, and E. Young. Analyzing the Impacts of Biofuel Mandates on World - Wide Grain, Livestock, and Oilseed Sectors [J]. Domestic and Trade Impacts of U. S. Farm Policy: Future Directions and Challenges, Washington, DC, November 15 - 16, 2007.

[82] Stillman, R., S. Langley, A. Somwaru, and M. A. Normile. PEATSim: Analyzing the Dairy Market [J]. International Agricultural Trade Research Consortium (IATRC), San Diego, CA, December 5, 2005.

[83] Tim Bollerslev. Generalized Autoregressive Conditional Heteroskedasticity [J]. Journal of Econometrics, 1986 (31): 307 - 327.

[84] Valdes, C., C. Arriola, A. Somwaru, and J. Gasques. Brazil's Climate Adaptation Policies: Impacts on Agriculture [J]. International Agricultural Trade Research Consortium, Stuttgart, Germany, June 27 - 29, 2010.

[85] Witzke H. V., Hausner U. A Public Choice Analysis of US Producer Price Support in Wheat and Corn [M]. Implications for Agricultural Trade and Policy, 1993.

[86] Zahniser, S., C. Arriola, and A. Somwaru. The European Union's Framework for Climate Change Adaptation: Implications of Agriculture's Adaptation through Sustained Yield Growth [J]. International Agricultural Trade Research Consortium, Stuttgart, Germany, June 27 - 29, 2010.

[87] 陈希煌, Scott Rozelle, Albert Park. 中国农村经济：问题与挑战[M].

北京：中国农业出版社，1999.

［88］程国强．中国粮食调控：目标、机制与政策[M]．北京：中国发展出版社，2012.

［89］董全海．中国的粮食市场：波动与调控[M]. 北京：中国物价出版社，2000.

［90］高小蒙，向宁．中国农业价格政策分析[M]．杭州：浙江人民出版社，1992.

［91］柯炳生．中国粮食市场与政策[M]．北京：中国农业出版社，1995.

［92］李岳云，蒋乃华，郭忠兴．中国粮食波动论[M]．北京：中国农业出版社，2001.

［93］林毅夫．制度、技术与中国农业发展[M]．上海：三联书店，1995.

［94］刘俊杰．中国小麦价格波动：机制、效应与供给反应［M］．北京：中国农业出版社，2019.

［95］刘中一．中国粮食的生产与流通[M]．北京：中国发展出版社，1997.

［96］隆国强．大国开放中的粮食流通[M]．北京：中国发展出版社，1999.

［97］卢峰．半周期改革现象——我国粮棉流通改革和食物安全研究[M]. 北京：北京大学出版社，2004.

［98］宋洪远等．双轨制下的粮食供给反应，粮食安全问题[M]．北京：中国农业出版社，2001.

［99］宋洪远等．中国粮食价格波动、形成机制及调控政策研究［M］．北京：科学出版社，2019.

［100］王晓明．粮食流通的比较分析[M]．北京：中国人民大学出版社，2002.

［101］武拉平．中国农产品市场行为研究[M]. 北京：中国农业出版社，2002.

［102］易丹辉．数据分析与 EVIEWS 应用［M］. 北京：中国统计出版社，2002.

［103］卜铁彪．中国小麦市场流通的变化与趋势［D］. 中国农业科学院硕士学位论文，2004.

［104］曹慧．我国小麦市场价格形成研究［D］. 中国农业大学博士学位论文，2007.

［105］冀名峰．国有粮食企业行为研究［D］. 北京：中国农业大学硕士学位论文，2003.

［106］蒋乃华．中国粮食生产与价格波动研究［D］. 南京：南京农业大学博士学位论文，1998.

［107］罗国亮．中国食品加工业增长研究［D］. 北京：中国农业大学硕士学位论文，2003.

［108］王炳焕．我国小麦流通及其价格传导研究［D］. 北京：中国农业大学硕士学位论文，2006.

［109］翁贞林．粮食主产区农户稻作经营行为与政策扶持机制研究［D］. 华中农业大学博士学位论文，2009.

［110］辛贤．生猪和猪肉价格形成研究［D］. 北京：中国农业大学博士学位论文，1998.

［111］熊文．中国粮食价格波动及其稳定措施研究［D］. 北京：中国农业大学硕士学位论文，2000.

［112］姚今观等．中国农产品流通体制与价格制度［M］. 北京：中国物价出版社，1995.

［113］曹慧．中国小麦价格的周期变化特征及其原因分析［J］. 世界农业，2007（4）：29－32.

［114］陈飞，范庆泉，高铁梅．农业政策、粮食产量与粮食生产调整能力

[J]. 经济研究，2010，45（11）：101 –114 +140.

[115] 陈林，伍海军．国内双重差分法的研究现状与潜在问题[J]. 数量经济技术经济研究，2015（7）：133 –148.

[116] 陈锡文．当前中国的粮食供求与价格问题[J]. 中国农村经济，1995（1）：3 –8.

[117] 陈志国，李惠茹．价格对农业发展的弱波趋势[J]. 经济研究，1996（2）：67 –72 +66.

[118] 程国强．我国粮价政策改革的逻辑与思路[J]. 农业经济问题，2016，37（2）：4 –9.

[119] 丁声俊．把握深化粮改新特点 完善粮食市场和价格体系[J]. 价格理论与实践，2016（5）：5 –9.

[120] 董全海．粮食保护价和定购价的确定问题 [J] ．中国农村经济，1999（3）：57 –66.

[121] 董全海．农产品价格与产量波动趋势之供求分析——兼与陈志国、李惠茹二同志商榷[J]. 经济研究，1996（9）：54 –61.

[122] 杜鹰．完善农产品价格形成机制[J]. 中国经济报告，2016（12）：23 –26.

[123] 冯海发．对建立我国粮食目标价格制度的思考[J]. 农业经济问题，2014，35（8）：4 –6.

[124] 耿仲钟，肖海峰．最低收购价政策与目标价格政策的比较与思考[J]. 新疆大学学报（哲学·人文社会科学版），2015，43（4）：26 –30.

[125] 胡鞍钢，地力夏提·吾布力，鄢一龙．粮食安全“十三五”规划基本思路[J]. 清华大学学报（哲学社会科学版），2015，30（5）：158 –165 +198 –199.

[126] 华奕州，黄季焜．粮食收购双轨制改革与粮食生产：以小麦为例[J]. 农业经济问题，2017，38（11）：59 –66.

［127］黄季焜，杨军，仇焕广等．本轮粮食价格的大起大落：主要原因及未来走势[J]．管理世界，2009（1）：72－78.

［128］冀名峰．我国粮食销售市场结构和竞争性质的分析[J]．中国农村经济，2003（6）：44－50.

［129］贾娟琪，李先德，王士海．粮食支持政策调整对不同规模粮农种植决策的影响——基于山东、河北和河南三省的农户调研数据[J]．经济体制改革，2017（1）：89－95.

［130］贾娟琪，李先德，王士海．中国粮食价格支持政策对国内外粮食价格溢出效应的影响研究——基于 VEC－DCC－GARCH 模型的分析[J]．华中农业大学学报（社会科学版），2016（6）：41－47.

［131］江喜林．基于农户模型的粮食补贴作用机理及效应分析——兼论“直补”模式的弊端[J]．西北农林科技大学学报（社会科学版），2013，13（1）：54－60.

［132］姜明．农业投入与农产品价格——农产品价格形成机制研究[J]．农业经济问题，1992（12）：31－36.

［133］蒋乃华．我国粮食市场价格波动的成因及其稳定对策[J]．农业经济，1999（8）：10－12.

［134］蒋乃华．价格因素对我国粮食生产影响的实证分析[J]．中国农村观察，1998（5）：16－22.

［135］金和辉．计划、市场和中国农民的粮食供给行为[J]．经济研究，1990（9）：62－68.

［136］柯炳生．粮食价格波动研究[J]．农村经济与社会，1994（3）：16－22.

［137］柯炳生，唐仁健．农产品价格上涨、通货膨胀与宏观调控[J]．中国农村经济，1995（7）：3－8.

［138］柯炳生．我国粮食市场上的价格信号问题[J]．中国农村经济，1991

(6): 23 – 27.

[139] 柯炳生. 再论我国粮食市场上的价格信号问题[J]. 中国农村经济, 1992 (6): 19 – 25.

[140] 柯炳生. 中国农户粮食储备行为及其对市场的影响[J]. 中国软科学, 1997 (5): 22 – 26.

[141] 李成贵. 中国的粮食问题（二）——粮改的弯路[J]. 粮油加工与食品机械, 2005 (6): 12 – 14.

[142] 李丰, 胡舟. 粮食最低收购价政策对农户种植行为的影响分析——以稻谷主生产区为例[J]. 价格理论与实践, 2016 (10): 94 – 97.

[143] 李光泗, 王莉, 刘梦醒. 粮食价格支持与农业生产反应——基于小麦数据的实证分析[J]. 江苏师范大学学报（哲学社会科学版）, 2017, 43 (6): 126 – 132.

[144] 李光泗, 郑毓盛. 粮食价格调控、制度成本与社会福利变化——基于两种价格政策的分析[J]. 农业经济问题, 2014, 35 (8): 6 – 15 + 110.

[145] 李国祥. 我国粮食价格形成机制沿革的历史回顾与探讨[J]. 北京工商大学学报（社会科学版）, 2016 (4).

[146] 李晖. 粮食价格波动与政府调控[J]. 农村经济, 2004 (11): 39 – 40.

[147] 李敬辉, 范志勇. 利率调整和通货膨胀预期对大宗商品价格波动的影响——基于中国市场粮价和通货膨胀关系的经验研究[J]. 经济研究, 2005 (6): 61 – 68.

[148] 李琴, 孙良媛. 棉花价格、进口及库存的互动关系[J]. 中国农村经济, 2005 (7): 71 – 77.

[149] 李伟克, 马晓河. 中国农产品价格季节变动的分析[J]. 中国农村观察, 1998 (2): 26 – 31.

[150] 李文, 李兴平, 汪三贵. 农产品价格变化对贫困地区农户收入的影响

[J]. 中国农村经济，2003（12）：18－21.

［151］刘树杰．粮食价格的形成及粮价改革的意见[J]. 中国农村经济，1986（11）：6－11.

［152］刘正敏．中国粮油市场分析报告（1993～2005 年）［EB/OL］．中华粮网．

［153］卢锋．价格干预稳定性绩效——我国棉花行政定价与供求波动关系的研究（1981～1999）[J]. 管理世界，2000（6）：136－145.

［154］马晓河．新时期我国需要新的粮食安全制度安排[J]. 国家行政学院学报，2016（3）：76－80.

［155］毛学峰，杨军．价格联系、市场边界与政府干预——以小麦、玉米和食糖价格联系为例[J]. 中国农村经济，2015（8）：33－43.

［156］牛松．完善粮食托市收购政策[J]. 宏观经济管理，2013（11）：46－47.

［157］彭建霞，张蜜．粮食最低收购价格的困境分析——以湖南稻谷价格为例[J]. 中国统计，2014（2）．

［158］邱雁，李越．生产、收入与成本：中国粮食补贴政策绩效分析[J]. 财经科学，2016（5）：92－102.

［159］盛仕斌，徐海．要素价格扭曲的就业效应研究[J]. 经济研究，1999（5）：66－72.

［160］宋洪远，张雯丽．我国粮食储备制度的现状、问题与改革思路［R］．中国农村研究报告，2016.

［161］孙德滨，陈洪义，高扬．粮食市场：国有粮库与私营粮商的博弈[J]. 调研世界，2004（8）：29－30.

［162］孙鹤，施锡铨．农产品价格弱波趋势的再探索——与陈志国等同志商榷[J]. 中国农村观察，1999（6）：17－21.

［163］ 孙良媛，张岳恒．转型期农业风险的特点与风险管理[J]. 农业经济问题，2001（8）：20－26.

［164］ 孙希芳，牟春胜．通货膨胀、真实利率与农户粮食库存——1980～2003 年中国农户存粮行为的实证分析[J]. 中国农村观察，2004（6）：23－33.

［165］ 谭砚文，温思美．中国棉花价格波动分析[J]. 价格理论与实践，2004（10）：24－26.

［166］ 谭砚文，杨重玉，陈丁薇，张培君．中国粮食市场调控政策的实施绩效与评价[J]. 农业经济问题，2014，35（5）：87－98.

［167］ 汪飞杰，张应禄，刘振虎．我国农业科研投入现状及政策建议[J]. 农业科技管理，2006（8）：55－56.

［168］ 王德文，黄季焜．双轨制度对中国粮食市场稳定性的影响[J]. 管理世界，2001（3）：127－134.

［169］ 王德文，黄季焜．双轨制度下中国农户粮食供给反应分析[J]. 经济研究，2001（12）：55－65＋92.

［170］ 王福林，冯海发．论粮食生产者粮价风险的成因及其管理[J]. 农业经济，1994（2）：8－10.

［171］ 王福林．论我国粮食生产者的价格风险及其影响[J]. 农业技术经济，1995（6）：2－6.

［172］ 王吉恒，王新利．农产品市场风险与市场预测研究[J]. 农业技术经济，2003（3）：1－5.

［173］ 王凯，徐翔．中国粮食保障体系建设的目标及其阶段性和区域性探讨[J]. 农业技术经济，1995（4）：6－11.

［174］ 王士海，李先德．粮食最低收购价政策托市效应研究[J]. 农业技术经济，2012（4）：105－111.

［175］ 王士海，李先德．中国政策性粮食竞价销售对市场价格有影响

吗？——以小麦为例[J]. 中国农村经济，2013（2）：61－70＋95.

［176］王小鲁．中国粮食市场的波动与政府干预[J]. 经济学（季刊），2001（10）：171－192.

［177］王秀清，H. T. Weldegebriel，A. J. Rayner. 纵向关联市场间的价格传递[J]. 经济学（季刊），2007.

［178］卫龙宝，许伟良．开放市场条件下粮食生产者价格风险的管理手段与选择[J]. 农业经济问题，2003（2）：67－71.

［179］巫国兴．我国农产品价格波动研究[J]. 农业经济问题，1997（6）：18－23.

［180］吴海霞，葛岩．粮食托市收购政策效应评估——以玉米临储政策为例[J]. 华中农业大学学报（社会科学版），2016（6）：56－63.

［181］吴坚，黄祖辉．试论现阶段我国粮食保护政策及其改革[J]. 管理世界，2000（4）：156－162.

［182］吴连翠，陆文聪．基于农户模型的粮食补贴政策绩效模拟研究[J]. 中国农业大学学报，2011，16（5）：171－178.

［183］武拉平．农产品地区差价和地区间价格波动规律研究——以小麦、玉米和生猪市场为例[J]. 农业经济问题，2000（10）：54－58.

［184］武舜臣．“稻强米弱”是否抑制了稻谷加工业的要素配置扭曲？——基于企业层面微观数据的验证[J]. 产业经济研究，2018（1）：78－89.

［185］谢洪燕，贾晋．新时期我国国家粮食储备目标、功能的调整与优化[J]. 宏观经济研究，2013（12）：3－10＋34.

［186］谢扬．正确认识中国粮食市场的价格波动[J]. 中国农村观察，1996（6）：1－13.

［187］辛贤，谭向勇．农产品价格的放大效应研究[J]. 中国农村观察，2000（1）：52－57.

［188］辛贤，谭向勇．政府定价下农业“丰产”与“丰收”关系研究[J]．浙江社会科学，1999（4）：12－15.

［189］徐志刚，习银生，张世煌．2008/2009 年度国家玉米临时收储政策实施状况分析[J]．农业经济问题，2010，31（3）：16－23＋110.

［190］杨万江，孙奕航．粮食补贴政策对稻农种植积极性影响的实证分析——基于浙江、安徽、江西稻农调查数据分析[J]．中国农学通报，2013，29（20）：114－118.

［191］叶兴庆．改粮食保护价收购为直接补贴农民——我国农业保护政策的重大调整[J]．中国农村经济，2002（7）：4－8.

［192］叶兴庆．新一轮粮价周期与政府的反周期政策[J]．中国农村经济，1997（9）：4－10.

［193］叶兴庆．“十三五”时期农产品价格支持政策改革的总体思路与建议[J]．中国粮食经济，2016（1）：28－32.

［194］张改清．粮食最低收购价政策下农户储售粮行为响应及其收入效应[J]．农业经济问题，2014，35（7）：86－93.

［195］张雷宝．粮食流通体制改革与中国期货市场发展[J]．中国农村经济，2002（9）：43－52.

［196］张爽．粮食最低收购价政策对主产区农户供给行为影响的实证研究[J]．经济评论，2013（1）：130－136.

［197］张小栓，傅泽田，穆维松等．1978～2000 年我国水产品零售价格波动的周期性研究[J]．农业系统科学与综合研究，2004（11）：277－280.

［198］张照新，徐雪高，彭超．农业发展阶段转变背景下的粮食价格支持政策改革思路探讨[J]．北京工商大学学报（社会科学版），2016（4）.

［199］章钟基．我国近年粮价波动的原因和对策[J]．管理世界，1995（4）：168－172.

［200］赵德余，顾海英．20世纪90年代中国粮食市场化改革理论研究进展与评述[J]. 农业经济问题，2004（2）：7－12.

［201］赵阳，张征．当前的粮食形势与政策选择[J]. 中国发展观察，2016（4）.

［202］郑风田，普冀喆．我国粮食最低收购价政策的社会福利影响分析——以小麦为例[J]. 价格理论与实践，2015（9）：23－26.

［203］郑素芳，张岳恒．中国农业政策与城乡收入差距关系分析[J]. 中国农学通报，2010，26（16）：454－458.

［204］郑毓盛，曾澍基，陈文鸿．中国农业生产在双轨制下的价格反应[J]. 经济研究，1993（1）：16－25.

［205］钟甫宁．稳定的政策和统一的市场对我国粮食安全的影响[J]. 中国农村经济，1995（7）：44－47.

［206］钟钰，李光泗，果文帅．中国粮食市场调控效率的实证检验——基于粮食价格波动分析[J]. 经济问题，2016（4）：111－116.

［207］钟钰，秦富．我国价格支持政策对粮食生产的影响研究[J]. 当代经济科学，2012，34（3）：119－123.

［208］周黎安，陈雄．中国农村税费改革的政策效果：基于双重差分模型的估计[J]. 经济研究，2005（8）：44－53.

［209］周应恒，赵文，张晓敏．近期中国主要农业国内支持政策评估[J]. 农业经济问题，2009，30（5）：4－11.

［210］朱晶．农业公共投资、竞争力与粮食安全[J]. 经济研究，2003（1）：13－20.

［211］朱晶，钟甫宁．入世后我国与世界粮食生产的波动比较与市场融合[J]. 现代经济探讨，2004（12）：18－21.

［212］朱晶．完善农业支持保护政策推进新时期农业改革发展[J]. 农业经

济与管理，2017（6）：5－8.

［213］朱满德．农产品价格支持和直接补贴政策功能与效果的比较——一个经验性的综述[J]. 贵州大学学报（社会科学版），2014，32（2）：29－34.